JN437207

Incoterms® 2010 무역거래조건 해석에 관한 통일규칙

이대우 | 김종락 | 홍성규 공저

도서출판 두남

머리말

Preface

무역거래에 대한 통일규칙(Incoterms)은 1936년 6월에 ICC에서 제정된 이래로 6차례에 걸쳐 개정되어 2010년도에 ICC에서 최종 확정되어 종전의 Incoterms2000의 총 13개 조건에서 11개 조건으로 축소되면서 DAT, DAP조건이 새로 태어나게 되었다. 이번 Incoterms®2010의 개정은 관세자유지역의 계속된 확대, 기업활동에 전자통신의 사용증가, 물품이동에 대한 보안의 중요성증가 그리고 운송관습의 변화 등을 고려하여 세계 모든 분야에서 선출된 통상법과 관습법에 대한 ICC위원회의 폭넓은 전문가들로 구성된 개정위원회에서 개정이 추진되어 2011년 1월부터 시행되게 되었다.

이번에 개정된 Incoterms®2010의 주요내용을 살펴보면 다음과 같다.

첫째, Incoterms®2010은 국제거래는 물론이고 국내거래에도 사용할 수 있게 되었다.

둘째, 도착지인도조건(D조건)의 총 5개조건 중에서 DDP조건을 제외하고 DAF, DES, DEQ, DDU 등 4개 조건을 없애고 새로이 DAT, DAP 등 2개 조건을 창설하였다는 것이다. 이는 잘 사용되지 않는 조건을 없애고 무역실무환경에 적절히 조화될 수 있는 조건으로 대체시킨 것이었다.

셋째, 해상운송에 사용되는 조건(FAS, FOB, CFR, CIF)에서 물품인도 및 위험이전시점이 변경되었다. 종전에는 선측난간(Ship'rail)을 기준으로 하였으나 이는 현실성이 없는 것으로 봐서 본선적재(on board vessel)시점을 기준으로 하여 변경시킴으로서 매도인과 매수인간에 위험이전에 따른 책임과 비용부담부분에 많은 변화가 예상된다.

넷째, 물품인도 및 위험이전과 비용부담장소를 구체적인 지점까지 명시토록 하였다. 종전에는 예를 들면 FOB PUSAN 등으로 막연히 표시하면 되었고 추후에 매수인이 구체적인 지점과 시간을 정하여 매도인에게 통보하도록 하였으나 개정된 Incoterms® 2010에서는 PUSAN항내에서 구체적인 인도지점의 합의가 있으면 사전에 이를 명시하여 이지점에서 물품인도와 위험이전이 발생하고 비용분배도 이 지점에서 일어나도록 하였다. 그리고 만약에 매수인으로부터 이에 대한 통지가 없으면 매도인이 합리적으로 결정할 수 있게 하였다.

다섯째, 개정된 Incoterms에서는 해상운송에 사용될 수 있는 조건과 기타운송에 사용될 수 있는 조건으로 분명히 구분하여 해상운송이 아닌 경우에는 해상운송에 쓰이는 조건을 사용할 수 없게 하였다. 즉 종전에는 항공운송, 철도운송, 컨테이나운송을 포함한 복합운송 등에도 FOB조건 등 해상운송조건을 쓸 수 있었으나 이번 개정된 Incoterms에서는 이를 사용할 수 없도록 했고 FCA조건 등을 사용하게 하였다.

여섯째, 종전에는 선측난간을 통과하여 선적될 수 없는 물품은 해상운송에 사용되는 조건인 FOB, CFR, CIF조건 등을 사용할 수 없게 하였으나 개정된 Incoterms에서는 선적방법은 묻지 않고 사용할 수 있게 하였다. 예를 들면 원유나 자동차, 곡물 등의 물품은 선측난간을 통과하여 선적되지 않으므로 다른 조건을 사용하게 하였으나 개정된 Incoterms에서는 본선적재 시점에 인도가 이루어짐으로 선적방법은 불문하고 사용할 수 있게 하였다.

일곱째, 물품의 인도개념을 확장하여 본선적재와 같은 현실적인도외에도 본선 적재된 물품을 조달하여 인도하는 반환청구권의 양도에 의한 인도개념까지도 인도개념에 포함시키고 있다.

여덟째, 터미널수수료 등의 전가 금지하도록 규정하여 매도인은 물품을 선적하기 전후에 발생하는 터미널수수료 등을 물품가격에 전가시키거나 매수인부담으로 전가시키지 못하도록 비용분배를 분명히 하고 있다.

아홉째, 물품 통관시 보안관련 통관정보를 사전에 통지하도록 의무화하고 있다.

이상과 같이 Incoterms®2010에서는 많은 부분에서 변경이 되었고 종전의 Incoterms2000과는 많은 차이점이 있음을 알 수 있다. 이러한 점을 고려하여 본서는 가급적이면 이러한 변경된 부분을 이해할 수 있도록 자세히 설명하였고 사용시 발생될 수 있는 문제점을 고려하여 사용시 유의사항을 명시하고 있다. ICC에서는 구체적인 사용지침이 없는 관계로 사용시 많은 시행착오와 문제점이 발생하리라고 예상되므로 본 규칙에 대한 정확한 이해가 요구된다고 본다. 아무쪼록 본서를 출간하면서 많은 부족함이 있었다고 생각되나 강호제현들의 너그러운 아량으로 수용해주시고 앞으로도 아낌없는 질책과 협조를 부탁드립니다.

끝으로 본서를 출간하는 데 아낌없는 성원과 격려를 해준 도서출판 두남의 전두표 사장님을 비롯하여 편집부 직원들의 노고에 다시 한번 감사를 드립니다.

2011년 4월

구룡산 우거에서 저자 일동 드림

차 례

Contents

제 1 편 무역거래조건 해석에 관한 규칙

제 2 편 Incoterms®2010 개정 해설서

제 1 편

무역거래조건 해석에 관한 규칙

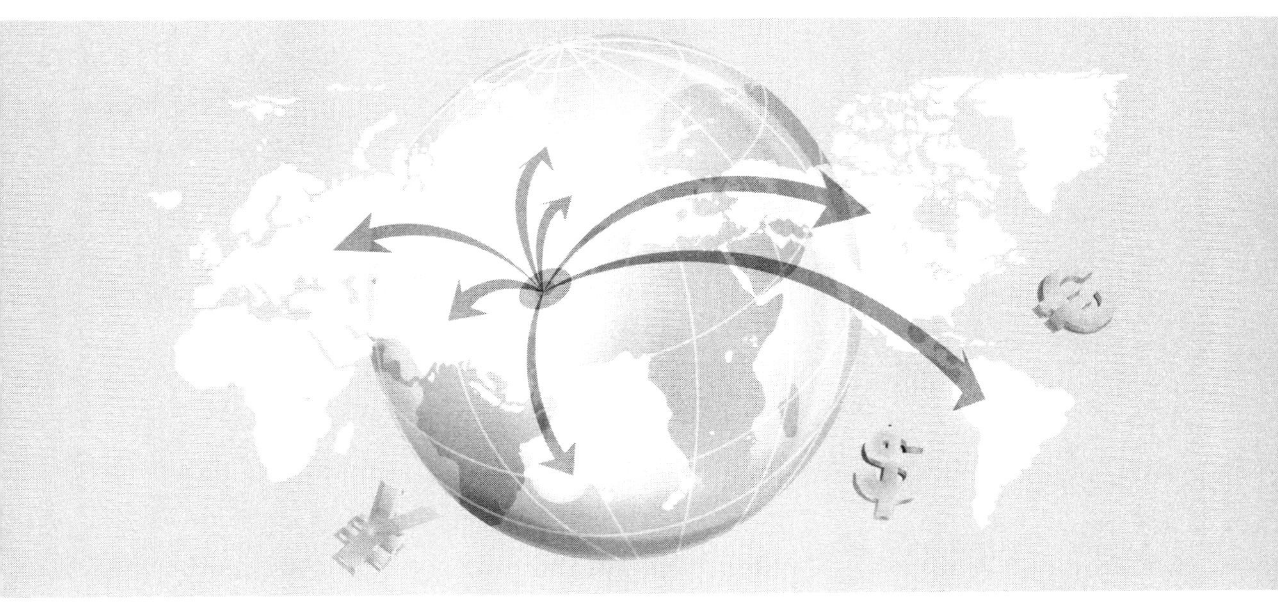

제 1 장 무역거래조건 해석에 관한 규칙

1. Incoterms의 의의 및 재정

무역거래에 관한 주요한 국제규칙의 하나인 인코텀즈(Incoterms)는 국제간의 무역분쟁을 줄이고 무역거래관습을 국제적으로 통일시켜 국제무역을 활성화시키기 위하여 국제민간기구인 국제상업회의소(International Chamber of Commerce ; ICC)가 1936년에 제정한 무역거래조건의 해석에 관한 국제규칙(International Rules for the Interpretation of the Trade Terms)을 의미한다.

Incoterms라는 용어는 인코텀즈의 정식명칭인 International Rules for the Interpretation의 약칭 International Commercial Terms에서 두문자(頭文字)인 In과 Co, 그리고 Terms를 합하여 만들어진 것이다.

인코텀즈는 무역거래당사자인 매도인과 매수인간의 물품인도, 비용 및 위험을 배분하기 위하여 표준화된 거래조건으로서, 외국과의 무역에 일반적으로 사용되는 거래조건의 해석에 관한 국제규칙을 제공함으로써 서로 다른 국가 간에 이들 거래조건에 대한 해석을 달리하는 불확실성을 제거하는데 제정목적이 있다.

무역거래조건의 해석을 위한 국제규칙인 인코텀즈는 그 자체가 국제적인 통일법이나 조약과 같은 법적 강제력을 갖지 못하고, ICC에서 표준화한 정형거래조건에 대한 해석기준에 불과하다. 따라서 인코텀즈는 각 국가에서 공식적으로 채택하거나 법률에 의하여 적용되는 것이 아니라, 계약당사자들의 상호 합의에 의하여 임의적으로 적용된다.

실무상 계약당사자들은 정형거래조건으로 계약을 체결할 경우, 이에 인코텀즈를 적용하려면, 이 계약에 대한 해석기준으로서 "Incoterms®2010"에 의하여 적용을 받는다는 사실을 명시하여야 한다. 예를 들면, 무역계약서에 다음과 같은 준거 문언을 명시하는 것이 바람직하다.

> "Trade Terms : Unless otherwise stated, the trade terms under this contract shall be governed and interpreted by the Incoterms®2010."

ICC는 무역거래조건위원회(Trade Terms Committee)를 설치하고 세계 여러 국가들이 널리 사용하고 있는 정형무역거래조건에 관한 연구와 조사를 착수하였다. 1923년에 ICC의 무역거래조건위원회는 12개 국가의 조사보고서를 토대로 "정형무역거래조건정의(Traed Terms Definition)"에 관한 초판을 발간하였다. 이 초판에는 ① FOR/FOT, ② FOB, ③ CIF, ④ Free Delivered의 네 가지 거래조건을 정의하고 계약당사자의 권리와 의무에 관한 국가별 대조표가 수록되어 있었다.

무역거래조건위원회는 1929년에 20개 국가의 국내위원회로부터 보고서를 접수하여 초판에 규정된 네 가지의 거래조건에 FAS와 C&F를 추가하여 모두 여섯 가지의 거래조건이 수록된 "정형무역거래조건(Trade Terms)" 제2판을 발간하였다.

ICC의 무역거래조건위원회는 연구와 조사 자료를 토대로 1936년 1월에 "무역거래조건의 해석에 관한 국제규칙(International Rules for the Interpretation of Trade Terms)"의 원안을 기초하여 25개 국가의 위원들에 의하여 제정초안으로 채택되었다. 이 초안은 1936년 6월에 ICC의 집행위원회를 통과하여 "Incoterms 1936"이라는 명칭으로 공표되었다. ICC가 처음으로 제정한 "Incoterms 1936"은 모두 11가지의 거래조건에 대한 정의와 계약당사자의 의무를 조항별로 규정하였다.

1. Ex Works(공장인도)
2. FOR/FOT(철도인도)
3. Free(지정선적항 반입인도)
4. FAS(선측인도)
5. FOB(본선인도)
6. C&F(운임포함인도)
7. CIF(운임 · 보험료포함인도)
8. Freight or Carriage Paid to(운송비지급인도)
9. Ex Ship(착선인도)
10. Ex Quay(부두인도)
11. Free or Free Delivered(지정목적지 반입인도)

2. Incoterms의 개정

1) Incoterms, 1953

제2차 세계대전을 계기로 국제정세가 급격히 변화되고 무역환경이 바뀜에 따라 1936년에 제정된 Incoterms의 개정이 필요하게 되었다. 이에 따라 ICC의 무역거래조건위원회는 영국의 국내위원회가 작성한 개정초안을 기초로 하여 개정작업에 착수하였다. ICC는 오스트리아의 비엔나에서 개최된 제14차 총회에서 이사회의 승인을 얻어 1953년 10월에 "Incoterms 1953"을 공표하였다.

"Incoterms 1953"은 기존의 11가지 거래조건 중에 실제 무역거래에 거의 사용되지 않는 두 가지 거래조건인 ① Free(지정선적항 반입인도)와 ② Free or Free Delivered(지정목적지 반입인도)를 제외시키고 나머지 아홉 가지의 거래조건만을 규정하였다.

2) Montreal Rules 1967과 Supplement 1976

"Incoterms 1953"이 공표된 이후에 유럽의 여러 지역에서는 인접국가의 국경에서 계약물품을 인도하는 거래방식이 성행하였는데 이것이 국경인도(Delivered at Frontier)조건이다. 아울러 경제부흥기가 끝나고 경제성장기로 들어갈 무렵부터 유럽에서는 컨테이너나 팔레트에 의한 화물운송이 이루어지면서 매도인이 수입국내의 지정목적지까지 반입하여 그 장소에서 계약물품을 매수인에게 인도하는 관세지급인도(Delivered Duty Paid)조건을 이용하는 거래방식이 늘어나고 있었다. 이들의 새로운 거래관행을 반영하기 위하여 ICC 무역거래위원회는 1967년 캐나다의 몬트리올에서 개최된 ICC총회에서 "Montreal Rules 1967"이라는 표제로 ① 국경인도(Delivered at Frontier), ② 관세지급인도(Delivered Duty Paid)조건을 인코텀즈에 추가시켜 공표하였다.

한편, 무역상품의 고급화와 점보제트기의 상용화로 항공화물운송이 대중화됨에 따라 항공운송에 있어서도 FOB거래관습을 수용하기위하여 ICC 무역거래조건위원회는 공항인도(FOB Airport ; FOA)조건을 별도로 제정하여 1976년 개정 Incoterms는 12개의 거래조건을 규정하였다.

3) Incoterms 1980

1970년대에 들어오면서 컨테이너를 이용하여 "문전에서 문전까지"(door to door)의 운송을 위한 육·해·공을 일관하는 복합운송(multimodal transport) 방식이 등장하게 되었다. 이러한 새로운 운송방식인 복합운송방식의 등장은 기존의 전통적인 해상운송중심의 무역거래에서 국제상거래절차상의 변화를 가져옴으로써 인코텀즈는 복합운송을 수용할 수 있도록 수정 또는 새로운 조항의 신설을 필요로 하게 되었다.

이러한 시대적인 요청에 따라 기존 인코텀즈 상에서 내륙운송에만 사용하도록 규정되었던 ① DCP(운송비지급인도)조건을 컨테이너, 트레일러 또는 페리(ferry) 등에 의한 "roll on-roll off"(RO-RO)방식의 복합운송에도 확대하여 적용할 수 있도록 수정하였다. 또한, 복합운송에 적합한 FRC(운송인인도)조건과 CIP(운송비·보험료지급인도)조건을 신설하였다.

ICC는 14가지의 거래조건으로 구성된 "Incoterms 1980"을 공표하였는데, 컴퓨터의 활용을 고려하여 14가지의 거래조건마다 두문자(頭文字)인 3자로 된 국제전신약호(international code)를 지정하여 사용하도록 하였다. "Incoterms 1980"에는 다음과 같은 14가지의 거래조건이 수록되어 있었다.

1. EXW(공장인도) : Ex Works
2. FOR/FOT(철도인도) : Free on Rail/Free on Truck
3. FAS(선측인도) : Free Alongside Ship
4. FOB(본선인도) : Free on Board
5. C&F(비용운임포함인도) : Cost and Freight
6. CIF(비용운임・보험료포함인도) : Cost, Insurance and Freight
7. EXS(착선인도) : Ex Ship
8. EXQ(부두인도) : Ex Quay
9. DAF(국경인도) : Delivered at Frontier
10. DDP(관세지급인도) : Delivered Duty Paid
11. FOA(공항인도) : FOB Airport
12. FRC(운송인인도) : Free Carrier
13. DCP(운송비지급인도) : Freight or Carriage Paid to
14. CIP(운송비・보험료지급인도) : Freight or Carriage and Insurance Paid to

4) Incoterms 1990

정보통신기술과 국제운송기법의 지속적인 발전으로 인하여 기존의 인코텀즈의 규정을 보다 체계적으로 수정하고 보완할 필요성이 대두되어 ICC의 상관습위원회(Commercial Practices Commission)는 수년에 걸친 개정작업을 추진하게 되었다. 상관습위원회는 1989년 11월에 인코텀즈 개정안을 최종적으로 확정하여 13가지의 거래조건으로 구성된 "Incoterms 1990"을 공표하였다.

"Incoterms 1990"의 주요 개정내용을 살펴보면 다음과 같다.

첫째, 13가지의 거래조건을 공통적인 특징별로 묶어서 E군(EXW), F군(FCA, FAS, FOB), C군(CFR, CIF, CPT, CIP), 그리고 D군(DAF, DES, DEQ, DDU, DDP)으로 구분하였다.

둘째, FRC조건을 FCA로 명칭을 변경하고, "Incoterms 1980"에 규정된 FOA와 FOR/FOT 조건을 모두 흡수하여 FCA조건으로 통합하였다.

셋째, 각 거래조건별로 매도인과 매수인의의무조항을 10개의 항으로 대칭되게 규정하여 거래당사자들이 비교하기 용이하도록 하였다.

넷째, 기존의 DDP조건을 DDU와 DDP로 세분하여 규정하였다.

다섯째, DCP를 CPT로, EXS를 DES로, 그리고 EXQ를 DEQ로 전신부호 명칭을 변경하였다.

여섯째, 전자자료교환(Electronic Data Interchange : EDI)방식에 의한 통신문의 사용이 증가함에 따라 기존의 운송서류와 동등한 EDI 통신문을 수용하여 전자통신문을 법적으로 유효한 문서로 인정하도록 규정하였다.

"Incoterms 1990"에 규정된 13가지의 거래조건은 다음과 같다.

▌표 1-1▌ Incoterms 1990의 구성

Group E(E군)	EXW : Ex Works(공장인도)
Group F(F군)	FCA : Free Carrier(운송인인도) FAS : Free Alongside Ship(선측인도) FOB : Free on Board(본선인도)
Group C(C군)	CFR : Cost and Freight(비용운임포함인도) CIF : Cost, Insurance and Freight(비용운임 · 보험료포함인도) CPT : Carriage Paid to(운송비지급인도) CIP : Carriage and Insurance Paid to(운송비 · 보험료지급인도)
Group D(D군)	DAF : Delivered at Frontier(국경인도) DES : Delivered Ex Ship(착선인도) DEQ : Delivered Ex Quay(부두인도) DDU : Delivered Duty Unpaid(관세미지급인도) DDP : Delivered Duty Paid(관세지급인도)

5) Incoterms 2000

1990년대에 들어서면서 정보화의 물결로 본격적인 전자상거래(electronic commerce)시대를 맞이하게 되었다. 이러한 국제무역의 변화를 수용하기 위하여 ICC는 2년여에 걸쳐 관계 전문가들의 의견과 조사결과를 토대로 인코텀즈 개정작업을 추진시켰다.

2000년 1월 1일부터 발효되어 시행되고 있는 Incoterms 2000은 Incoterms 1990과 비교해 볼 때, 13가지 거래조건을 4개의그룹으로 나누어 각 거래조건마다 10개의 항목을 똑같이 구분하여 반영한 형식적인 (formal) 구조에서는 달라진 것이 없지만 FAS 조건과 DEQ 조건에서 수출입절차 의무의 주체, FCA 조건에서 사용되는 용어의 통일 등 실체적인(substantive) 측변에서는 변경이 있었다.

6) Incoterms®2010

Incoterms®2010은 최근무역환경의 변화에 맞추어 효과적을 대처하기 위하여 2010도에 개정되었고 2011년 1월부터 시향하기로 하였다.

Incoterms®2010은 관세자유지역의 계속된 확대, 기업 활동에 전자통신의 사용증가, 물품이동에 대한 높은 보안에 대한 관심, 그리고 운송관습의 변화 등을 고려하여 개정되었다. 그리고 Incoterms®2010은 13개 규칙에서 11개 규칙으로 축소함으로서 "인도"규칙을 개선하고 강화하였으며 모든 규칙의 표현을 매도인과 매수인에게 차별 없이 모두 참조하도록 하였다. 세계의 모든 분야와 모든 무역 부분에서 선출된 통상법과 관습법에 대한 ICC위원회의 폭넓은 전문가들은 Incoterms®2010이 영업의 모든 분야의 요구에 부응하도록 노력하였다.

만약에 Incoterms®2010을 계약서에 적용하고자 한다면 "지정된 장소를 모함한 선택된 인코텀즈 규칙 다음에 Incoterms®2010"이란 단어를 사용하여 계약서에 이를 분명히 하여야 한다.

선택된 인코텀즈 규칙은 물품, 운송수단, 그리고 무엇보다도 당사자들이 의도한 추가의무부과 등에 적절하도록 할 필요가 있다. 예를 들면 운송 또는 보험계약을 매도인 또는 매수인 누구에게 의무를 부과할 것인가와 같은 것이다.

각 인코텀즈 규칙의 지도사항에는 이러한 조건 선택에 특별히 도움이 되는 정보를 포함하고 있다. 어떤 규칙이 선택되느냐에 따라서 당사자들은 그들의 계약의 해석이 사용된 항구 또는 장소의 특별한 관습에 의해서 영향을 받을 수 있다는 사실을 이해해야 한다.

선택된 인코텀즈 규칙은 당사자들이 어떤 장소와 항구를 지정할 때만 작용될 수 있으며 당사자들이 가급적 정확하게 장소나 항구를 특정한다면 가장 잘 작용될 수 있을 것이다.

그러한 정확한 좋은 예는 다음과 같다.

"FCA38cour Albert Ier, Paris, France Incoterms®2010"

인코텀즈 규칙 중 공장인도조건(EXW), 운송인인도조건(FCA), 지정터미널인도조건(DAT), 목적지인도조건(DAP), 관세지급인도조건(DDP), 선측인도조건(FAS), 그리고 본선인도조건(FOB)의 경우에는 지정장소는 인도가 일어나거나 매도인으로부터 매수인에게 위험이 이전되는 장소이다. 인코텀즈 규칙 중 운인지급조건(CPT), 운임 및 보험료 지급조건(CIP), 비용과 운임지급조건(CFR) 그리고 비용, 보험료, 운임 지급조건(CIF)에 있어서는 지정장소는 인도장소와는 달리 이 네 가지 인코텀즈 규칙의 지정장소는 운임이 거기까지 지불되는 목적지 장소이다. 장소나 목적지의 지정은 의문과 분쟁을 회피하기 위하여 그 장소와 목적지에 있는 정확한 지점을 명시함으로서 더욱 도움이 될 수 있도록 특정될 수 있다.

인코텀즈 규칙에는 매도인이 물품을 매수인에게 인도할 때에 어느 당사자가 운송 또는 보험 계약을 할 의무가 있는지, 그리고 각 당사자가 어떤 비용을 부담할 것인지를 규정하고 있다. 그러나 인코텀즈 규칙은 지불될 수 있는 대금이나 그 지불방법에 대해서는 언급하고 있지 않으며, 그리고 물품의 소유권이전이나 계약위반의 결과에 대해서도 언급하지 않고 있다. 이러한 문제들은 계약서에 명시된 조건이나 당해국가의 실정법을 통해서 처리되어야 한다. 현지의 강행법규는 선택된 인코텀즈 조건을 포함하여 매매계약의 어떤 조항보다 우선한다.

7) Incoterms® 2010의 주요특징

(1) 2개의 새로운 인코텀즈 규칙 DAT와 DAP가 인코텀즈 2000의 DAF, DES, DEQ 그리고 DDP를 대체하고 있다.

인코텀즈 규칙의 수는 13개에서 11개를 축소되었다. 합의된 운송수단에 불구하고 사용될 수 있는 2개의 새로운 규칙인 지정터미널인도조건 DAT과 목적지인도조건 DAP가 인코텀즈 2000의 DAF, DES, DEQ 그리고 DDU조건을 대체하게 되었다. 이 새로운 규칙 하에서는 인도는 지정된 목적지에서 이루어진다.

DAT조건에서는(종전 DEQ조건과 같음) 도착된 운반용 차량으로부터 물품을 양하한 후 지정된 터미널에서 매수인의 처분상태에 적치된 때이고 DAP조건에서는(종전의 DAF, DES 그리고 DDU조건과 같음) 운송차량에서 양하할 준비가 된 체 매수인의 처분상태에 적치된 때 인도가 일어난다.

새로운 규칙으로 인코텀즈 2000의 DES와 DEQ조건은 불필요하게 되었다. DAT조건의 지정된 터미널은 항구 내에 있을 수 있으므로 DAT조건은 인코텀즈 2000의 DEQ조건이 사용되는 그런 경우에도 안전하게 사용될 수 있다. 동일하게 DAP 조건의 도착되는 차량은 선박이 될 수 있으므로 목적지의 지정장소가 항구가 될 수 있기 때문에 DAP조건은 인코텀즈 2000의 DES조건이 사용된 경우에도 안전하게 사용될 수 있다. 이러한 새로운 조건들은 자신의 계승된 조건 과 같이(적용 가능한 경우에) 수입통관에 관한 비용은 제외하고 물품을 목정장소까지 운반하는데 속하는 모든 비용과 위험을 매도인이 부담하고 인도된다.

(2) Incoterms®2010규칙의 11개 조건은 2개의 분명한 분야로 표시된다.

① 하나 또는 여러 개의 운송수단 이동에 관한 규칙

- EXW : 공장인도조건
- FCA : 운송인인도조건
- CPT : 운임지급조건
- CIP : 운임 및 보험료지급조건
- DAT : 도착지터미널인도조건
- DAP : 도착지인도조건
- DDP : 관세지급인도조건

② 해상과 내지수로 운송에 관한 규칙

- FAS : 선측인도조건
- FOB : 본선인도조건
- CFR : 비용과 운임지급조건
- CIF : 비용, 보험료 와 운임지급조건

첫 번째 분류는 7개의 Incoterms®2010을 포함하고 있는데 이들은 선택된 운송수단에 관계없이 사용될 수 있고 하나 또는 하나 이상의 운송수단이 이용될 경우에도 관계없이 사용될 수 있다. EXW, FCA, CPT, CIP, DAT, DAP 그리고 DDP 조건이 이 분류에 속한다. 이 조건들은 전혀 해상운송이 아닌 경우에도 사용될 수 있고 운송의 일부에 선박이 사용된 경우에도 사용 될 수 있다.

Incoterms®2010의 두 번째 분류에는 인도지점과 물품이 매수인에게 운송되는 장소가 모두 항구들이다. 그래서 해상과 내지수로에 적용되는 규칙으로 표시된 것은 FAS, FOB, CFR 그리고 CIF가 이러한 분류에 속한다. 마지막 3개의 인코텀즈 규칙들에는 물품이 본선에 선적되었을 때 인도되어진다는 주장이 다른 보다 우선권이 주어저서 인도시점으로서 “선측난간” 이라는 언급을 모두 삭제하였다 이것이 현대적인 상거래 현실에 더욱 가깝게 영향을 주는 것이고 오히려 위험이 선측난간이라는 상상의 수직적인 선을 넘어서 이리저리 흔들리는 구시대적인 위험의 개념을 피할 수 있게 되었다.

(3) 국내와 국제무역을 위한규칙

인코텀즈 규칙은 전통적으로 물품이 국경을 넘어서 통과하는 국제 매매계약에 사용되어 왔다. 세계도처에는 유럽연합(EU)과 같은 무역공동체(trade blocs)가 형성되어 다른 국가 간의 국경통관이 별로 중요하지 않게 되었음으로 Incoterms®2010 규칙의 부제(副題)는 형식적으로 이 조건들이 국제거래와 국내거래 모두에 적용될 수 있다는 것을 표시하게 되었다. 그 결과 Incoterms®2010 에는 많은 곳에서 적용 가능한 경우에만 수출/수입 통관에 맞는 의무가 존재한다는 것을 명시하고 있다.

국제거래와 국내거래의 두 분야로 발전적 적용을 주장하는 주체들이 이러한 방향의 움직임이 시기적절한 ICC를 설득하게 되었다. 첫 번째로 무역업자들이 일반적으로 인코텀즈 규칙을 순수한 국내매매계약에 많이 사용한다는 주장이고 두 번째 이유는 인코텀즈 규칙을 종전의 미국통일상법전(UCC)의 선적과 인도조건보다도 국내거래에 사용하겠다는 미국측의 강한의지가 반영된 것이다.

(4) 지도지침

각 Incoterms®2010 앞에는 지도사항이 있는데 이 지도사항은 각 인코텀즈 규칙의 기본적인 사항. 예를 들면 이 규칙이 사용되어야 하는 시기, 위험이 전시기 그리고 어떻게 비용이 매도인과 매수인 사이에 분배되는 가를 설명하고 있다. 이 지도사항은 실제의 Incoterms®2010의 일부가 아니고 사용자들로 하여금 특별한 거래에 대해서 정확하고 효과적으로 적절한 인코텀즈 규칙을 이용하도록 도움을 주고 있다.

(5) 전자통신

인코텀즈의 종전 규칙들은 EDI 통신문에 의해서 대체될 수 있는 서류들을 특정하였다.

그러나 Incoterms®2010의 A1/B1조는 전자적 통신수단이 당사자들이 합의하거나 관습이 존재하는 한 종이서류의 통신과 동일한 효과를 부여 하였다 이러한 형태는 Incoterms®2010이 존속하는 동안 새로운 전자절차의 혁명을 이룩하게 할 것이다.

(6) 보험부담

Incoterms®2010 규칙은 런던보험자협회의 적하보험약관(I.C.C)이 개정이 된 이후로 첫 번째로 개정된 인코텀즈이므로 그러한 협회약관의 개정부분을 많이 참조하였다. Incoterms®2010 규칙은 운송계약과 보험계약과 관련된 보험정보의무를 A3/B3조에 규정하였다. 이러한 규정들은 인코텀즈 2000의 A10/B10조에서 볼 수 있는 보다 새롭게 생성된 조문들로부터 파생된 것이다. 보험에 관한 A3/B3조의 용어는 이에 관한 당사자들의 의무를 분명히 한다는 견지에서 역시 수정되었다.

(7) 보안관련 통관과 그에 관한 정보

요즘은 물품의 이동에 관한 보안에 대해서 관심이 높아지고 있다. 이는 물품이 그의 고유의 성격과 다른 이유로 생명과 재산권에 위험을 주지 않는다는 검증을 요구하는 정보이다. 그래서 Incoterms®2010은 보안통관절차를 이행하는데 협조를 주고받는 의무를 매수인과 매도인 사이에 배분하였다. 예를 들면 여러 가지 인코텀즈 규칙의 A2/B2 와 A10/B10조에 있는 연쇄보관정보 같은 것이다.

(8) 터미널 취급수수료

인코텀즈 규칙 중 CPT, CIP, CFR, CIF, DAT, DAP 그리고 DDP규칙에서는 매도인이 합의된 목적지 까지 물품운송을 이행해야 한다. 운임이 매도인 부담이라고 하드라도 운임비용이 매도인에 의하여 총판매가격에 일반적으로 포함되기 때문에 실제로는 운임은 매수인이 지불하게 된다. 운송비는 가끔 항구나 컨테이너터미널 시설 내에서 물품을 취급하거나 이동하는 비용을 포함하고 있는데 운송인이나 터미널운영자가 이러한 비용을 물품을 수행하는 매수인으로부터 징수할 수가 있다. 이러한 경우에 매수인은 동일한 서비스에 대해서 이중 지불되는 것을 피하고자 한다. 한번은 총판매가격의 일부로서 매도인에게 지불하고 또 한 번은 독립적으로, 운송인이나 터미널운영자에게 지불하게 된다.

Incoterms®2010은 관련 인코텀즈의 A6/B6조에서 그러한 비용을 분명히 분배함으로서 이러한 일이 발생 되는 것을 피하고자 하였다.

(9) 연속매매

제조된 물품의 판매와 일반상품 판매에 있어서는 화물이 연속된 운송 중에 여러 번 판매되는 일이 자주 일어난다. 이러한 경우에 연속매매의 중간매도인은 물품이 연속매매의 첫 번째 매도인에 의하여 이미 선적되었기 때문에 물품을 다시 선적할 필요가 없다. 그러므로 연속매매의 중간매도인은 물품을 선적하지 아니하고 선적된 물품을 조달함으로서 매수인에 대한 의무를 이행하게 된다. 이러한 분명한 목적으로 Incoterms®2010은 관련 인코텀즈 규칙에 물품의 선적의무에 대신하여 선적된 물품의 조달의무를 포함하고 있다.

(10) 인코텀즈 규칙의 변형

가끔 당사자들은 인코텀즈 규칙을 변형하고자 한다.

Incoterms®2010은 그러한 변형을 금지하고 있지 않으나 그렇게 하는 데는 위험이 존재한다. 이러한 뜻밖의 변화를 피하기 위하여, 당사자들은 그러한 경우 의도된 효과를 계약서 속에 명시할 필요가 있다. 그래서 예를 들면 Incoterms®2010의 비용분배가 계약서에서 변경되었다면 당사자들은 매도인으로부터 매수인에게 위험이전 지점도 변경하려고 하는지를 명시해야 된다.

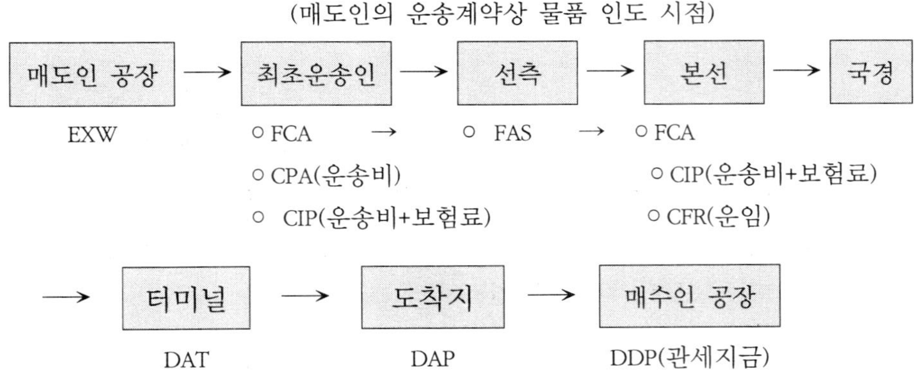

3. Incoterms상 거래조건 내용

1) 선적지 인도 단일가격조건(E군·F군)

인도장소	비용위험 분기점
EXW = EXworks 공장도인도조건	공장(works)
FCA = Free Carrier 운송인인도조건	First carrier 최초운송인
FAS = Free Alongside Ship 선측인도조건	선측(Ship's side)
FOB = Free on board 본선인도조건	본선적재(on board vessel)

〈특징〉

① 현물인도조건이고 수출지 인도조건이다.

② 가격은 인도시점까지 비용부담(위험부담자와 비용지급자가 동일)

③ 비용부담 시점과 위험이전 시점이 동일(수출지인도시점)하다.

④ 수출통관, 수출관세는 매도인이 지급한다.

⑤ 수입통관, 수입관세는 매수인이 지급한다.

2) 선적지 인도 특수비용 포함조건 (C. Group)

인도장소	비용부담 위험분기점
CFR = Cost and Freight (본선인도 운임지급가격)	본선인도 도착지까지 운임 on board vessel(본선적재)
CPT = Carriage paid to (운송인 인도, 운송비 지급조건)	운송인인도 도착지운송비(운임) First carrier(최초운송인)
CIF = Cost, Insurance and Freight 본선인도운임보험료·비용지급조건	본선인도 도착지운임·보험료 비용 on board vessel(본선적재)
CIP = Carriage and Insurance paid to 운송인인도 운송비, 보험료 지급조건	운송인인도, 도착지까지 운송비(운임) 및 보험료. First carrier(최초의 운송인)

〈특징〉

① 선적지 인도조건, 서류인도조건이며 상징적 인도조건이다.

② 물품인도는 선적지에서 인도하지만 도착지까지 운임 기타 비용을 추가지급하는 조건이다

③ 위험 이전 시점과 비용부담 시점이 상이하다.

④ 위험부담자와 보험료 지급자가 상이하다.

⑤ 소유권 이전 시점과 위험이전 시점이 동일하지 않다.

⑥ 수출통관, 수출관세 등은 매도인이 지급한다.

⑦ 수입통관, 수입관세는 매수인이 지급한다.

〈各 Group別 대비〉

	물품의 인도	위험이전	소유권 이전	물품인도 비용부담	소유권이전
E조 F조	선적지	선적지	선적지 (또는 도착지)	동일	동일
C군	선적지	선적지	도착지	상이	상이
D군	도착지	도착지	도착지	동일	동일

3) 도착지 인도조건 (D.Group)

인도장소	비용부담 위험분기점
DAT = Delivered at Terminal 터미널 인도조건	도착지 터미널
DAP = Delivered at Place of Destination 목적지 인도조건	목적지 운송수단
DDP = Delivered Duty Paid 수입관세지급 인도조건	수입통관 인도조건

〈특징〉

① 도착지 인도조건이다.

② 물품인도 시점까지 비용, 운임을 지급하는 조건이다.

③ 위험인도 시점과 물품인도 시점이 동일하다.

④ 위험부담자와 비용지급자가 동일하다.

⑤ 소유권이전 시점과 위험이전 시점이 동일하다.

〈의무〉 매도인 측의 입장에서 고찰

① 최초 운송수단에 적재의무

② 운송계약체결의무 - 선복지정, 매수인 부담

③ 수출허가취득

④ 수출통관

⑤ 선복수배, 운송인 지정

⑥ 서류작성 제공

⑦ 보험료 지급

⑧ 운임지급

⑨ 본선적재비용

선적비용 Shipping Charge

적재비용 Loading Charge

적부비용 Stowing Charge

⑩ 수입지까지 운송

(①~⑩: 수출지)

⑪ 하역비용

⑫ 수입통관 비용(관세지급)

⑬ 통관 후 일정장소 인도의무

(⑪~⑬: 수입지)

4. 계약조건의 구체적 내용

1) 하나 또는 여러 개의 운송수단에 이용되는 규칙

(1) EXW조건 : 매도인공장인도조건

매도인 공장에서 물품인도, 위험이전 및 소유권이전이 된다.

기타 장소, 작업장, 공장 창고 등도 포함. 매수인의 차량에 적재하지 않은 상태에서 인도하며 차량적재의무 추가시에 계약서에 명시해야 한다.

총비용 : 제조원가 + 포장 및 검사비

(2) FCA 조건 : 운송인 인도조건

최초의 운송인에게 물품인도시에 물품인도, 위험이전, 소유권이전이 일어난다. 운송계약은 매수인이 부담하고 인도 장소가 매도인 영업장 구내일 경우 매수인 차량에 적재할 의무를 부담하나 기타 장소일 경우 매도인이 운송인에게 양하하여 인도할 책임이 없다.

F.C.L(Full Container Load) 즉 컨테이너 만제화물(차급화물)의 경우에는 만제된 컨테이너가 운송인에게 인도될 때 물품의 인도가 이루어지고, L.C.L (Less than full Container Load) 즉 컨테이너 미달화물(소급화물)의 경우에는 물품 자체를 운송인에게 인도할 때 물품의 인도가 이루어진다.

운송화물의 인도와 더불어 매수인의 요청이 있을 경우에는 매도인은 운송인 또는 그 대리인이 발행한 운송서류를 취득하여 매수인에게 제공하여야 한다.

총비용 : 제조원가 + 포장 검사비 + 반출운송비 + 수출 허가비 +수출통관비, 운송인 또는 운송주선인이 발행하는 수취선하증권 FCR(Forwarderis Cargo Receipt), FCT(Forwarding Agents Certificate of Transport)을 제시한다.

(3) CPT조건 : 운임지급조건

물품 인도장소는 최초의 운송인에게 인도하는 장소이다.

도착지까지 운임지급은 매도인이 하고 보험료는 매수인이 지급한다.

복합운송에 필요한 조건으로서 운송계약자는 매도인이고, 보험계약자는 매수인이 된다. 운송계약에 포함된 경우 제3국으로의 통과비용도 매도인이 부담하도록 한다.

(4) CIP 조건 : 운임, 보험료포함 인도조건

인도장소는 수출지의 최초의 운송인에게 인도된 때이다.

운송계약과 보험계약은 매도인이 체결하고 도착시까지의 운임과 보험료는 매도인이 부담한다.

매수인이 최소담보조건 이상의 보험을 원할 경우에는 반드시 매도인과 명시적 합의를 하거나 별도 보험계약 체결해야한다.

매도인은 물품에 대한 선적서류를 매수인에게 제공해야 하며 위험부담 시점은 수출지의 최초의 운송인에게 인도된 때이다.

수출 통관비용은 매도인이 부담하고 수입통관비용은 매수인이 부담한다.

(5) DAT조건 : 도착지터미널 인도조건

도착지터미널 인도조건은 물품이 도착지의 운송수단에서 하역한 후 도착지의 지정된 터미널에서 수입자의 처분가능한 상태에 둘 때에 인도가 완료되는 조건이다. 여기서 터미널은 도착지의 부두(Quay), 컨테이너 하치장(Container Yard) 또는 도로, 철도 또는 항공화물터미널을 포함하는 의미이다. 따라서 이 조건은 도착지에서 하역비용 및 터미널내의 특정지점까지 운반비용을 포함하고 있지만 수입통관 및 수입관세는 매수인이 지급한다. 인코텀즈 2000의 부두인도조건은 DAT조건에 포함된다고 할 수 있다. 그러나 수출통관, 수출관세는 매도인이 부담한다.

(6) DAP 조건 : 도착지인도조건

도착지인도조건은 지정된 도착장소에서 하역이 준비된 운송수단 상에서 매수인이 처분 가능한 상태로 물품을 적치한 때에 매도인의 인도의무가 완료되는 조건이다. 따라서 이 조건은 매도인이 도착지의 운송수단에서 물품을 하역하지 아니하고 수입통관 되지 아니한 상태에서 매수인에게 화물을 인도하는 조건이다.

매도인은 지정된 장소까지 물품을 운반하는데 관련된 모든 위험을 부담한다.

당사자들은 목적지 합의된 장소 내에서 인도지점을 가능한 한 분명히 특정하여야 하고 매도인은 이 선택된 조건에 정확히 부합될 수 있는 운송계약을 체결하여야 한다.

만약에 매도인이 그 운송계약 하에서 목적지에서 하역에 관련된 비용을 부담해야 한다면 매도인은 당사자 간에 달리 합의된 바가 없으면 매수인으로부터 그러한 비용을 환급받을 수 없다. DAP조건은 적용 가능한 경우에 매도인에게 물품의 수출 통관을 요구하고 있지만

그러나 매도인이 물품을 수입통관하거나 수입관세를 지불하거나 어떤 수입에 관련된 통관절차를 이행 할 의무는 없다. 만약에 당사자들이 매도인이 물품을 수입통관하고 수입관세를 지불하고 그리고 수입통관절차를 이행하기를 희망한다면, DDP조건을 사용해야 한다.

(7) DDP조건 : 관세지급인도조건

"관세지급인도"란 물품이 지정된 목적지에서 양하할 준비가 된 도착된 운송수단 위에서 수입통관을 한 후 매수인의 처분 상태에 적치된 때 매도인이 물품을 인도 하는 것을 의미한다. 매도인은 목적지까지 물품을 인도하는데 포함된 모든 비용과 위험을 부담한다. 그리고 매도인은 수출뿐만 아니라 수입을 위해서도 물품을 통관하고 수출과 수입 모두를 위한 모든 관세를 지급하고 그리고 모든 통관 절차를 이행할 의무가 있다. DDP조건은 매도인에게 최대한의 의무를 부여하고 있다.

당사자들은 목적지의 합의된 지점까지 모든 비용과 위험이 매도인 부담이기 때문에 합의된 목적지 내에서의 그 지점을 가능한 한 정확하게 특정하도록 통지 받는다. 매도인은 이러한 선택된 조건에 정확하게 합치하는 운송계약을 주선하도록 해야 한다. 만약에 매도인이 운송계약서에 목적지에서 하역에 관한 비용을 포함시킨다면 매도인은 달리 당사자 간에 합의가 없는 한 매수인으로부터 그러한 비용을 회수할 수 있는 권한이 없다.

당사자들은 만약 매도인이 직접적으로나 간접적으로 수입통관을 이행할 수 없다면 DDP조건을 사용하지 않도록 조언을 받아야 한다.

만약 당사자들이 매수인이 수입통관에 대한 모든 위험과 비용을 부담하기를 원한다면 DAP조건이 사용되어야 한다. 계약서에 달리 표시되어 있지 않다면 수입시에 지불될 수 있는 부가가치세나 다른 조세 등은 매도인이 부담한다.

2) 해상과 내지수로운송에 이용되는 규칙

(1) FAS 조건 : 선측인도조건

물품을 본선의 선측에 둘 때 위험이전과 소유권이 이전된다. 운송계약, 수출허가, 수출통관수속은 매수인이 부담한다. 본선 선박이 심해 중에 있을 때에는 예인선에 의하여 본선의 선측까지 운반하여 선적할 수 있는 상태로 두어야 한다. 위험이전 소유권이전 모두 선측에서 이루어진다. 매도인이 수출통관절차 이행과 수출관세, 조세, 수출국가의 부담금을 지급해야 한다. 주로 원목, 원맥, 곡물 등 수출에 주로 이용된다.

(2) FOB 조건 : 본선인도조건

물품인도, 소유권이전, 비용부담 및 위험부담의 분기점이 본선에 적재(on board vessel)된 때이다. 본선에 적재되기 전에 운송인에게 인도하고자 하는 경우에는 FCA조건을 이용하도록 권장하고 있다.

매수인에 의하여 지명된 본선 상에 물품을 적재하고 매수인의 운송대리인인 선장으로부터 본선수령증을 발급받아 이를 매수인에게 제공함으로써 물품인도의무를 이행하게 된다.

Incoterms 상에는 지정된 선박에 물품의 적재, 인도를 증명하는 "통상적인 서류"를 매수인에게 제공하여야 한다. 통상적인 서류를 반드시 선하증권일 필요가 없다.

선하증권 대신에 해상화물운송장, 정기선화물운송장, 화물수령증 등 비유통서류도 사용가능하다.

선적비용 중에 실재 선적비용(Shipping Charge)은 매도인 부담이며 적재비용(Loading Charge)은 매도인이 부담하고 적부비용(Stowing Charge)은 매수인이 부담한다.

〈Incoterms 상 매도인의 의무〉
수출허가 취득 본선에 인도할 의무, 수출통관, 통관에 따른 관세와 세금 또는 수수료 지급의무 본선수령증 제공의무 적재비용지급
〈매수인의 의무〉
운송계약 체결, 운임지급, 선박지정, 보험료지급 운송계약의 당사자는 매수인이 되고, 보험계약의 당사자도 매수인이 된다.

(3) CIF 조건 : 비용운임보험료 포함 인도조건

매도인은 운송계약, 선복지정 및 보험계약을 체결하고 목적지까지 운임, 보험료를 부담한다. 그리고 선적서류를 발급받아 제공할 의무가 있다.

① 위험부담의 분기점은 본선에 적재(on board vessel)된 때이다.

② 물품인도의무 - 물품을 본선에서 인도하여야 한다.

③ 운송서류제공의무 - 통상적인 운송서류 (본선적재 선하증권, 유통가능 해상화물운송장, 비유통증권 등을 제공해야 한다.

④ 부보의무 - 최저부보조건(I.C.C. C조건)으로 부보하면 충분하고 송장상 CIF 가격의 110% 부보해야 한다. 최소담보조건 이상의 부보를 원할 경우에는 반드시 매도인과 명시적 합의를 하거나 별도의 보험계약을 체결해야한다. 기타 조건은 매수인 부담이다.
매도인은 매수인의 대리인으로서 운송 및 보험계약을 체결해야 한다.

⑤ 위험비용 부담
본선에 적재된 후 매도인은 모든 운임, 수출통관비용과 선적비용을 지급한다. 운송 계약에 포함된 경우에는 제3국으로의 통과비용도 매도인이 부담한다.

참고

운송 중의 물품을 전매한 경우 소유권이전 시점이 원 매매계약에 의한 물품이 선적시점이냐, 아니면 매수인과 재구입자간의 전매계약체결 시점이냐가 문제이다. 다수 의견은 전매계약 체결 시점에서 물품이 이전한다고 보고 있다.

Incoterms나 UNCCISG(비엔나협약 68조)상에는 전매계약체결시 또는 운송인에게 물품인도시에 매도인에게 고의 또는 과실이 있을 경우에는 매수인은 면책된다고 규정하고 있다.

(4) CFR 조건 : 비용운임포함인도조건

위험분기점은 물품이 본선에 적재된 시점이고 운송계약자는 매도인이고, 보험계약자는 매수인이다. 따라서 매도인은 운송계약을 체결하고 운송서류를 제공하여야 한다.

물품인도는 물품의 본선에 적재된 때이고 도착 시까지 운임과 선적 시까지 비용은 매도인이 지급한다.

보험료는 매수인이 지급하고, 보험계약은 매수인이 체결한다.

운송계약에 포함된 경우 제3국으로의 통과비용도 매도인 부담하며 용선계약부선하증권을 제공하는 경우 매도인은 용선계약서 사본을 제출할 의무는 없다.

CIF조건과 FOB조건의 差異

	C I F (서류인도조건)	F O B (현실적 인도조건)
물품의 인도 위험 이전 시점	본선 적재시	본선 적재시
비용부담	도착항구까지	선적지의 본선적재시 까지
소유권이전	선적서류제출시(대금지급시)	본선인도시(대금지급시 소급)
信用狀 보험서류조항	있다	없다
보험료지급	매도인	매수인
운임지급방법	선지급	후지급
운송계약당사자	매도인	매수인
표시방법	CIF NY(도착지) incoterms® 2010	FOB 부산(출발지) incoterms® 2010

참고

소유권이전(영국식)

- 특정물 → 당사자의 소유권이전의사가 분명할 경우이다.
- 불특정물 → 특정하고 당사자의 이전이사가 분명할 경우이다.

당사자 의사 불분명할 경우

1. 매도인 지시식 선하증권 → 선적서류를 매수인에 제공 시(서류제공시) 소유권이 이전된다.
2. 매도인 기명식 선하증권 → 선적 시에 소유권이 이전된다.

 * 하역비 부담관계(선주중심)에 따른 구분
 CIF FI(Free In) : 선적비 면제
 선적비 : 화주부담, 양륙비 : 선주부담
 CIF FO(Free Out) : 양륙비 면제
 선적비 : 선주부담, 양륙비 : 화주부담
 CIF FIO(Free In Out) : 선적비, 양륙비 : 화주부담
 CIF Berth Terms : 선적비, 양륙비 : 선주부담

〈물품이 NY에서 부산으로 운송될 경우〉

- FOB 表示方法 : FOB NY(선적항 表示) incoterms®2010
- CIF 表示方法 : CIF Pusan(양륙항 표시) incoterms®2010

제 2 장

인코텀즈상 FOB조건과 CIF조건

1. FOB조건의 주요의무

1) 매도인의 주요의무

(1) 물품인도의 의무

매도인은 계약상 지정된 기일 또는 기간 내에 지정선적항에서 그 항구의 관례적 방법으로 매수인이 지명한 선박에 약정품을 선적하고 이러한 사실을 지체 없이 매수인에게 통지할 의무가 있다. 또한 매도인은 물품의 선적을 위하여 자신의 위험과 비용으로 수출허가를 취득하여야 한다.

매도인의 물품 인도는 반드시 약정일자 또는 기간 내에 이해되어야 한다. 일반적으로 매도인은 약정품을 인도하기 위한 시간적 여유가 필요하며, 매수인의 경우도 물품을 적기에 인수하기 위한 준비기간이 필요한 것이다. 그러므로 당사자들은 이러한 점을 충분히 고려하여 계약체결시 선적기일에 관한 명시적 합의를 하는 것이 통례이다. FOB조건의 매매계약에서의 인도시기는 일반적으로 확정적 일시로 약정하기 보다는 일정기간으로 정해지고 있다. 예를 들면 FOB 런던 10월중 선적 조건으로 약정한 경우 선적기간은 10월1일부터 10월31일까지로 해석된다.

물품의 인도는 선적항에서 매수인의 지정선박에 약정품을 선적함으로서 완료된다. 여기서 선적의 의미는 약정품이 본선에 적재된 때를 말하며, 이때가 바로 인도의 완료시기가 될 뿐만 아니라 비용과 위험부담의 분기점이 된다.

여기에서 본선상에서의 물품적재비에 관한 책임부담이 문제가 된다. 정기선조건인 경우에는 선적 및 양하비가 운임에 포함되어 있으므로 물품하역에 따른 모든 비용이 매수인에 귀속되는 것으로 해석된다. 그러나 물품운송계약이 FIO 조건인 경우에는 하역비는 화주의 부담이 되며, 화주인 매도인과 매수인간의 부담한계는 항구의 관습에 따르게 된다. 때때로 매도인이 FOB조건에 '적부필'이라는 용어를 추가함으로써 선적비용 일체를 부담할 것을 합의하는 경우가 있다.

그러나 Stowed라는 용어는 물품의 멸실 또는 손상에 관한 위험부담의 분기점에 변화를 가져오므로 '적부비용 매도인 부담' 이라는 명확한 용어를 사용하여 위험부담의 한계에 변화가 없도록 해야 할 것이다.

액체 또는 가스제품에 있어서는 인도가 완료되는 시점은 당해 제품이 본선에 설치된 '파이프를 통해서 저장탱크 속으로 들어갈 때이다. 그것은 육상의 저장탱크와 본선의 저장탱크간의 연결된 '파이프'를 통해 적재할 때 본선 파이프를 통과하여 본선의 저장탱크 속으로 들어갔을 때이다.

영국의 고유 FOB조건에서는 매도인의 인도장소가 본선이므로 본선에 적재하고, 매수인의 운송대리인인 선장으로부터 본선인도의 증거가 되는 본선수취증을 받으면 된다. 이 본선수취증을 매수인에게 송부하고 매수인은 이 본선수취증으로 선하증권을 발급받을 자격을 갖게 된다. 원래 선하증권이 가지고 있는 기능은 선하증권을 적법하게 소지하고 있는 자가 이 증권과의 상환으로 물품의 인도를 주장할 수 있는 권리증권이며, 물품이 본선에 인도되었음을 증명하는 물품의 수취증이며, 수화인과 운송인 간에 운송계약이 체결되었음을 추정할 수 있는 운송계약의 추정적 증거이다. 그렇지만 고유한 FOB조건에서 매수인이 입수하는 선하증권은 물품의 수취증이면 충분하고 그러한 FOB 조건이 현실적 인도조건이기 때문에, 그 선하증권은 권리증권일 필요도 없고 운송계약의 증거일 필요도 없다. 만일 이러한 경우 권리증권인 선하증권을 매도인이 소지하고 있다면 아직 물품에 대한 권리를 유보하고 있는 것이므로 아직 인도를 하지 않았다는 뜻이 된다.

'Incoterms® 2010에서는 지정된 선박에 물품을 인도하였다는 것을 증명하는 통상의 인도증거를 매도인의 비용으로 제공하여야 한다고 규정하고 있으며 여기에서 말하는 통상의 증거서류는 본선수취증이나 선박수취증이다. 컨테이너 운송인 경우에는 부두수취증도 통상적인 서류로 간주하고 있다.

여기서 Mate's Receipt는 본선의 일등항해사가 발행하는 화물수취증이고, Ship's Receipt는 선박회사에서 발행하는 화물수취증이며 Dock Receipt는 본선에 적재하기 위하여 Dock 내에서 운송인에게 인도되었음을 증명하는 서류로서 대개 선박회사 대리인이 발행하는 화물수취증이다. 물론 이러한 서류들은 물품이 외관상 하자없이 인도되었음을 증명하는 무고장서류이어야 한다.

FOB조건에서 요구되는 구체적인 서류는 각국 또는 각 선적항마다 일정하지 아니하며 매매당사자간에 특약이 있을 경우에는 그것이 우선하지만, 특약이 없을 경우에는 해당거래와 관습에 따른다.

미국계 FOB, 즉 '개정미국무역용어정의' 에서는 이 점에 대해 "매도인은 무고장의 본선수취증 또는 선적선하증권을 제공해야 한다."고 규정하고 있고, 미국통일상법전에는 "FOB Vessel 조건의 매도인은 별도의 합의가 없는 한, 물품이 적재되었다는 뜻이 기재된 유통성 선하증권을 취득해야한다"고 규정하고 있다.

결국 FOB Vessel 은 매도인의 의무로 선하증권의 취득을 규정하고 있고, 이는 선하증권을 첨부한 화환어음취결을 전제로 하는 현행 무역관습을 인정한 것이라 할 수 있다.

(2) 선적통지의무

매도인은 선적완료와 더불어 매수인에게 물품이 선적되었다는 사실을 통지할 의무가 있다. 매도인에게 이런 의무를 부담 시키는 이유는, 매도인의 인도 완료와 동시에 그 위험이 매수인에게 이전되므로 매수인이 미리 보험업자와 당해 물품에 대한 보험계약을 체결할 수 있도록 해야 하므로 선적통지가 필요한 것이다. 또한 선적이 계약대로 이루어지지 못했을 경우에도 이에 대한 사실을 매수인에게 통지해야 한다.

(3) 비용부담의무

매도인은 계약물품이 지정된 선적항에서 본선에 적재된 때까지의 일체의 비용을 부담한다. 여기서는 수출로 인하여 지급되어야 하는 관세를 포함하는 제세공과금이 포함되는데 본선에 물품을 적재하기 위하여 이행하여야 할 통관수속절차에 따른 비용도 매도인 부담이다. 그리고 수출허가, 기타 공적인가를 취득하기 위한 비용과 물품을 선적하였음을 증명하는 비유통선하증권 발행비용도 매도인이 부담한다.

(4) 위험의 분기점

FOB매매계약에서 위험의 분기점은 물품이 본선에 적재된 때이며, 이때 위험도 매도인으로부터 매수인에게 이전된다. 따라서 만약 당해 물품이 선측에서 이륙상태에 있으나 본선에 적재되기 전에 손상된 경우에는 매도인이 그 손해를 부담해야 한다. 이번 Incoterms®2010에서는 위험분기점이 본선의 선측난간(Ship rail)에서 본선적재(on board vessel)로 변경되었다. 그러나 액체 또는 가스제품에 대하여는 당해 제품이 본선의 파이프를 통해 저장탱크 속으로 들어갈 때에 인도가 행해지며, 또한 그때에 위험도 이전된다고 본다. 이러한 관습은 앤드워프 항구와 기타 항구 등에서 적용되고 있다.

그리고 부선(艀船)을 사용하여 선적하는 경우에는 부두에서 본선 측에 이르는 각종운송에 관한 위험은 여전히 매도인이 부담한다.

(5) 비용분기점

매도인은 물품의 인도의무를 완료할 때까지의 모든 비용을 부담한다. 따라서 선적시까지 물품을 송부하는 비용과 선적지에서 선적할 때까지의 물품 보관비용은 매도인이 부담하여야 하는 것은 당연하다. 그러나 선적항에서의 선적비용에 관해서는 각국 또는 각하마다 특수한 지방적 관습으로 말미암아 그 부담의 귀속에 관해서 종종 문제되고 있다.

①육상으로부터 본선선측까지의 운반비용
②선측으로부터 선박까지의 적입비용
③선창내에서의 적부비용

이 가운데에서 이론상으로 ①과②의 비용은 매도인의 부담이며, ③의 적부비용은 인도후의 하역작업에 속하는 것이므로 매수인의 부담이다. 그런데 선적비용은 하역업자 또는 선적대리인에게 지급되는 것으로서 매도인이 부담한다는 점에 대해서는 각국의 관습이 거의 일치하고 있지만, 적입비용과 적부비용은 주로 선내인부임에 속하는 비용으로 개품운송에 의한 CIF매매계약에 있어서는 선내인부임이 운임에 포함되는 것이 보통이므로 원칙적으로 매도인 부담이지만, FOB매매계약에서는 운임부담자가 매수인이므로 이러한 비용은 매수인이 부담하여야 한다고 할 수 있다.

그러나 여기에서 적입비용과 적부비용부담원칙에 있어서 선적항과 화물의 종류에 따라 여러 가지 관례가 있다는 점에 주의를 요한다. 통상의 경우 정기선운송을 이용한 개품운송계약에서는 적입비용을 포함한 하역비용이 운임에 포함되므로 매수인의 부담이 되지만 부정기선을 이용하는 용선계약에서는 하역조건에 따라 그 부담이 달라지게되므로 이에 대한 명시적 약정이 필요하다. 예를 들어 FOB 라는 말을 그대로 해석하면 본선에 적재된 뒤에 매도인의 의무가 완료되는 것이므로 FOB charter라는 선적조건은 적입비용을 매도인이 부담하는 조건이 된다. 따라서 용선계약에 사용된 FOB의 의미는 FI(Free In) 조건, 즉 선주가 선적비를 지불하지 않고 화주인 매도인이 지불하는 조건과 동일한 의미이다.

결국 개품운송계약상 하역비용은 매수인의 부담이지만 용선계약상에는 약정된 하역조건에 따라 달라지며, 만약 명시적인 약정이 없는 경우에는 선적항의 관습에 따라야 하므로 비용부담의 한계가 불분명해질 수 있다. 이에 관해서 개정된 Incoterms®2010에서는 선적비와 하역비가 매도인부담일 경우에 이를 매수인에게 전가하지 못하도록 계약에 명시해야하며 매도인이 이미 지불한 선적비나 하역비에 대해서는 매수인에게 청구하지 못하도록 하였다.

2) 매수인의 주요의무

(1) 선복수배의 의무와 선적에 관한 지시

매수인은 매도인의 약정품의 인도에 필요한 선박을 수배하여 지명할 의무를 부담한다. 따라서 매수인은 선주와 용선계약을 체결하거나, 또는 일반 선박인 경우에는 개품운송계약을 체결함으로써 필요한 선복을 확보하고, 선박의 명칭 · 선적지 · 선박으로의 인도기일 · 선박의 예정입항, 출항일에 관해 매도인에게 지체 없이 통지하여야 한다. 이러한 의무는 매도인의 물품인도에 대한 정지조건으로 볼 수 있다. 왜냐하면 매수인이 선복을 획득하여 선박명을 통지할 때까지는 매도인은 계약상의 의무를 이행할 수 없기 때문이다. 따라서 이 의무는 매도인의 인도의무의 이행과 중대한 관계가 있으므로 선적을 위한 확정일자를 서면으로 통지할 필요가 있다.

매수인은 선적에 관한 지시를 적기에 이행하지 못하였을 경우 약정 인도기간 종료일부터 발생하는 모든 추가비용과 위험을 부담하여야 한다. 따라서 매도인은 매수인의 선박지명의무에 대한 계약위반에 있어서 당해 물품의 소유권이 이전되지 않았기 때문에 물품의 대금을 청구할 수는 없지만 이로 인해 발생한 추가비용 등의 손해배상을 매수인에게 청구할 수 있다.

선적지는 계약에서 특정되는 까닭에 매수인이 선박을 지명할 때에 그 선적지도 지정해야 될 뿐만 아니라, 별도의 합의가 없는 한, 추후 변경할 수 없다. 그리고 FOB United Kingdom port와 같이 가끔 특정지역내의 몇 개의 항구 중 어느 한 항구에서 선적하기로 정하는 경우도 있다. 이러한 경우에는 매수인이 적기에 선적항 및 선적항내의 특정선적지점을 지정하여 매도인에게 통지할 의무가 있다.

이러한 조건의 문언을 다수항 FOB조항이라고 한다. 위에서 본바와 같이 FOB조건에 있어서 운송계약체결의 의무는 매수인에게 있으나 물품이 정기선에 의하여 운송되는 경우에는 매도인의 그의 명의로 선복을 예약하여 운송계약을 체결하고 선하증권을 취득하는 등의 선적을 위한 업무를 수행하는 사례가 허다하다. 이때에 매도인의 행위는 계약상의 명시적 또는 묵시적 약정에 의하는 것이며 매수인은 별도의 합의가 없는 한 이로 인하여 발생한 모든 비용을 매도인에게 상환할 의무를 지는데 이는 매도인의 추가적 서비스로 간주되고 있기 때문이다. 그리고 매수인이 선적항을 지정할 경우 그 선적항 내의 특정한 선적지점을 명시해야하며 그 지정된 최종선적지점을 매도인에게 통지해야한다. 만약에 매수인이 이를 이행하지 못할 경우에는 매도인이 그 운송에 적당한 방법으로 선적항 및 선적지점을 지정할 수 있다.

(2) 대금지급의무

매도인의 물품인도에 대해 매수인은 그 대금을 지급할 의무를 지며, 대금의 지급방법과 시기는 당사자의 합의에 따라 약정하는 것이 일반적이다.

지급조건에 관한 특약이 없는 경우에는 매도인이 본선 상에서 물품의 인도의무를 이행하면 매수인은 이와 동시에 대금을 지급할 의무가 있다. 이때 매도인은 대금을 지급받기위해 물품인도를 약정대로 완료하였다는 사실을 증명해야 하는데 본선수취증은 그러한 증거서류로서 널리 쓰이고 있다. 그러나 현재 화환특약부매매에 있어서는 본선상에서 대금지급이 이루어지지 아니하고 매수인이 관련서류를 인수할 때에 대금을 지급하는 것이 현실이다.

(3) 매도인에게 통지의무 및 인도수령의무

매수인은 물품을 수령할 목적지의 특정지점과 시간을 결정하여 매도인에게 통지해줄 의무가 있다. 그리고 매도인에 의하여 작성된 서류를 수령할 의무가 있으며 화물이 지정항에 도착했을 경우에는 이를 수리할 의무가 있다. 제출된 서류가 계약조건에 합치하지 아니할 경우에는 수리를 거절할 권리가 있으나 그렇지 않을 경우에는 수리해야할 의무가 있다. 만약에 이를 이행하지 아니할 경우에 발생되는 추가비용에 대해서는 매수인이 부담해야 한다. 그리고 매수인은 물품의 수령지체에 의한 채무불이행책임을 져야한다.

2. CIF조건의 주요의무

1) 매도인의 주요의무

(1) 물품인도의무

매도인은 해상운송에서 통상 사용되는 항해선박에 약정품을 적재하여 약정된 목적지까지 통상의 항로로 물품을 운송하기 위하여 자기의 비용으로 운송계약을 체결하고, 지정된 기간 내에 또는 약정기간이 없는 때에는 상당한 기간 내에 약정품을 선적하고, 또 그 뜻을 지체없이 매수인에게 통지하여야 한다.

① 운송계약의 체결

CIF 조건의 특징은 물품의 상징적 인도에 있는 까닭에 선하증권을 중심으로 하는 선적서류를 제시해야한다. 또한 CIF라는 구성요소 중에서 가장 중요한 것은 "F(reight)"라고 할 수 있다. 이것은 단순히 운임만을 타나내는 것이 아니라 운송계약의 체결, 물품의 선적, 운임의 부담 및 선하증권의 제공 등 매도인에게 부과된 일련의 의무를 의미한다.

매도인이 수배하여야 할 선박은 계약 물품의 성질 또는 종류에 맞는 감항성이 있는 선박 이어야하며, 범선은 제외되고 있다. 신용장통일규칙에도 신용장이 특별히 인정하는 경우를 제외하고는 범선에 선적한 선하증권은 수리하지 아니하는 것으로 규정하고 있다.

여기에서 선하증권은 물품을 보관하고 있는 창고의 열쇠와 같은 역할을 하는 것으로서 물품을 화체한 서류이므로 무사고성, 유통성 및 선적완료의 의미를 띠고 있는 것이다. 그러므로 CIF 계약의 매수인은 물품을 직접 수령하지 않더라도 서류의 인수에 의하여 운송 중에 멸실 또는 손상을 당하였을 경우에는 이에 대한 손해배상청구권을 확보하게 된다.

그러나 인코텀즈는 매매계약조건에 관한 것이므로 운송계약에 대해서는 명시적인 규정이 없다. 그러므로 매도인과 매수인은 물품의 운송에 관한 세부사항을 계약에서 확정하여 둠으로써 분쟁의 실마리가 되지 않도록 하여야 할 것이다.

② 물품의 선적

영국의 판례에 의하면 "Shipment"란 약정품을 선박에 적재하는 것을 의미하며, 보통 내륙에서 철도화차에 적재한다는 의미의 해석은 인정되지 않는다. 현대에 와서 컨테이너 운송에 의한 복합운송이 일반화 되면서 선적의 의미가 다양화된 것은 사실이나 CIF 계약은 해상운송 및 내지수로운송에만 사용되는 것이므로 여기서의 선적은 본선적재만을 의미한다.

CIF 계약에서 매도인은 별도의 약정이 없는 한, ① 약정품을 실제로 선적하거나 ② 이미 선적된 물품을 구입하여 제공하거나, 그 어느 방법에 의해서도 계약을 이행할 수가 있다. 이러한 경우 어느 쪽이던 간에 적절한 선하증권만 제공하면 된다.

선적은 약정된 일시 또는 기간 내에 또는 이러한 약정이 없는 경우에는 관례적인 기간내에 이행되어야 하며, 약정기간 내에서 선적일시를 결정하는 것은 매도인의 임의에 속한다. 선하증권에 선적일을 정확하게 기재하여야 하는 것은 계약의 묵시적인 조건이라 할 수 있으며, 선적기간의 준수는 선하증권의 일부에 의하여 증명된다.

CIF 계약에서 도착항은 분명히 정해져 있어야 한다. 이번 Incoterms®2010에서는 도착항뿐만 아니라 도착항의 물품수령지점까지도 특정해야 한다고 규정하고 있다. 만일 계약상 도착항이 정해져 있지 않으면 매수인은 매도인이 계약을 이행하기 전에, 즉 선적하기 전에 도착항을 지정할 의무가 있다. 매수인이 이를 이행하지 않았다면 매수인은 선적 전 도착항 지정에 대한 조건을 위반하는 것이다. 그러나 도착항이 매도인의 자유재량에 맡겨지는 경우도 있다. 이러한 경우에 매도인은 운송 중에 물품의 멸실 및 손상의 위험을 극소화하고 최단기간에 운송할 수 있는 합리적이고 통상적인 항로를 선정하여야 할 것이다.

운송항로에 관해서는 별도의 명시가 없는 한, 매도인은 합리적인 항로를 선택해야 한다. 여기서 합리적 항로란 관습적이고 통상적인 항로를 의미하는데 이것은 반드시 지리적으로 최단거리일 필요는 없으며 또 불변의 항로일 필요도 없다.

(2) 보험계약 체결 의무

CIF 매매계약에서의 매도인은 선적 후 운송 중의 위험에 대하여 자기의 비용으로 보험계약을 체결하고, 또 양도 가능한 형식의 보험증권을 취득해야 한다. 이때 매도인은 매매계약의 목적물만을 보험의 목적으로 하여 보험계약을 체결하여야 한다. 여기서 보험의 목적으로 보험증권에 기재되는 것은 선하증권에 기재되어 있는 물품과 동일한 명칭이어야 하고 그 종류와 수량도 동일하여야 하며 보험의 목적물을 다른 물품과 합쳐서 보험계약을 체결할 수도 없다. 보험계약은 런던보험자협회약관의 ICC(C)조건 이상이어야 한다.

(3) 서류제공의무

CIF 조건에 있어서 인도는 물품의 현실적 인도에 의하지 아니하고, 선적서류의 합법적 제공에 의한 상징적인도에 의해 이행되어진다. 이러한 선적서류에는 선하증권, 보험증권 및 상업송장이 있다. 선하증권에 의해 매수인은 운송인에 대한 물품인도청구권이 보장되며 또한 보험증권에 의해 보험자에 대한 손해배상청구권이 보장되는 것이다.

선하증권은 권리증권의 일종으로 그 물품에 관한 법적 상징으로서 증권의 인도는 곧 물품의 인도와 동일한 효과가 있다. 또한 이것은 매도인과 선박회사간의 해상운송계약에 의해 선박회사가 발행하는 유가증권이며, 선박회사가 위탁받은 화물을 선적, 또는 선적을 목적으로 수탁한 사실과, 화물을 양륙항까지 운송하여 이 증권의 소지자에게 증권과 상환으로 화물을 인도할 것을 약속한 화물의 수취증권이라 할 수 있다.

CIF 조건의 매도인은 자기의 비용으로 무사고의 유통성 선적선하증권을 제공하지 않으면 안 된다. 여기서 선적선하증권이란 물품이 본선에 적재되었다는 뜻이 표시된 선하증권, 즉 "loaded on board"라는 문구가 기재된 선하증권이나 또는 물품이 본선에 적재되었다는 것을 증명하는 "on board notation"이 기재된 수취선하증권을 의미한다.

선하증권은 배서, 기타의 방법에 의하여 양도될 수 있어 그 유통성이 인정되어 있으며, '유통성'이란 뜻은 최초의 매수인이 제2의 매수인에게 B/L을 배서하여 인도함으로써 운송도중에 있는 물품도 전매할 수 있다는 의미이다.

이와 같이 선하증권을 소지하게 되면 물품을 수취할 수 있게 되고 당사자간에 합의나 관습이 있는 경우에는 전자문서교환방식에 의한 메시지로 선하증권을 대체할 수 있다.

매도인은 선적서류의 하나로서 송장을 제공할 의무가 있다. 송장에는 상업송장과 공용송장이 있으며, 단순히 "invoice"라 하면 전자를 의미한다. 상업송장에는 선적송장과 견적송장 또는 가송장이 있으나, CIF 매매계약에서 제공해야 할 송장은 일반적으로 선적송장이다. 이러한 송장은 매도인 입장에서 보면 물품명세서이며, 수출품의 계산서 겸 대금청구서이고 매수인에게는 수출품의 매입서로서 수입통관절차에 필요한 서류가 된다.

매도인이 체결한 보험계약의 내용은 매수인에게 양도할 수 있는 형식의 보험증권에 기재되어 있어야 하며, 이것이 매수인에게 제시되는 때에 다른 서류와 함께 제공되지 않으면 안 된다. 그러나 CIF 계약의 매도인이 보험증권을 제공하는 대신에 서신으로 보험계약을 체결하였다는 사실을 매수인에게 통지하였던 사건에 있어서, 매수인은 보험증권 대신 그 서신을 수령할 의무가 없다는 판례가 있다. 또 영국에서는 broker's cover note를 보험증권에 갈음하여 제공하는 것도 인정되지 아니한다. 또 보험증명서가 단순히 보험계약이 존재한다는 사실만을 표시한 경우에는 당사자 간에 그것을 인정하는 특약이 있은 경우를 제외하고는, 보험증명서는 합법적인 서류로 간주되지 않는다.

그러나 'Warsaw-Oxford규칙' 제 12조 2항에서는 매도인이 보험증권을 취득할 수 없는 경우에는 매수인으로 하여금 보험증권 대신에 보험증명서를 수리하도록 하고, 이러한 보험증명서의 요건을 규정하고 있으며, 또 인코텀즈도 이러한 뜻이 받아들여지고 있는 것으로 해석할 수 있다.

CIF 조건에서 통상 요구되는 보험증권은 해상적하보험증권이다. 이것은 피보험자, 보험자, 피보험목적물, 담보위험, 보험가액, 보험금액 또는 보험가입금액, 위험의 개시시기와 종료시기, 피보험자에 대한 손해배상의 약속 등 보험계약의 내용을 상세하게 표시한 증서를 말한다.

보험증권은 보험계약 성립의 증거로서 보험자가 피보험자의 청구에 의해 발급하는 것으로서, 계약서도 유가증권도 아니고 단지 증거증권에 불과하지만 보통 배서 및 인도에 의해서 양도된다. 보험증권은 환어음의 결제상 통상 2통 이상 발행된다.

오늘날 세계 각국에서 사용하고 있는 보험증권은 1779년에 영국의 로이즈에서 공식적으로 처음 사용하였던 Lloyd's S.G. Policy를 사용하고 있으며, S.G. Form 보험증권의 일부를 수정하거나 첨가하여 사용하고 있다. 그러나 이 로이즈의 S.G. Policy 는 고어체의 난해한 문장과 불합리한 조건 등으로 인해 1982년 새로운 보험증권 양식이 생겨났으며 우리나라도 1983년 3월 1일부터 구해상보험증권과 함께 사용하고 있다. 또한 우리나라에서도 영국의 회사형태의 보험회사들이 사용하고 있는 런던보험업자협회의 Companies' Combined Policy Form을 그대로 사용하고 있다.

신증권은 구증권에 있던 본문 약관의 일부를 적하보험 특별약관인 협회적하약관에 통합시키고 이탤릭서체약관과 본문약관의 나머지 대부분을 폐지함으로써 매우 간결한 형태가 되었다는 것이 특징이다.

2) 매수인의 주요의무

(1) 선적서류 인수와 대금지급

CIF조건의 매수인은 선적서류가 제공되면 서류가 계약과 일치되는 경우 그 서류를 인수하고, 또 계약에 정해진 대로 대금을 지급할 의무가 있다 그러나 본 조건이 서류인도조건이라 할지라도 어디까지나 물품매매가 그 목적이므로 제공된 선적서류가 비록 계약조건과 일치한다고 하더라도 현실적으로 수취한 물품이 선적서류와 상의할 때에는 매도인의 매매계약위반 또는 계약불이행으로 처리되어야 한다. 즉, 목적지에 도착한 물품이 계약과 불일치 할 경우에는 계약물품의 수취를 거절할 수 있는 권리와 이에 따른 손해배상청구권이 매수인에게 당연히 부여되어 있는 것이다.

(2) 위험과 비용부담

매수인은 FOB 조건에서와 마찬가지로 계약물품이 선적항에서 본선에 선적된 때부터 물품에 대한 모든 위험을 부담하여야 하며, 매수인이 선적에 관한 지시를 적기에 하지 못했을 때 이로 인해 소요되는 추가비용과 추가위험도 부담하여야 한다.

그리고 매수인은 목적항에서 계약물품을 수취하고, 이때 양륙비용은 물론 부선운임, 부두사용료를 지불해야 한다. 그러나 이러한 비용이 운임에 포함되어 있거나, 운임을 지급할 때 선박회사에 의해 징수되었을 경우에는 그러하지 않다. 또한 매수인의 요청으로 전쟁위험이 부보되었을 경우 매수인은 그 보험료를 부담하여야 한다.

그밖에 매수인이 매도인에게 원산지증명서 영사송장 등의 제공을 요청한 경우에는 그 취득에 필요한 비용을 부담하여야 하며 또한 양륙된 물품의 검사 비용과 수입 시 또는 수입으로 인하여 지급되는 관세를 포함하는 제세공과금을 지급하지 않으면 안 된다.

3) 매도인에 대한 통지의무

매수인은 선적항과 그 선적지점 및 선박명과 선적시간 그리고 하역항과 최종하역지점 및 하역시간을 결정하여 매도인에게 통지해주어야 한다. 이를 위반할 경우에는 매도인의 의무불이행을 주장할 수 없으며 매수인은 계약위반이 된다. 그 결과로서 매도인이 단독으로 이러한 사항을 결정할 권한을 가지게 된다.

3. FOB조건과 CIF조건의 비교 및 문제점

1) FOB조건과 CIF조건의 비교

(1) 비용과 위험분기점

FOB조건에서 매도인은 매수인이 수배한 선박에 선적될 때까지의 비용과 위험을 부담한다. 즉, 운송계약은 매수인이 하게 되는 것이다.

그러나 매도인측 즉, 수출국측의 선박운항 스케줄 확인 및 선복확인 등이 매수인에게는 많은 어려움이 존재하게 된다. 그래서 운송계약을 매도인이 하게 되는 운송특약부 FOB가 있으며 신용장거래에 사용하기 적합하도록 FOB조건상에서도 매도인이 선하증권을 발급하여 은행에 제시한 후 대금을 회수하는 화환특약부 FOB가 있다. 운송특약부 FOB는 매수인의 의무를 매도인이 행하기 때문에 이에 따르는 비용과 위험의 분기점이 인코텀즈와 달라져 훗날 분쟁 발생시에 책임소재를 명확히 가릴 수 없다는 단점이 있다. 화환특약부 FOB의 신용장은 서류로 이행되는 거래로서, 그 서류는 권리증권의 성격을 지닌 선하증권의 인도에 의해 이루어지며 선하증권은 그 자체가 물건을 상징하므로 신용장에서 선하증권을 요구하게 된다. FOB조건의 경우 매도인이 본선에 선적하여 현품을 인도하는 조건이면서, 또한 매도인은 B/L을 제공해야 할 의무는 없다. 그러나 화환특약부로 이용하게 되면 매도인은 선하증권을 발급받아 이를 신용장과 함께 은행에 제시하므로 FOB본래의 매도인의 의무와도 상반되며, 현품을 인도하는 것이 아닌 서류의 인도가 이뤄지게 되어 FOB 본래의 현물인도 조건의 대금결제와 모순이 발생한다.

FOB와 CIF조건은 선복수배와 해상운임, 보험료를 수출업자 또는 수입업자의 비용 부담에 있어서 차이가 있게 된다.

즉 FOB조건은 화물의 수송에 필요한 선복수배와 해상운임, 보험료를 수입업자가 부담하도록 되어 있는 반면 CIF는 화물을 본선까지 적재하는데 필요한 모든 비용과 위험부담 이외에 해상 운임과 보험료까지 수출하주가 부담토록 되어 있다.

FOB조건에서 수출하주의 의무는 계약상품을 본선에 적재할 때까지 모든 비용과 위험을 부담해야만 한다는 것이며 그 외에도 선적에 필요한 선적서류 구비와 수입하주가 수입절차를 밟기 위해 필요로 하는 원산지증명 등의 서류를 송부해 주도록 되어 있다.

또한 FOB조건의 무역 거래에서 수입하주는 선복을 수배하여 수출업자에게 통고해 줄 의무가 있으며 보험료와 해상운임을 지불하고 '화물'의 본선적재 후 발생 가능한 모든 위험에 대한 부담을 져야한다. 또한 화물인수와 더불어 화물대금을 지급해야 할 의무도 수입업자에게 있다. FOB조건과는 달리 CIF조건에 있어 수입업자는 수출업자가 화물을 본선 적재한 이후의 모든 비용과 위험을 부담해야 하며 '선적서류'를 인수한 후 즉시 화물대금을 지급해야 한다. 그러나 보험료와 해상운임은 수출업자가 부담한다.

(2) 화물에 대한 소유권 이전

FOB조건과 CIF조건에서 화물에 대한 소유권 이전이 수출업자에서 수입업자에게 넘어가는 시점은 같지 않다. FOB조건에서 화물의 소유권은 화물의 선적이 완료됨과 동시에 수입업자에게 귀속된다.

그러나 CIF조건은 화물선적을 증명하는 선적선하증권(on board B/L)이 합법적으로 수입업자에게 인도된 후부터 화물의 소유권 이전이 이루어진다.

즉, FOB조건에서는 소유권 이전이 전부 현실적, 물리적 인도인데 비해 CIF에서의 소유권 이전은 서류에 의한 소유권 인도라고 할 수 있다. 그러므로 FOB는 수출업자에게 CIF는 수입하주에게 유리한 것으로 볼 수 있게 되는데, 이렇게 볼 수 있는 주된 이유는 해상운임과 보험료 등 비용을 부담해야 하는 책임이 FOB이 경우엔 수입하주에게 CIF 경우엔 수출하주에게 지워지기 때문이다. 그러나 FOB조건의 경우에도 화환특약부 FOB거래의 경우에는 CIF와 마찬가지로 서류인도시에 소유권이 이전된다고 하여야 한다.

(3) 운송계약과 보험계약의 당사자

FOB조건에서는 지정된 선적항에서 물품을 본선 상에 인도한 이후에는 매수인이 물품을 인수하여야 하기 때문에, 매수인은 자신의 물품인수의무를 이행하기 위하여 필요한 시기에 지정된 선적항으로부터 자신의 비용으로 물품의 운송계약을 체결하여야 한다. "매수인의 비용으로"라고 하는 표현에서 볼 수 있듯이, 매수인은 운송계약의 체결에 따른 위험을 부담하지 않고, 비용만 부담한다고 규정하고 있다.

그리고 지정된 선적항에서 물품의 인도 이후부터 목적항까지 물품을 운송하는데 따른 보험계약도 매수인이 체결하여야 하지만, 매수인이 보험계약을 체결하는 것은 매도인을 위해서가 아니라 자기 자신을 위한 것이므로 "의무없음"으로 규정하고 있는 것이다. 인코텀즈에는 당사자사이에 권리의무의 관점에서 기술한 것이므로 보험계약자체가 상대방에 대한 의무가 있느냐의 면에서 규정된 것이므로 매수인이 매도인에 대한 의무가 없다는 것은 이미 위험은 매수인에게 이전되었기 때문에 매수인은 당연히 자신을 위해서 보험을 가입해야 하는 것이고 매도인에 대한 의무로 행사하는 것이 아니기 때문에 그렇게 규정한 것이다.

(4) 기재 방법의 차이

상품 한 단위당 10달러인 경우 FOB조건일 때 기재 방법은 ⓐU.S.$10 per piece F.O.B. pusan Incoterms®2010으로 선적항을 표시하며 CIF조건일 경우엔 ⓐU.S.$10 per piece C.I.F. New York Incoterms®2010으로 도착항을 표시한다.

FOB조건은 FOB 표시 다음에 출발항을 기재하게 되는데 이는 출발항의 본선에 선적하기까지의 의무를 매도인이 부담한다는 의미이다.

그러나 FOB조건이 단순히 어떤 인도지점을 나타내기 위해서 사용되어서는 안 된다.

즉, FOB라는 단어가 "FOB factory", "FOB pant", "FOB ex seller's works" or other inland points 등과 같이 단순히 어떤 인도지점을 나타내기 위해서 사용된다면, Free On Board라고 하는 약어의 의미가 무시되고 혼란을 야기할 수 있으므로 사용되어서는 안 된다.

CIF조건은 CIF조건 표시 다음에 도착항구를 표시하게 되는데 이는 도착항구까지 운임과 보험료를 부담한다는 의미이다. 이번 Incoterms®2010에서는 막연히 도착항구만 표시할 것이 아니고 도착항구내에 구체적인 인도지점까지 합의되었다면 표시하도록 요구하고 있다.

그러나 CIF조건은 비용분기점으로 목적지 국가의 장소가 언급되므로 도착지계약으로 오해받을 수 있지만 FOB조건과 마찬가지로 선적지계약이다. 이 선적지계약이라는 것은 선적지에서 매도인의 인도의무가 끝나고 선적지에서 물품에 관한 위험이 매수인에게 이전된다는 의미이다.

그러나 CIF조건에서는 매도인이 목적지 국가의 합의된 장소까지 통상적인 항로 및 관습적인 방법으로 물품의 운송을 위한 통상적인 운송비를 지불하여야 하므로, 물품이 합의된 지점에 도착될 때까지의 모든 위험과 비용을 매도인이 부담하는 도착지계약으로 오해받을 수도 있다. 그러나 물품의 멸실 또는 손상의 위험 및 물품이 운송을 위해서 적절하게 인도된 이후에 발생할 사건으로 인해 생긴 추가비용은 매수인의 부담으로 되는 것은 선적지계약의 본질이다. 즉, 매도인이 자국에서 선적 또는 발송함으로써 자신의 계약의무를 이행하는 것이므로, 도착지계약이 아니라 선적지계약이다. 따라서 CIF조건에서는 매도인이 운임 및 보험료를 선적지에서부터 도착지까지 부담하는 것은 추가적인 의무라고 하고 있다.

결국, 이러한 혼란은 매도인이 목적지까지 운송계약을 체결하고 운임을 지급해야 하는 것에 기인한다. 그러나 이러한 운임지급의무는 매도인의 국가에서 물품을 선적해야 하는 기본적인 의무에 추가되는 것인데 반해서 목적지계약인 D조건은 목적지까지의 운송계약이 매도인의 당연한 의무이므로 근본적으로 차이가 있다.

2) FOB 계약의 문제점

(1) 화물의 소유권 이전 및 위험 이전의 문제

현행 인코텀즈에 규정된 FOB 조건을 계약당사자가 실무상 사용하면서 유의해야 할 문제점으로 다음과 같은 세 가지를 지적할 수 있다.

첫째 고유한 FOB 조건에서는 매수인이 선적항에서 화물과 상환으로 매도인에게 대금을 지급하는 현물매매조건이나, 현실적으로 실무에서 사용하고 있는 FOB 조건은 특약에 의하여 매도인이 선하증권을 포함한 선적서류를 취득하고 이를 담보로 은행과 화환어음을 취결하여 대금을 회수하는 수출 FOB 조건이라는 점이다.

둘째, 위험의 이전은 본선에 선적된 때를 분기점으로 하고 있으나, 소유권 이전에 관해서는 어떠한 규정도 없다.

실무에서는 대금회수의 목적상 선하증권을 매도인 지시식 또는 은행 지시식으로 발급받는 것이 일반적이다. 물품의 소유권 이전은 선하증권이 매수인에게 적법하게 인도될 때에 위험의 이전시기와 일치시키기 위하여 선적시로 소급한다는 설이 가장 유력하다. 즉, 본선인도시 매도인과 매수인 사이에는 정지조건부로 소유권이 이전되고 본선인도 후 대금지급과 상환으로 선하증권이 인도되면 정지조건이 성취되어 소유권이 완전하게 이전된다고 보는 것이다. 그러나 그 사이에 여러 개의 은행이 개재되고 개재된 은행의 법적 지위가 불분명하면 소유권 이전시기는 더욱 복잡해 질수 있다.

셋째, 위험의 이전시기 문제인데 적재가 2회 이상에 걸쳐 이루어지는 경우 매선적분마다 위험이 이전되는가, 아니면 전량 선적이 완료된 때에 위험이 이전하는가 하는 것도 문제이다.

이와 같이 FOB 조건은 그 성격상 현행 무역관습을 적용하는데 있어서 몇 가지 문제점을 갖고 있는데 이를 세분화 하여 파악할 수 있는 좋은 기준이 있어 소개한다.

Pyrene Co. Ltd. v. Scindia Navigation Co. Ltd. 사건에서 Devlin J. 판사는 FOB 계약이 융통성 있는 계약조건이라고 하면서 다음과 같이 언급하였다.

"예를 들어 Wimble, Sons & Co. Ltd. v. Rosenberg & Sons 사건처럼 선박을 지명할 의무는 매수인에게 있고, 매도인은 매수인의 비용으로 물품을 적재하고 통상적인 거래조건으로 선하증권을 취득·조달한다. 이와 같은 경우 매도인은 매수인 명의로 된 선하증권을 취득할 때까지만 운송계약의 직접적인 당사자가 된다. 때때로 매도인은 매수인의 의뢰를 받아 필요한 선복수배를 하고 CIF 계약과 같이 매도인 자신의 명의로 선하증권을 취득, 이와 상환으로 대금 지급을 받는다. 마지막으로 매수인은 선적항에 있는 자신의 운송대리인으로 하여금 선복을 수배하고 선하증권을 조달하도록 한다. 이와 같은 경우에 매도인은 물품을 본선에 적재하고 본선수취증을 교부받아 그것을 매수인의 운송대리인에게 전달하여 선하증권을 획득하도록 해주는 것이 의무이다."

첫 번째 경우는 매도인이 선하증권을 조달하는 업무를 대행해 준다는 점을 제외하고는 인코텀즈의 FOB 조건과 동일하며, 두 번째 경우는 FOB 조건을 인도조건이나 가격조건으로만 이용하고 나머지는 CIF 조건과 거의 동일한 절차에 의해 거래가 이행된다.

그리고 세 번째 경우는 인코텀즈의 FOB 조건을 충실히 따른 것이나 다만 매수인이 자신의 편의를 위해 선적항에 있는 자신의 대리인에게 선복수배와 선하증권 취득업무를 위임한 경우이다. 어쨌든 실무상 이용되고 있는 FOB 조건은 매도인이 해상운송계약을 체결하는 경우가 일반적이어서 인코텀즈 상에 규정된 FOB 조건과 서로 모순되며, 또한 화환어음취결방식의 대금결제관습이 일반화 되어 있어 이 또한 본래의 현물매매조건과 모순된다.

(2) 해상운송 계약의 당사자

FOB 조건에서 선박의 수배 또는 지정을 포함하는 해상운송계약은 매수인이 체결할 의무가 있지만, 매수인이 선복을 예약하고 그 선박명을 지정해 오는 경우는 극히 드물며, 겨우 어떤 선박회사에 실으라는 정도에 그치고 선박의 지정 및 해상운송계약의 체결은 매도인에게 위임하는 특약이 행해지는 것이 현재의 상관행으로 되어있다.

원래 FOB 조건에서 매수인이 선박을 지정하는 경우는 선박을 빌려 매도인의 선적항으로 보내주는 이른바 용선계약에 의한 선박지정이 주가 되었었다. 그러나 조선기술의 발달과 국제무역의 증대로 선박이 대형화됨으로서 용선에 따른 운송비가 증대되었고 또 대형선박을 용선하여 소량의 물품만을 운송하는 것은 비경제적이었다. 또한 무역거래의 빈도가 증가함으로써 용선 계약보다는 개품운송계약이 주류를 이루게 되었고, 이러한 정기선 운송에서는 매수인이 수입지에서 선복을 수배하는 것보다 정기선의 출항예정일을 잘 아는 매도인이 선복을 수배하는 것이 현실적으로 보다 편리하고 적절한 것이 되어 매도인이 해상운송계약을 체결하고 다만 운임 후불의 선하증권을 제공하는 상관행이 정착되었다고 본다. 따라서 실질적으로 매도인이 운송계약을 체결하기 때문에 FOB 조건에서 매수인이 운송계약의 체결의무가 있다는 인코텀즈와 맞지 않다고 본다.

(3) 대금결제상 현물인도조건과 상이

원칙적으로 인코텀즈에 규정된 FOB 조건은 매도인이 물품을 본선에서 인도하고 그 증명으로 본선수취증을 제공하면 매수인은 대금을 지급해야 하는 현물 인도 조건이다. 이와 같이 FOB 조건은 현실적 인도조건인데 본선적재 후 권리 증권인 선하증권을 받는다면 본선인도 후에도 매도인이 물품에 대한 권리를 유보할 수가 있게 되어 FOB 조건의 본질과 모순된다. 그러나 현행 관습에서는 물품의 인도와 동시에 대금을 받는 것이 아니고 매도인은 지시식 선하증권을 발급받아 기타의 선적서류와 함께 화환어음을 발행하고 거래은행에 매각함으로써 수출대금을 회수하는 화환어음취결방식을 이용한다. 결국 이러한 방식은 CIF 조건에 있어서의 대금 결제방식과 차이가 없는 것이다.

FOB 조건에서 화환어음에 의한 대금 결제 방식은 어디까지나 특약에 의해 이루어지는 것이나, 현실적으로는 FOB 조건 본래의 동시상환적인 대금결제는 거의 실행 불가능 하며 개품운송계약이 현대 운송의 주류라고 볼 때 화환어음취결방식의 특약이 없다면 FOB 조건은 올바르게 기능할 수 없을 것이다. 따라서 실무상 FOB조건의 현물인도조건은 무용지물화되고 있으며, 서류인도조건으로 대체되는 경향이 강하다고 볼 수 있다.

(4) 매도인의 추가의무 부담

첫째, 선복수배에 관한 문제로 선복수배는 원칙적으로 매수인의 의무이나 현실적으로 수입국의 매수인이 수출국의 선복을 수배하는 것이 어렵기 때문에 매도인이나 제3자에게 위탁하고 있다. 즉, 매도인이 해상운송계약을 체결하는 것이 일반화 되어있다.

둘째, 현실적 인도조건인 FOB 조건에서 매도인은 본선인도를 증명하는 본선수취증을 입수하여 제공하면 자기의 의무를 다하는 것이지만 현실적으로는 매도인이 운임후불의 선하증권을 제공한다는 것이다.

셋째는, FOB 조건에서 대금 결제는 물품인도와 동시에 이행되어야 하나 선적지에 매수인이나 그 대리인이 출현하지 않고 또 본선수취증만으로 화환취결의 담보가 될 수 없기 때문에 환어음에 선하증권을 포함한 선적서류를 첨부하여 대금을 회수한다. 이와 같은 현실적 모순을 특약에 의하여 매도인에게 추가의무로 부과함으로써 FOB 조건의 본질과 현실적 관행간의 차이를 해소하고 있으나 FOB조건은 CIF조건과 그 조건의 차이가 점차 줄어들고 있다고 하겠다.

3) CIF 계약의 문제점

CIF 계약은 해상국가가 해외로 발전함에 따라 국제상관습화된 특수한 매매형태이므로 특히 매도인에게 실질적인 이익이 많은 계약적 내용을 지니고 있다. 매도인의 지위에서 본 CIF 계약의 경제적 결함은 평상시에는 환율변동에 따르는 위험과 운임 및 보험료의 인상에 따르는 위험이 있다. 계약

체결시와 대금 수령시에 환율변동이 있을 수 있고, 계약 체결시에 예상했던 항로가 계약 이행시에 폐쇄 되므로 우회항로를 이용할 경우 추가되는 운임과 거기에 따르는 추가보험료를 매도인은 부담해야 한다. 항로에 대한 별도의 명시규정이 없는 한 '통상적이거나 관습적인 항로'를 선택해야 하며 이러한 항로가 하나밖에 없을 경우에는 그 항로의 폐쇄로 매매계약이 취소될 수 있으나 그러한 항로가 여럿이 있을 경우에는 비록 운임 및 보험료가 추가되더라도 매도인은 이를 부담하며 계약을 이행하여야 한다. 물론 운송 및 보험에 관한 수배의무는 매도인으로서는 당연히 일상 행하는 업무에 속할 뿐만 아니라 여러 가지 이점을 수반하므로 이것은 오히려 매도인의 이익으로 보아야 할 것이다. 그러나 매수인의 입장에서 본다면 이 계약은 매수인에게 경제적으로 불리한 면이 없지 않다. 매수인의 경제적으로 불리한 점을 중심으로 몇 가지 열거하여 보기로 한다.

(1) 상징적 인도와 소유권이전

CIF계약은 선하증권에 의한 상징적 인도이기 때문에 물품이 계약에 충당되었다고 하더라도 무조건 충당된 것이 아니고 조건부충당인 경우로 매도인은 대금지급을 받기 위하여 자신의 지시로 된 선하증권을 발행받는다. 이 경우에는 비록 물품이 선적되었다고 하더라도 소유권의 이전은 완료되지 아니한다. Biddell Bros. 대 E. Clemens Horst Co. 사건에서 Kennedy판사는 "매도인이 대금지급을 확보하기 위하여 선하증권의 수탁인을 매도인 또는 그 대리인의 지시식으로 하여 선하증권을 발행하도록 한 경우에는 물품의 소유권은 조건부로 이전된다."고 판시하고 있다. 그러나 비록 선하증권이 발행되었다고 하더라도 매수인을 수하인으로 기명식으로 발행한 경우에는 물품의 소유권은 무조건으로 이전된다. 현행 무역에서는 일반적으로 사용되고 있는 선하증권은 매도인이나 개설은행의 지시식으로 발행되기 때문에 이 때에는 선적되었다고 하더라도 매도인이 소유권을 유보한 조건부충당이라고 할 수 있다.

이 경우에는 매도인이 대금지급을 정지조건으로 하고 소유권을 유보한 경우로 그 정지조건이 성취할 때까지 소유권은 이전하지 않는다. 그러나 선하증권이 매도인의 지시식으로 발행된 경우에도 매도인이 선하증권을 보유하고 있는 한 매도인은 물품에 대한 소유권을 유보할 의사가 있다고 해석된다. 왜냐하면 매수인이 대금을 지급하지 않으면 선하증권을 인도받을 수 없으므로 선하증권의 점유가 소유권 유보의 역할을 한다. 미국식의 해석에 따라 소유권을 담보이익과 수익이익으로 나눌 경우에도 이때에는 매도인이 담보이익을 유보한 것으로 볼 수 있다. 또 선하증권이 발행되어도 매수인의 기명식으로 발행되었다면 선적시에 무조건 충당한 것으로 보아야 하고 담보이익도 유보할 의사가 없다고 보아야 한다.

인코텀즈와 미국의 "통일상법전"에도 CIF계약에서 매도인이 매수인에 계약과 일치하는 선적서류를 제시하면 계약에 정해진 물품대금을 지급하도록 규정하고 있기 때문에 서류의 인도와 대금지급은 동시이행조건이라고 할 수 있다. 그러나 현실적으로는 금융기관을 매개로 매도인이 선적서류를 담보로 화환취결방식에 의한 대금결제가 일반적이다.

CIF계약에서 매도인과 매수인 사이에 통상 매입은행과 신용장 발행은행이 있다.

첫째는 선적지의 매입은행이 매도인의 환어음을 매입했을 경우이다. 이 경우 수익이익은 선적과 동시에 매도인으로부터 매수인에게 이전하지만 매도인은 자기 지시식 선하증권으로 담보이익을 유보한다. 선적지의 매입은행이 환어음을 매입할 때 매도인으로부터 수익이익은 매수인에게 이전하지만 매도인은 매도인지시식의 선하증권을 취득하므로 담보이익은 매도인에게 있다. 매수인이 추심은행의 추심에 따라 환어음의 인수 또는 지급을 하면 매도인의 담보이익은 소멸하고 매수인은 완전한 소유권을 취득한다.

결국 대금결제에 은행이 개입하는 경우 소유권의 이전 시기는 은행의 법적 지위와 관계된다. 따라서 국제물품매매계약에서 소유권의 이전시기를 논하는 것은 매우 복잡하며 그 실익에 대하여도 논쟁의 여지가 있다.

(2) 서류와 현물의 불일치

매수인은 서류를 수취하고 대금을 지급하기 때문에 현물을 찾고 나서 현물과 서류의 불일치에 의한 불이익을 입는 수가 있다. 매수인은 선적지에 자신의 대리인을 두지 않는 한 약정품이 선적될 때 그 물품의 품질, 수량, 포장 등을 검사하여 계약에 일치하는가의 여부를 알 수 없다. 또 운송인은 단지 외장에 대한 하자의 유무와 외장만 보고 수량을 조사하여 수령하는 데 지나지 않으므로 선적된 물품이 실제로 계약에 부적합한 물품이라 하더라도 내용부지약관에 의한 면책조건으로 목적항으로 운송하는 데 그친다. 그런데 CIF 계약의 매수인은 물품의 도착과 불착, 우량과 불량 등에 관계없이 제공된 서류와 상환으로 대금을 지급할 의무를 부담하기 때문에 대부분의 경우 물품의 내용을 검사하기 전에 대금을 지급하거나 또는 어음을 인수함으로써 외국환은행에 채무를 부담하게 된다. 물론 매수인은 당연히 도착된 물품을 검사할 수 있는 권리가 있고 이것을 검사하기 위하여 상당한 기회가 매수인에게 부여된다. 그래서 매수인이 상당한 기간 내에 그 물품이 계약과 일치되는가의 여부를 검사할 때까지는 그 물품의 수취를 승낙한 것으로 간주되지 않는다. 그러므로 이론상으로는 매수인이 물품수령 전에 대금을 지급하였다고 하더라도 그로 인한 불이익을 입을 이유는 없다.

그러나 이러한 경우에 만약 도착된 물품의 내용에 어떠한 하자가 있고 그것에 대하여 매수인이 매도인에게 책임을 추궁하려고 하는 경우에는 도착시를 품질결정의 기준시기로 약정하지 않는 한 매수인은 물품이 실제로 선적된 때 또는 선적을 위하여 인도된 때에 이미 그 하자가 존재하였거나 또는 발생하였다는 것을 입증하지 않으면 안 된다. 그러나 매수인이 이러한 입증을 한다는 것은 사실상 곤란하며 경우에 따라서는 불가능한 때도 있다. 그러므로 CIF 매수인은 불완전한 인도의 희생이 될 위험이 많으며 만약 그 대응책으로서 이미 인수한 어음의 지급을 거절하는 것과 같은 비상수단을 강구하는 때에는 상대방과의 거래관계가 희생될 수 있다.

(3) CIF조건과 위험이전

약정물품에 대한 위험부담의 분기점에 관해서 영 · 미의 매매법의 일반적인 원칙은 소유권의 이전과 함께 이전하는 것으로 규정하고 있다.

영국의 물품매매법은 위험이전의 원칙에 관하여 “위험은 일응 소유권과 동시에 이전한다”는 원칙을 채택하고 있고 미국의 “통일매매법”은 “특별한 합의가 없는 한 물품의 소유권이 매수인에게 이전될 때까지 그 물품에 관한 위험은 매도인에게 있다."고 명시하고 있다. 현물에 의한 현실적 인도가 이루어질 경우에는 선적으로 인도가 완료되며 매수인이 물품을 수령할 때 소유권과 위험이 이전되는 것이 일반적이다. 그러나 CIF 계약에 있어서는 물품의 선적과 서류의 인도라는 양면성을 지니고 있기 때문에 현실적 인도처럼 단순하지 않다. 또 영・미법이나 영국의 판례도 소유권자가 위험을 부담한다는 일반원칙을 절대적인 원칙으로 보지 않고 당사자의 명시적・묵시적 합의로 변경될 수 있도록 예외를 인정하고 있으며 CIF 계약도 그 예외로서 약정물의 위험은 소유권이 이전여부와 관계없이 선적시에 이전하는 것으로 보고 있다.

이와 같이 선적지에서 물품의 선적이 그 물품에 관한 위험부담책임의 한계가 된다. 매도인이 약정된 선적일자에 도착항을 향한 선박에 선적함으로써 급부된 물품이 특정되고 그 물품의 위험은 매도인으로부터 매수인에게 이전된다.

한편 미국의 통일매매법을 개정한 통일상법전이나, 1980년의 "국제물품매매협약에 관한 UN 협약" 및 Incoterms 등에서는 위험이전(危險移轉)을 소유권과 분리하여 '인도(delivery)'와 연계시켜 규정하고 있다. 따라서 인코텀즈 규칙을 보면 CIF조건은 물품이 수출지의 지정된 본선에 적재된 때(A4조에 따라서 인도될 때까지)에 위험이 매수인에게 이전된다고 규정하고 있다.

4. FOB조건과 CIF조건의 적용사례

1) FOB 계약의 적용사례

FOB 계약은 현물인도조건이므로 매도인이 약정된 인도시기를 놓쳐 지연선적을 하거나 선적을 불이행하게 되면 당연히 물품인도의 해태가 된다. FOB 계약에서 매도인의 물품인도 해태는 매수인의 선박지정의무 및 선적지시의무와 밀접한 관련이 있다. 즉 매수인의 선박지정의무 등은 매도인의 물품선적의무에 대한 정지조건으로서, 매수인은 매도인이 물품을 선적할 수 있도록 유효한 선박을 지정하고 선적일자 및 선박 등 유효한 선적지시를 하여야 한다. 따라서 매도인은 매수인에 의한 유효한 선적지시가 있을 때까지는 선적의무가 발생하지 않으며, 매수인의 선적지시의무의 해태에 기인하는 매도인의 인도해태는 계약위반이 아니다.

매수인이 선적에 관한 지시를 적기에 이행하지 못하였을 경우, 약정기간 만료 후 부터 발생하는 모든 추가비용과 위험은 매수인이 부담하여야 한다. 따라서 매도인은 매수인의 선적지시의무 위반이 있을 경우 물품인도를 하지 못하였기 때문에 대금을 청구할 수는 없지만 그로 인해 발생한 추가비용 등 모든 손해배상을 청구할 수 있다. 매수인의 선박지정의무와 관련된 사례 및 기타 물품 인도와 관련된 이행해태 사례를 소개한다.

(1) F.E Napier v. Dexters Ltd. 사건

돼지고기 20톤의 매매계약이 FOB 런던, 10월 중 선적, 본선수취증과 상환으로 현금지급조건으로 체결되었다. 위 사건에서 매수인은 10월중에 선박을 지정해야할 자신의 의무를 매우 늦게까지 행사하지 못했다 즉 10월 26일까지 선적지시를 하지 못했고 10월 27일에 가서야 비로소 매도인에게 "금요일, Fennings 부두에 있는 기선 선측에 인도, 토요일 출항을 위해"라는 통지를 하였다. 여기서 금요일은 10월 30일 이었고 토요일은 10월 31일 이었다.

매도인은 금요일 오후 2시 30분에 부두가 물품인수작업을 종료하였기 때문에 약 17통 이상의 화물을 인도할 수 없었다. 이에 대해 매수인은 매도인이 계약수량을 인도 해태하였다는 이유로 물품인수를 거절하였고 이로 인해 분쟁이 발생하였다.

이에 대해 법원은 중재인의 판정을 지지하면서 매수인은 물품을 거절할 권리가 없으며 더욱이 매도인이 M/R을 유보하고 있음에도 불구하고 매도인에게 단순히 손해배상청구가 아닌 물품대금청구권이 있다고 판결하였다.

결국 약정된 기간 중에 언제든지 선박을 지정하고 선적일자를 결정할 선택권이 매수인에게 있는 경우, 그러한 선박지정 등이 매도인으로 하여금 물품 인도의무를 완수할 수 있는 충분한 시간 전에 이루어지지 못한다면 그로 인한 매도인의 물품인도해태는 계약위반이 아닌 것이다.

(2) Bunge & Co. Ltd. v. Tradax England Ltd. 사건

이 사건은 1973년 1월 1일부터 1월 20일 사이에 매수인의 선적지시에 따라 영국 동쪽의 항구에서 매도인이 보리를 인도하기로 한 FOB 계약이었다. 그러나 계약상 매도인이 선적기간 전에 적절한 선적항을 지정할 의무가 있어 Berwick항을 지정하였고 매수인도 Mariness호를 지정하였다 그러나 Mariness호는 이용이 불가능하여 1월 19일에 다른 선박으로 대체하였다.

매수인은 대체선박이 1월 19일이 도착한다면 선적기간 내에 물품을 선적하는데 불충분한 시간이라고 항의하였으나 사실 일부만 선적이 가능하였다. 이에 대하여 법원은 매도인은 지정된 선박의 도착 즉시 물품을 선적할 의무가 있지만 그러한 선적의무는 선적기간이 종료됨에 따라 종료되므로 선적기간을 초과해서까지 선적을 계속할 의무는 없다고 판시하였다. 즉 본건에서 매도인은 1월 19일부터 물품을 선적하기 시작했으나 1월 20일까지 모두 선적하지 못하자 선적을 중지 하였고 이에 대해 매수인은 물품인수를 거절했던 것이다.

매수인이 지정한 선박이 어떤 이유로 이용할 수 없거나 선적항에 도착할 수 없는 경우 매수인은 여전히 대체선박을 지정할 수 있다. 그러나 그러한 대체선박의 지정은 그 선박으로의 적재가 약정된 선적기간 중에 충분히 완수 될 수 있을 경우에만 유효한 것이다. 따라서 본건은 매수인의 대체 선박 지정이 충분한 시간 전에 이루어지지 못했기 때문에 매수인의 물품인수거절을 부당하다고 판결하여 매도인이 승소한 사건이다.

(3) Yrading Society Kwik-Hoo-tong v. Royal Commission on Sugar Supply 사건

위 사건은 큐바산 설탕의 FOB 계약으로 매수인은 선박을 지정하여 상당한 기간내에 선적지시를 하고, 매도인은 선적항을 일정기간 내에 매수인에게 통지하기로 하였는데 매도인이 선적항을 지정하지 못하였다. 그런데 계약에는 하루 200파운드의 체선료를 지급하기로 약정되어 있었다.

매도인의 선적항 지정 실패로 인해 매수인 지정 선박은 근처의 다른 항구에서 계속 지시를 기다리고 있을 수 밖에 없었고 이로 인해 약정한 선적기일을 넘기게 되었다. 이에 대해 매수인은 체선료를 요구하였으나 매도인은 지연기간동안 지정된 선박이 바로 도착한 선박이 아니기 때문에 체선료를 지급할 수 없다고 항변 하였다. 또한 매도인은 선적항 지정실패로 인한 결과를 체선료가 아닌 손해배상청구로 해야 한다고 주장하였다.

이에 대해 법원은 매수인이 상당한 기간 내에 선적통지를 한 사실이 있고 매도인의 선적항 지정 실패로 인해 발생한 지연에 대해서는 당연히 체선료를 지급해야 한다고 판결하였다.

일반적으로 계약상 선적항이 지정되지 않으면, 매수인이 합리적인 기간 내에 선적항을 지정할 선택권을 가지며 선적항 지정은 선박지정과 함께 선적 지시의 중요한 내용이 된다. 또한 "FOB European continental port" 등과 같이 다수항 FOB 조건이 있는 경우 선적항 지정은 매수인의 의무이다. 즉 특정지역내의 몇 개의 항구 중 어느 항구에서 선적하기로 약정한 경우 매수인은 적기에 선적항을 지정하여 매도인에게 통지할 의무가 있다. 그러나 선적항 지정이 계약상 매도인의 의무인 경우에는 매수인의 선적지시에 적합하도록 충분한 기간내에 선적항을 지정해야 할 것이다. 따라서 위 사건에서도 매도인의 선적항 지정 실패로 인한 매수인의 손해액인 체선료 및 기타의 비용은 당연히 매도인이 부담해야 할 것이다.

(4) 중국기업의 FOB 계약 사례

① 사례 1

1997년 3월 중국의 모회사와 미국회사 간에 80,000달러의 의류 수출계약을 체결하였다. 가격조건으로 FOB상해, 지불조건은 D/P at sight, 포워딩으로 지정된 회사는 德美(덕미)회사이다. 그 전에는 회사와 고객이 L/C 지불방식을 사용하여 화물포워딩회사를 통하여 2개의 결제를 하였기 때문에 이 화물포워딩 회사에 대해서는 구체적인 관계를 결성하지 않았다. 우리 회사에서는 물품을 보낸 후 , 3부의 정본 화물 포워딩 선하증권을 포함한 전부의 물품수령증을 중국은행을 통하여 상대방이 지정하는 컬렉션 라인에 보냈지만 규정 된 시간 내에 지불을 받지 못했다. 그 뒤 1개월 내에 상대방은 영수증을 보지 못했다 하기도 하고 은행과 선적서류를 논의 했다 하기도 하고 또

진본을 구별하기 어려운 은행 지불 장부 사본을 보내오기도 했다. 더 이상 지체 시킬 수 없다고 판단한 회사는 포워딩 업체에 지시하여 전부 물품수령증을 미국에 있는 지사에 넘기도록 하였다. 그렇게 하여 포워딩 회사에서 먼저 물건을 받고 다음에 구매자와 교섭하기로 하여 홍콩에서의 포트 수수료의 손실을 면할 수 있었다. 미국 지사가 정본의 물품수령증을 가지고 물품을 가지러 갔을 때 물품은 이미 구매자가 가지고 간 뒤였다. 회사는 한편으로 구매자와 교섭했지만 전화조차 받지 않았다. 변호사를 파견하여 사람을 상해로 보내 포워딩 업체에 대한 조치를 취할 준비를 시작했다. 그들이 상해에 도착했을 때 德美회사는 이미 사람이 없고 비어있었다. 공장에 가서 조사해 본 후에야 이 회사에서는 전혀 상품생산을 하지 않는 운송을 중개하는 컨설팅회사였다. 이 사건이 발생한 뒤에 다른 2개 중국 기업도 같은 사기를 당했으며 이에 대해 중국의 기업들은 미국 지사에게 위임하여 미국 변호사를 통해 미국의 매수인을 검찰에 기소하도록 요청했다. 그러나 이 고객은 이미 파산 보호 신청을 한 뒤였다. 미국의 법률에 따라 중국 기업들은 파산 청산에 참가 하였지만 변호사 비용을 지불할 만큼의 지급이 되지 않았기 때문에 결국 기소를 취소 할 수 밖에 없었다. 이 사건으로 모든 상품대금 및 기타금액은 손실금액으로 남게 되었다.

② 사례2

1996년 11월 중국의 복건성의 식용류 수출입 회사와 브라질의 모 회사는 식용류 수출의 계약을 맺었다. 계약은 FOB가격으로 사용했고 구매자는 1997년 2월 배를 보내어 하문 항구에서 물건을 받기로 하였다. 계약내용에는 약정 기간 내에 물품을 인수하지 못하면 판매자가 3월 28일까지는 보류 가능 하지만, 창고에 보관하는데 드는 비용, 보험료 등 비용은 구매자가 부담하기로 규정하였다. 3월 1일 판매자는 빠른 시일 내에 선적하라는 통보를 했지만 3월 28일까지 배를 보내지 않았다. 결국 판매자는 구매자에게 경고를 주었다. 이후 구매자가 판매자에게 아무런 통보를 하지 않은 상황에서 1997년 5월 5일에 배를 하문 항구에 보냈다. 판매자는 판매를 거절했고 손해배상을 요구하였다. 이에 대해 구매자는 손해배상지급을 거절하였고 판매자를 법원에 기소하게 되었다.

법원 조사결과 구매자가 계약에 규정한 시간 내에 물건을 수령하지 않았다는 것이 밝혀졌고 이에 대해 판매자는 납품을 하는데 거절할 권리가 있으며 손해배상청구를 인정하였다. 결국 쌍방의 협상을 통해 판매자가 물건을 납품하되 이윤 및 창고 보관비용, 보험 비용 등은 구매자가 배상하도록 하였다.

(5) 한국기업의 FOB 계약 사례

홍콩의 수입상 X는 한국의 수출상 Y와 1983년 3월 16일 여성용 돈피바지 단가 US$19.6 수량 7,500벌 가격 조건 FOB Korea로 무역계약을 체결하고 홍콩의 Chartered Bank를 통하여 신용장을 개설하였다. 이 신용장에서는 수입상의 한국 내 대리인인 訴外(소외) Z가 각 선적 직전에 상품 중 5%를 무작위 추출하여 주문규격대로 제작되었는지 여부를 검사하고 각 상업 송장 해당란에 "본 물품은 계약번호상의 모든 조건에 엄밀하게 일치함을 확인함"이라는 취지의 문구를 기재하고 부서명(counter sign)을 할 것을 요구하였다.

그 후 수입상 X 는 轉買者에게 轉賣한 수입상품에 하자가 있음을 발견하고 1983년 10월 24일 한국 내 대리인인 Z를 통하여 수출상 Y 에게 이를 통지하고 1984년 2월 20일 돈피바지 1,701벌을 선적항이었던 부산으로 반송하였는데 반송된 바지 중 1,129벌은 원단의 불량 또는 제조상의 잘못으로 매 벌 길이 2cm 내지 5cm 의 찢어진 부분이 있거나 구멍이 뚫려 있어 정상적인 상품으로 판매할 수 없는 하자가 있었다. 이에 따라 수입상 X는 수출상 Y에 대해 손해배상소송을 제기하였다.

본선인도가격(FOB)조건부 매매에서 FOB 조건이란 별단의 약정이 없는 이상 매수인이 부담할 대금 및 비용의 조건 및 범위에 관한 수출가격조건으로서 이와 같은 약정 만으로서는 선적 자체만으로 매매계약상의 인도가 완료된 것으로는 볼 수 없다. 따라서 피고인 수출상은 원고인 수입상에게 상품 하자에 따른 손해배상을 해야 한다고 판결하였다.

2) CIF 조건의 적용사례

CIF 계약은 계약의 본질상 상징적 인도조건, 즉 선적 서류인도에 의해 계약이 이행되므로 물품의 도착과 관계없이 선적서류가 인도되면 대금을 지급해야 한다. 또한 물품은 도착했어도 계약상 정한 선적서류가 제공되지 않으면 물품인수거절권이 발생하며 반면에 정당한 서류를 제공했다 할지라도 도착한 물품이 계약과 일치 하지 않는다면 물품인수를 거절할 수 있다. 마찬가지로 제공된 서류가 계약조건과 일치하지 않으면 선적서류수리거절권이 발생한다. 따라서 CIF 계약에서는 선적서류 수리거절권과 물품인수거절권은 분리해서 행사될 수 있다.

그러나 CIF 계약이 서류매매라고 하여 물품의 현실적 인도를 무시 할 수는 없다. 왜냐하면 통상적인 경우 물품의 선적과 서류인도를 분리해서 볼 수 없고, 서류매매라고 하는 것은 선적서류를 인도하면 대금을 지급해야 하는 것이 동시상황임을 강조한 것에 지나지 않기 때문이다. CIF 계약에서 매도인은 약정된 기간 내에 또는 상당한 기간 내에 계약상 약정된 물품을 직접 선적하고 그 선적서류를 제공하거나 또는 이미 선적되어 운송중인 선상물품을 구매하여 그 선적서류를 제공하는 것이 주되 의무이다. 따라서 CIF 계약상 물품인도는 두 가지 측면에서 논의 되어야 한다.

첫째, 계약상 정한 물품을 직접 선적하는 경우, 매도인은 약정된 선적기간 내에 물품을 선적하지 못하거나 또는 약정된 기일을 넘겨 선적하는 경우에는 물품인도해태가 성립된다.

계약상 인도시기가 10월 선적등과 같이 일정 기간 내에 선적인 경우 매도인은 전 기간을 이용하여 선적할 수 있으며 언제 선적할 지에 대한 선택권을 가진다. 따라서 매도인은 선적기간 최종일까지 약정품을 선적함으로써 인도의무를 이행한다.

둘째, CIF계약상 매도인의 본질적 인도 의무는 선적서류의 제공이므로 약정품을 선적한 후 그에 대한 선적서류를 서류제공 기간이 정해져 있는 경우에는 그 기간 내에, 그렇지 않는 경우에는 상당한 기간 내에 제시해야 한다. 여기서 상당한 기간이란 사실상의 문제이긴 하지만 통상적으로 선적한 후 가능한 한 빨리 그리고 모든 합리적인 노력을 경주하여 서류를 제공할 것을 전제로 한다.

하나의 예로 Barber v. Taylor 사건에서 '매도인은 선하증권을 입수한 수 상당한 기간 내에 그것을 인도할 의무가 있고, 그러한 의무는 화물의 도착이나 양육과는 관계가 없다'고 판시하여 상당한 기간 내에 서류를 제시하지 못한 매도인에 대한 매수인의 화물인수거절을 인정하였다. 또한 Landauer & Co. v. Speeding Bross 사건에서 Scrutton J. 판사는 상당한 기간에 대해 "화물을 선적한 후 가능한 한 즉시 서류를 송부해야 한다."고 판시하였고 Johnson v. Taylor Bross. & Co. Ltd. 사건에서도 Atkinson 경은 "within reasonable time"은 "with all reasonable despatch"로 해석된다고 하였다.

(1) 매도인의 선적의무와 관련된 사례

① Lewis Emanuel & Son Ltd. v. Sammut 사건

이 사건에서는 1000부대의 봄에 새로 수확되는 말타산 감자를 CIF London 조건으로 매매하는 계약이 1958년 4월 14일에 체결되었는데, 선적기간은 "shipment on or before April 24th" 약정되었다. 여기서 수출업자인 매도인은 4월 14일부터 24일까지 Malta에서 London 으로 가는 선박의 선복을 구하지 못하자 선적기간 내에 선적을 하지 못하였고 이에 수입업자는 선적불이행에 대한 손해배상청구소송을 제기하였다.

재판과정에서 수출업자는 상관습 상 선적기간 내에 계약물품을 선적할 수 있는 선박이 있다는 전제가 묵시적으로 계약의 한 부분을 이루고 있으므로 선박을 수배하지 못해 선적을 할 수 없었음은 계약 위반이 아니라고 주장하였으나 재판부는 계약서상의 "shipment"는 계약상품이 선박에 적재 되어야 하는 것을 말하며 이러한 명시조항을 이행하지 못한 매도인은 당연히 책임을 져야한다고 판시하였다.

특히 재판부는 CIF조건으로 계약을 하였으면 매도인이 해상운송계약을 체결하고 선복을 수배할 절대적인 의무를 지는 것으로 해석해야 하며, 이를 이행하지 못한 것은 곧 계약위반이 되어 이로 인한 손해배상책임을 면치 못한다고 덧붙이고 있다.

② Tsakiroglou & Co. Ltd. v. Noblee Thorl G.M.b.H 사건

이 사건은 300톤의 Sudan 산 땅콩을 CIF Hamburg 조건으로 톤당 ₤50에 판매하기로 한 계약이었다. 선적기간은 November/December 1956으로 되어 있었고, 불가항력적인 사태로 매도인이 선적을 방해받는다면 선적은 2개월 연장된다는 불가항력 약관을 포함하고 있었다.

이 시간은 계약이 체결된 당시에는 통행이 가능하였던 수에즈운하가 1956년 11월 2일부터 1957년 4월까지 폐쇄되어 통행이 불가능하게 되자 매도인은 선적을 불이행하였고 이에 매수인은 계약위반으로 제소하게 되었다.

이에 대하여 재판부는 다음과 같이 판결하여 매수인 승소판결을 내렸다. '수에즈운하의 폐쇄로 계약체결당시 매매 당사자가 생각했던 "usal route"를 사용하지 못하게 된 것이 불가항력인 사태는 아니며, CIF로 계약한 경우에는 계약물품을 목적항까지 인도해 주는 것이 중요한 것이지 "usal route"를 이용해야 하는 것이 계약자체를 파기할 만큼 중요하지는 않다. 수에즈운하가 폐쇄되었다 할지라도 아프리카 남단의 희망봉을 경유하는 항로가 있는 이상, 비용이 더 많이 든다고 할지라도 계약물품을 목적지로 선적하는 행위자체가 불가능하지는 않았기 때문에 불가항력 조항은 이러한 경우 적용되지 않는다'. 즉 수에즈 운하의 폐쇄는 영국법상 Frastration이 되어 매도인의 면책이 되지 않는다는 판결이다.

③ Hong Guan & Co. Ltd. v.R. Jumabhoy & Sons Ltd. 사건

이 사건은 Zanzibar의 매도인과 Singapore 의 매수인간에 50톤의 "Zanzi bar Cloves"를 "subject to force maijeure and shipment" 조건으로 1950년 12월에 선적하기로 계약하였다.

그러나 그 해에 Zanzibar 에서는 너무 이른 비 때문에 Clove의 수확량이 예상보다 훨씬 적어 매도인은 선적을 불이행하였다. 그러나 이 계약의 매도인은 다른 계약의 싱가폴 수입업자에게는 Zanzibar의 Cloves를 선적하였고, 또 다른 계약에서도 50톤 Zanzibar 산 Cloves를 Singapore로 수출하였는데 이들 계약서상에는 불가항력 조항이 없었기 때문에 그렇게 한 것이었다. 이에 수입업자는 선적불이행에 대한 손해배상을 청구하였으나 1심에서는 이러한

경우 불가항력 조항이 적용되어 선적의무가 면책된다고 매도인 승소판결을 냈으나 상고심에서는 이러한 판결이 번복되었다.

상고심에서의 판결이유는 다음과 같다.

'이 계약에서 문제가 되는 조항은 "subject to shipment"가 아니라 "subject to force majeure and shipment"이다. 그러므로 여기서 문제가 되는 것은 첫째, 매도인이 계약을 이행하는 과정에서 자신이 통제 불가능한 불가항력적인 사태가 발생했는가? 둘째 계약물품과 수량을 12월 중에 구할 수 있었는가의 상황 파악이다. 이에 첫째 문제에 대해서는 객관적으로 보아 Cloves 의 작황이 좋지 못해서라는 조항은 다른 수입업자에게는 같은 상품의 같은 수량을 선적하였다는 사실로 미루어보아 면책될 수 없다.'

즉 어떤 계약에서 "subject to shipment"라는 조건이 있으면 이는 매도인이 선적에 대한 선택권이 있는 것으로 해석되어 매도인이 선적할 수 있는 경우에 한해서만 선적하는 조건임에 반해 "subject to force majeure and shipment"는 불가항력적인 사태에 한해 선적에 대한 선택권이 있는 것으로 해석되는 조항인 것이다.

CIF 계약에서 매도인이 선적을 불이행한 경우에 그 손해배상 산정의 기준은 서류도착예정일이 된다.

이 사건은 일본산 콩에 대해 'CIF London, 6월 선적' 조건으로 매매계약이 체결되었으나 결국 매도인이 선적을 하지 못하자 매수인이 물품이 도착할 예정일의 시가로 손해배상청구를 한 사건이었다. 만약 매도인이 선적을 이행했다면, 그 선적서류는 보통우편으로 7월 21일에 런던에 도착하게 되며, 물품은 8월 30일에 도착될 예정이었다.

이 사건의 판결을 맡은 Atkin. J 판사는 "이 사건에서의 손해는 계약가격과 서류 도착 예정일인 7월 21일에 도착지 시장가격과의 차액이 될 것이다." 라고 판시하였다. 결국 이 사건이 시사하는 바는 CIF 매매계약은 서류에 의한 매매계약이므로, 물품이 목적지에 도착한 날짜가 아니고 선적서류가 매수인에게 제공된 시기가 곧 물품의 인도시기로 간주되므로 매도인의 선적 불이행에 대해 매수인이 손해배상청구를 할 경우에 손해액의 산정기준은 선적서류가 매수인에게 정상적으로 도착될 수 있었던 날짜의 수입지 시장가격과 계약가격의 차액이 된다는 것이다.

④ Bowes v. Shand 사건

이 사건에서는 계약조건이 "sale of rice to be shipped at mardras during March and / or April 1874 per Rajah of Cochin"으로 되어 있었는데 수출업자가 계약에 명시된 기간보다 빠른 2월에 약정품을 선적하여 소송이 제기되었다.

이 사건을 담당했던 Cairns L.C. 경은 다음과 같이 판결하였다.

'상거래계약서에서 상인들은 중요하지 않은 내용은 계약서에 명시하지 않는다. 매수인이 쌀을 수입하는 시기를 결정하는 것은 그 대금을 지불할 자금의 준비나 또 다른 실수요자에게 전매하기 위한 것이다. 그러므로 약정된 선적기간보다 빨리 또는 늦게 선적하는 것은 분명한 계약 위반이다.'

⑤ Filley v. Pope 사건

이 사건은 500 톤의 선철이 영국의 Glasgow에서 미국의 New Orleans까지 "as soon as possible shipment" 조건으로 계약이 되었는데, 매도인의 공장이 Glasgow 와 Leith 항 중간에 위치하고 있어 어느 항구에서 선적해도 비용상 차이가 없었고 또 마침 Leith에서 출항하는 선편이 있어 매도인은 "즉시선적"을 염두에 두어 Leith 항에서 선적하였다. 이에 대해 매수인은 그 화물이 Glasgow에서 선적되었을 경우보다 더 빨리 도착했음에도 불구하고 물품인수를 거절한 사건이 있었다.

이 사건의 최종판결을 맡은 미국의 대법원은 계약상 지정된 선적시기나 장소는 매우 중요한 부분으로 이를 이행하지 못한 매도인은 책임을 져야하며 매수인은 계약을 파기할 수 있다고 판결했다.

CIF 계약상 특정의 선적항을 명시한 것은 반드시 지켜져야 하며, 만일 약정된 Glasgow 항을 출항한 계약화물이 늦게 도착한다거나, 운송 중 멸실이 된다면 그 책임은 매수인이 진다. 즉 CIF 계약상 위험의 이전은 선적시에 매도인으로부터 매수인에게 넘어가며 운송 중에 사고위험을 커버(cover) 하기 위해 매도인이 매수인을 위해 보험을 부보하기 때문이다. 또한 매수인이 특정항을 지정한 것은 해상보험에 부보하기 위해서이다. 보험계약을 Glasgow에서 New Orleans로 체결했는데 선적항이 Leith항으로 변경되면 위험의 변경이므로 그 보험계약은 무효가 된다.

CIF 계약상 매도인의 선적의무와 함께 선적통지 의무는 계약의 필수조건에 해당된다. Reuter v. Sala 사건은 후추에 대한 매매계약이었는데 계약상 매도인은 계약 후 60일 이내에 선박명, 화인 및 그밖에 선적에 관한 특정사항들을 매수인에게 통지해 주도록 약정되어 있었다. 그러나 매도인은 약정된 기일 내에 선적통지를 하지 못하여 소송이 제기 되었다.

이 사건을 담당한 Cotton L.J. 판사는 '계약서상에 언급된 기일 내에 선적에 관한 통지를 하지 못한 것은 계약 내용 중 필수적인 조건을 이행하지 못한 것으로 간주된다.'고 판시하여 매도인이 패소하였다.

(2) 선적서류 제공의무와 관련된 사례

CIF 계약상 매도인이 약정된 기간내에 선적서류를 제공하지 못하거나 또는 상당한 기간내에 제공하지 못하는 경우는 당연히 이행해태로 간주된다. 그러나 계약과 일치하지 않는 선적서류, 위조된 선적서류 또는 유효하지 못한 선적서류의 제시도 중요한 계약위반으로 간주되어 이러한 의무를 이행하지 못한 매도인은 응분의 책임을 져야한다.

① Chao and others v. British Traders & Shippers Ltd. 사건

이 사건은 최종선적일이 1951년 10월 31일 조건으로 상당한 양의 표백제를 매매하는 CIF 계약이었다. 계약물품은 10월 31일 선적항 부두에 도착하였지만 11월 3일까지 적재될 수 없었다. 따라서 선하증권에는 "Received for shipment and since shipped 31st October"라고 배서되었으나 매도인은 "Received for shipment 31st October"라고 표시된 선하증권을 은행에 제시하였다.

한편 매수인은 위조된 B/L이 제공된 사실을 모르고 이를 인수하고 대금을 지급하였지만 물품이 도착 했을 때 실제 선적일이 11월 3일이었음을 발견하였고 물품인수를 거절하였다.

이에 대한 영국법원의 판결은 매수인이 비록 모르고 서류를 인수했다 할지라도 물품을 거절할 권리가 있다고 판시하였다. 이 사건을 담당한 Devlin. J 판사는 다음과 같이 설명하고 있다.

CIF 계약에서 매도인은 계약과 일치하는 물품을 선적하고 동시에 계약과 일치하는 서류를 제공할 의무가 있는데, 이와 같은 지연선적이 있는 경우 선적일자는 물품명세의 일부분 이므로 매도인은 계약 명세와 일치하는 물품을 선적하는데 실패했다. 따라서 매도인은 하나의 행동으로 두 가지 독립적인 의무에 대해 두 가지 위반을 동시에 했다고 말할 수 있다. 물론 매수인은 서류가 제공되었을 때 서류거절권이 발생하고 또한 물품이 계약과 일치하지 않음을 발견했을 때 물품을 거절할 권리가 있다 그러나 실제 선적일이 계약과 일치하지 않는 데도 서류를 인수함으로써 선적서류 거절권뿐만 아니라 물품인수 거절권까지 잃는 경우가 있지만 이 경우는 서류를 인수했다 할지라도 물품명세의 불일치를 이유로 여전히 물품인수거절권이 남아 있기 때문에 매수인은 그로 인한 손해배상을 청구할 수 있다.'

이 사건의 경우는 매수인이 B/L 의 위조 사실을 모르고 인수했기 때문에 선적서류 거절권은 포기된 것으로 간주한 사건이다. 또한 선적일자를 물품명세의 일부분으로 간주하여 계약상 일치하는 물품제공의무를 위반한 것으로 보아 매수인에게 물품인수 거절권과 함께 손해배상청구권을 인정하였던 사건이다. 그러나 이러한 해석은 석연치 않은 점이 두 가지 있다.

첫째는 일반적으로 선적서류의 위조사실을 모르고 이를 인수한 매수인은 비록 물품을 인수하고 처분한 사실이 있다할지라도 나중에 그러한 사실을 알았을 때에는 선적서류수리거절권이 소멸되지 않는다고 하는 것이 상관습이다. 따라서 나중에 위조사실을 안 매수인은 위조된 선하증권의 수리거절권이 소생되므로 다시 그러한 권리를 행사하고 그로 인한 손해배상청구가 가능하다고 보는 것이 올바른 해석인 것이다.

둘째는 일반적으로 선적일자는 물품명세의 일부분이 아니라는 사실이다. 아마도 이 사건에서는 합리적으로 판단해 볼 때 매도인의 계약 위반이 분명한데 이미 서류는 인수되고 대금이 지급되었기 때문에 매수인에게 어떤 이유를 들어서든지 물품인수를 거절할 권리를 주려고 했던 것 같다. 따라서 선적일자는 물품명세의 일부분이 아님에도 불구하고 물품명세의 일부분으로 간주하여 물품이 계약과 일치하지 않음을 이유로 물품인수거절권을 인정한 것 같다. 이러한 점에서 이 사건의 판결이유는 불합리한 면이 있다고 사료된다.

그러나 원칙적으로 매수인이 계약과 일치하지 않는 선적서류라는 사실을 알고도 선적서류를 인수한 경우에는 선적서류 수리거절권이 포기된 것으로 간주된다. 따라서 이러한 경우는 매도인의 선적서류 인도해태가 성립되지 않기 때문에 후일에 가서 선적서류 수리거절권을 다시 행사할 수 없다. 다만 그렇다고 하여 매수인의 물품인수거절권까지도 행사할 수 없다는 것은 아니다. 왜냐하면 선적서류 인수거절권과 물품인수거절권은 분명히 분리된 권리이기 때문에 선적서류 인수거절권을 포기했다 할지라도, 계약과 일치하지 않는 물품에 대한 물품인수거절권은 그대로 살아있는 것이다.

제 3 장
그 밖의 정형거래조건

1. 하나 또는 여러 개의 운송에 이용되는 규칙

1) 매도인공장인도조건(EXW조건)

(1) 공장인도조건의 개념

공장인도조건(Ex Works; EXW)은 계약물품을 매도인의 공장이나 영업창고 등 물품하치장(seller's premises)에서 약정된 기간 내에 매수인의 임의처분상태에 둘 때 인도가 완료되는 조건이다. 여기서 계약물품은 수출통관이 되기 전의 물품이며, 어떠한 운송수단(예를 들어 적재차량)에도 적재되지 않은 상태의 물품이다. 다만 매도인에게 물품이 적재(적재 위험 및 비용)를 책임지도록 하려면 그와 같은 취지를 계약서상에 명백한 문구로 삽입하여 확실히 해 두어야 한다.

이 조건에서 매수인은 물품이 임의처분상태에 둔 이후부터 자신의 최종목적지까지의 운송과정에서 발생하는 모든 비용과 위험을 부담하게 되므로 매도인에게는 최소한의 의무(minimum obligation for the seller)만을 부담시키는 조건이라고 할 수 있다.

본 조건은 현장인도조건군(Group E)을 대표하는 유일한 조건으로써 유럽에서는 Loco 또는 Spot라고도 하며 개정미국무역정의의 Ex(point of origin)에 해당된다. 이러한 유형의 조건에는 Ex Store, Ex Plantation, Ex Factory, Ex Mill, Ex Warehouse 등이 있는데, 여기서 "Ex"라는 단어는 "…으로부터(from out of)"라는 뜻을 가진 라틴어이며 상업적으로는 "from a specified place"(특정 장소로부터) 또는 "delivered at a specified place"(특정 장소에서 인도되는)이라는 의미이다.

여기서 말하는 매도인의 물품하치장이란 생산장소일뿐만 아니라 상품의 유통과정에서 처음으로 상거래가 이루어지는 원산지(point of origin) 등을 포함한다. 따라서 본 조건은 물품의 생산지 · 공급지 등 수출국 시장에서 이루어지는 국내매매조건(domestic sale)이라고 할 수 있다. 그러므로 외국의 매수인은 그의 위험과 비용으로 수출승인을 받아야 하는 등 수출에 관한 모든 절차를 수행해야 하며, 이때의 매수인은 원칙적으로 수출국내에 있는 국내매수인과 동일한 입장에 있다고 할 수 있다. 따라서 외국의 매수인이 매도인의 국가에서 수출허가(승인) 및 수출통관 등의 절차를 직접 또는 간접으로 수행할 수 없는 경우에는 본 조건을 사용할 수가 없고 운송인인도조건(FCA)을 사용하도록 해야 할 것이다.

(2) 위험 및 비용의 분기점

EXW조건과 같은 지정장소인도조건은 위험의 이전시기와 비용의 분기점이 서로 일치한다. 따라서 이 조건에서 위험 및 비용의 분기점은 매도인이 계약물품을 약정된 일자나 기간내에 지정된 인도장소에서 매수인의 임의처분상태에 둘 때이고, 매수인은 자기의 임의처분에 맡겨진 이후부터 물품에 대한 모든 위험과 비용을 부담하게 된다.

(3) 매도인의 제공서류

「Incoterms®2010」에 규정되어 있는 11개 정형거래조건 모두는 매도인의 의무로서 계약과 일치하는 물품을 제공하고 이를 증명하는 서류, 이른바 상업송장(Commercial Invoice) 또는 이에 상응하는 전자메세지(electronic message), 기타 계약에서 요구하는 일치의 증명(any other evidence of conformity)을 제공하도록 규정하고 있다. 이러한 규정은 매도인이 계약조건대로 물품을 공급하여야 하고 이에 대한 일치의 증명서류를 제공함으로써 물품매매를 목적으로 하는 계약의 이행을 달성하기 위함이다. 그리고 그 밖의 모든 규정은 이러한 의무를 구현시키기 위한 세부적인 규정이라 할 수 있다.

이러한 목적을 달성하기 위해 매도인이 제공해야 하는 기본적 서류에는 ① 상업송장, ② 포장명세서(Packing List), ③ 품질증명서 또는 수량증명서(Certificate of Quality and/or Quantity), ④ 용적·중량증명서(Certificate of Measurement or Weight), ⑤ 이에 상응하는 EDI 등의 전자메세지 등이 있다. 그밖에 매수인의 요청에 따라 제공하는 임의적 서류로는 ① 원산지증명서(Certificate of Origin), ② 영사송장(Consular Invoice), ③ 수출허가서(Export Licence) 등을 들 수 있다. 본 조건의 성격상 이러한 임의적 서류는 매수인이 취득해야 할 서류이지만 원산국 또는 수출국에서 발급되는 서류들이므로 매도인이 취득하는 것이 합리적이다. 따라서 매도인은 매수인의 요청과 위험, 비용으로 이들을 취득하는데 있어서 최대한의 협조를 제공하면 된다.

2) 운송인인도조건(FCA조건)

(1) 운송인인도조건의 개념

운송인인도조건(Free Carrier: FCA)은 수출통관된 물품을 매수인이 지정한 운송인에게 인도하게 되면 매도인의 인도의무가 완료되는 조건이다. 그러므로 본 조건은 해상운송에 있어서 화물을 전통적인 방식으로 선박에 선적하여 직접 인도할 필요가 없는 경우에도 사용할 수 있는 조건이다.

본 조건은 물품을 운송인에게 인도하는 모든 방식(철도운송, 도로운송, 해상운송, 내륙수로운송, 항공운송 및 복합운송 등)에 사용될 수 있으며 종래의 철도·화차인도조건(FOR/FOT), 공항인도조건(FOA) 및 운송인인도조건(FRC)이 통합되어 Incoterms, 1990에 새로이 제정되었고 Incoterms, 2000에서 그 내용이 약간 수정되었으나 Incoterms®2010에서도 그대로 존속하게 되었다.

본 조건은 컨테이너운송과 트레일러, 페리船)에 의한 roll-on/roll-off운송과 같은 복합운송(multimodal transport)방식에 맞도록 신설되었다가 Incoterms, 1990에서 철도, 도로, 내륙수로, 해상, 항공, 운송방식 미정 및 복합운송을 포괄하는 모든 운송방식에 적용되는 거래조건으로 변하였다. Incoterms®

2010에서 크게 달라진 바는 없지만 각각의 운송방식에 따라 인도완료시기를 각각 정해 놓았던 것을 통합하여 크게 두 가지 경우로 구분하고 있는 것이 변화된 특징이다. 특히 인도장소의 성격에 따라 운송수단에의 적재의무가 달라지는데 통상 인도장소가 매도인의 물품하치장(seller's premises)이면 매수인이 제공한 차량(기타 운송수단)에 매도인이 적재할 책임을 지며 그밖에 다른 장소(예를 들어 운송인의 물품하치장)이면 매도인은 적재차량에서 물품을 하차(unloading)해 줄 의무는 없고 매수인이 처분기능한 상태에 두면된다.

이 조건에서 매도인은 계약물품을 지정된 장소에서 수출통관을 필한 상태로 운송인의 관리 하에 인도함으로써 매도인의 의무를 완수하게 된다는 점을 제외하고는 FOB조건과 동일한 기본원칙에 의한 것이다. 여기서 말하는 운송인(carrier)은 운송을 조달하는 계약운송(contract carrier)이거나 운송을 이행하는 실제운송인(actual carrier)을 말한다. 만일 매수인이 운송인 이외의 어떤 자를 물품수취자로 지정했다면 그 자에게 물품을 인도하였을 때 매도인은 자신의 인도의무를 완료한 것으로 간주한다.

이 조건에서 물품의 멸실 또는 손상에 대한 위험은 선박의 본선선적시점이 아니고 물품이 지정된 최초의 운송인에게 인도되는 시점에서 매도인으로부터 매수인에게 이전된다.

(2) 물품의 인도 완료장소

FCA조건은 본래 FOB조건에서 그 원류를 찾아볼 수 있으므로 근본적으로 그 특성에 있어서 FOB조건과 같다고 할 것이다. 그러므로 본 조건은 적출지 인도조건으로서 현실적 인도조건이라고 할 수 있다. FOB조건에 있어서도 사실상 매도인은 물품을 해상운송인에게 본선상에서 현실적으로 인도하는 것이 원칙이나 매수인이 직접 그 지점에서 인수하는 경우는 없고 운송인을 매수인의 대리인으로 간주, 물품을 운송인에게 인도하게 되면 매수인에게 인도한 것으로 간주되는 것과 같이 FCA조건에서도 통상 매수인이 지정한 운송인 또는 매수인이 지정한 그밖에 다른 사람이나 특수한 경우의 매도인이 지정한 사람(이하 매수인 지정 운송인이라 함)에게 인도하면 된다.

FCA조건에서 물품의 인도는 여러 운송인이 게재되는 경우 첫 번째 운송인에게로의 물품인도를 의미하는 것이고, 서류상의 인도를 뜻하는 것이 아니다. 즉 선하증권과 같은 서류의 인도가 없이도 첫 번째 운송인에게 점유 이전하면 물품의 인도가 이루어진 것으로 본다.

Incoterms, 1990에서 이 조건을 신설할 때는 모든 운송방식에 적합하도록 만들었기 때문에 각각의 운송방식(mode of transport)에 따라 물품의 인도완료를 구분하고 있었다. 예를 들어 철도운송인 경우, 철도화차 1대분(wagonload lot) 또는 철도로 운송되는 컨테이너 1대분(a container load carried by rail)의 만재화물(FCL: full container loaded)이면 화차나 컨테이너에 물품을 적재하여 철도운송인 또는 그의 대리인에게 점유 · 이전함으로써 물품인도가 완료되고 철도화차 1대분에 미달하거나 컨테이너 1대분이 안 되는 컨테이너소량화물(LCL: less than container loaded)의 경우에는 철도역과 같은 철도화물 수취장소에서 철도운송인에게 점유이전하거나 또는 철도당국에서 제공한 트럭이 오면 여기에 적재하여 인도하면 인도가 완료됨을 규정하고 있다. 도로운송인 경우는 매도인의 화물하치장(seller's premises)이 인도장소이면 매수인이 제공한 운송차량에 적재함으로써 인도가 완료되며 운송인의 화물하치장(carrier's premises)에 있는 경우에는 도로운송인 또는 그의 대리인에게 물품을 점유이전하면 인도가 완료된다고 규정하였다. 그러나 철도, 도로, 해상, 내륙수로운송, 항공 또는 이들을 결합한 운송 등 모든 경우를 종합해 볼 때 인도방식이 크게 두 가지로 종합되는 것을 알 수 있다. 따라서 Incoterms®2010에서는 종전의 복잡한 규정 대신 다음과 같이 물품인도완료에 대해 두 가지로 간결하게 규정하고 있다.

첫째, 지정된 인도장소가 매도인의 물품하치장(seller's premises)이면 매수인 지정 운송인이 제공한 운송수단에 적재하였을 때 인도가 완료된다.

둘째, 지정된 인도장소가 매도인의 물품하치장이 아닌 다른 장소일 경우 물품을 매수인 지정 운송인의 임의처분 하에 둘 때(다른 말로 점유를 이전할 때) 인도가 완료된다.

다만 지정된 장소 내에 인도 가능한 장소가 여러 군데이고 그 중 어느 장소가 정해져 있지 않은 경우 매도인은 자신의 목적에 가장 적합한 인도 장소를 선택할 수 있다 또한 매수인으로부터 인도방식에 대한 정확한 지시가 없는 경우 매도인은 운송방식과 물품의 수량·성질 등을 고려하여 적합한 방식으로 물품을 인도할 수 있다.

FCA조건의 위험분기점은 매도인이 물품을 매수인이 지정하는 최초의 운송인에게 인도한 때이다. 따라서 그 이후 도착지가지의 위험은 매수인이 부담해야하므로 매수인이 자신의 비용으로 도착지까지 화물에 대한 보험을 가입해야한다. 그러나 FOB조건과 마찬가지로 매도인에게 보험가입을 위임하는 경우가 많다.

(3) 매도인의 제공서류의무

FCA조건에서 매도인은 계약과 일치하는 물품을 제공하였다는 증거서류(상업송장 등) 이외에도 운송인에게 물품을 인도하였다는 통상적인 증거(usual proof of delivery)를 매수인에게 제공해야 할 의무가 있다.

이러한 증거는 운송인에게로 물품을 점유를 이전한 사실을 증명하는 서류로써 매도인이 운송인으로부터 발급받는 것이며, 이 서류는 운송인이 화물을 운송하기 위하여 수령하였음을 증명하는 수취증의 형태를 띤다. 동시에 매수인에게 계약대로 물품을 인도하였다는 증거서류가 된다. 따라서 FCA계약에서 말하는 통상적인 증거는 운송인에게 물품을 인도했다는 증거가 되는 어떠한 형태의 화물수취증(any cargo receipt)이라도 가능하다.

FCA조건에서 매도인은 유통성 선하증권(a negotiable bill of lading)과 같은 운송서류(transport document)를 제공할 의무는 없으니 매수인의 요청이 있을 경우에는 매수인의 위험과 비용 부담으로 그러한 운송서류를 취득·제공하는 데 모든 협조를 다하여야 할 것이다. 그밖에 화환어음취결방식의 대금결제특약(예를 들어 신용장, D/P, D/A방식)이 있는 경우 약정된 운송서류를 취득하여 제공할 의무가 또한 있다.

결국 FCA조건에서 매도인이 제공해야 할 기본적 서류에는 계약과 일치하는 물품제공의 증거서류로서 상업송장 등과 함께 물품인도를 증명하는 통상적인 서류(usual document)로 각종의 화물수취증(cargo receipt)이나 약정된 운송서류가 있다.

그밖에 필요한 경우에는 매도인은 수출허가서(Export Licence)나 그밖에 수출에 필요한 정부의 공적인가서(official authorization)을 제공해야 하며, 원산지국 또는 수출국에서 발행되는 원산지증명서, 영사송장 등 매수인이 취득하기 어려운 서류들(임의 서류)의 경우는 매수인의 요청에 따라 매수인의 위험과 비용으로 이들 서류를 취득하여 제공하는 데 모든 협조를 제공하여야 한다.

3) 운송비지급인도조건(CPT조건)

(1) 운송비지급조건의 개념

운송비지급조건(Carriage Paid to…: CPT)은 매도인이 지정된 목적지까지 적절한 운송계약을 체결하고 그 지정한 운송인에게 수출통관된 물품을 인도할 때 인도가 완료되는 조건으로서 매도인은 지정된 목적지까지의 운송비를 지급해야 한다. 또한 이 조건은 매수인이 물품 인도 후 발생하는 운송비 이외의 모든 비용과 위험을 부담해야 한다.

여기서 말하는 운송인(carrier)은 운송계약상 철도, 도로, 항공, 해상, 내륙, 수로 또는 이들의 조합(복합운송)에 의한 운송을 조달하는 계약운송인(contract carrier)이거나 운송을 이행하는 실제운송인(actual carrier)을 말한다. 지정된 목적지까지의 운송에 후속(제2차) 운송인을 이용한다면 물품에 대한 위험은 첫 번째 운송인에게 물품이 인도되었을 때 이전한다.

CPT조건은 "Incoterms 1980"에서의 DCP(Freight or Carriage paid to…〈named point of destination〉)조건을 개정한 것으로서 원칙상 CFR조건에 근거하고 있다. 그러나 CFR조건이 해상운송에만 적용되는데 반해 CPT조건은 주로 복합운송에 사용된다는 점에서 차이가 있다. 또한 이 조건에서 사용되는 운송인(carrier), 운송터미널(transport terminal), 컨테이너(container) 등의 개념은 FCA조건에서와 같다.

CPT조건에서 매도인은 Carriage Paid to…다음에 명기되는 지정된 목적지(named place of destination)까지의 운송비(carriage)를 지급해야 한다. 이점에서 매도인이 지정된 목적항(named port of destination)까지의 해상운임을 지급해야 하는 CFR조건과 또한 구별된다. 본 조건은 복합운송방식과 컨테이너운송 또는 트레일러나 도선(ferry)에 의한 "roll-on/roll-off"운송을 포함하여 모든 운송방식에 사용될 수 있다.

매도인은 지정목적지까지의 운송계약을 통상의 조건(usual terms)으로 체결하고 운송인이 발행한 운송서류를 취득하여 제공함으로써 당해 의무를 이행하게 된다.

본 조건에서 유의할 점은 위험과 비용의 분기점이 서로 다르다는 것이다. 즉 계약물품에 대한 위험은 동 물품이 운송인에게 또는 후속운송인이 참여하게 되는 경우, 첫 번째 운송인에게 인도될 때 매도인으로부터 매수인에게 이전되나, 비용은 선적항의 선적시점부터"Carriage Paid to…"의 뒤에 삽입되는 목적항지의 운송비를 포함한다.

(2) 위험 및 비용의 분기점

CPT조건에서의 인도장소는 운송인 또는 후속운송인이 참여하는 경우 첫 번째 운송인에게 인도되는 지점이며, 통례적으로 그 운송인의 화물터미널(cargo terminal)이 된다. 따라서 대부분의 경우 첫 번째 운송인의 화물터미널에서 그 운송인에게 물품의 점유를 이전할 때 위험이 이전되고 인도가 완료된다. 즉 국제간의 주운송(예를 들어 해상운송)이 개시되기 전에 국내운송에서 여러 운송인이 개재될 경우에는 이들 중 첫 번째 운송인에게 물품을 인도하게 되면 매도인의 인도의무는 종료되고 여기서 위험이 이전된다. 이러한 관점에서 본선의 적재시를 위험의 분기점으로 하는 CFR조건과 차이가 있다고 할 수 있다.

CPT조건에서 비용의 분기점은 수입국내의 지정된 목적지이다. 따라서 위험의 분기점과 차이가 난다. 여기서 매도인은 물품을 인도할 때까지의 비용은 물론이고 수입국내의 지정된 목적지까지 운송하는데 소요되는 비용, 즉 운송비를 부담하여야 한다. 운송비에는 물품의 적재비와 운송계약상 매도인의 비용이 되는 지정된 목적지에서의 양륙비 등이 포함된다.

한편 매수인은 물품이 인도된 후에 목적지까지의 운송 중 발생하는 운송비 이외의 모든 비용을 부담해야 한다. 이러한 비용은 운송계약상 매도인의 비용이 아닌 양륙비나 운송 중 적하보험료 등이 포함될 것이다. Incoterms®

2010에는 규정된 바가 없지만 물품의 멸실이나 손상에 대한 위험부담은 수출국내의 첫 번째 운송인에게 물품을 인도할 때 매수인에게 이전되므로 이후 최종목적지까지의 적하보험은 매수인이 수배하고 부담해야 할 것이다. 그밖에 매수인은 수입관세와 제세금, 수입통관비용 등 수입과 관련하여 발생하는 모든 비용과 자신의 요청으로 매도인이 취득하여 제공하는 서류 또는 매도인의 협조비용 등을 부담해야 한다.

(3) 매도인의 제공서류

CPT조건에서 매도인은 매매계약과 일치하는 상업송장 또는 이에 상응하는 EDI 메시지 그리고 계약에서 요구하는 그밖에 모든 일치의 증거서류를 제공해야 한다.

또한 매도인은 자신의 비용으로 물품인도의 증거가 되는 통상적인 운송서류를 제공해야 한다. Incoterms에서 말하는 통상적인 운송서류는 유통성 선하증권(a negotiable bill of lading), 비유통성 해상화물운송장(a non-negotiable seaway bill), 내륙수로서류(an inland waterway document), 항공화물운송장(an airway bill), 철도화물수탁증(a railway consignment note), 도로화물수탁증(a road consignment note), 복합운송증권(a multimodal transport document)이나 또는 이에 상응하는 EDI 메시지를 들고 있다. 이와 같은 운송서류는 FCA조건에서 예시된 운송서류와 같다.

여기서 한 가지 주의할 점은 육상이나 항공운송에 사용되는 운송서류는 해상운송에서 사용되는 선하증권과는 그 성격이 다르다는 점이다. 이러한 운송서류는 통상 “waybill”이나 “comsignment note”라는 표제가 붙어 있는데 이것은 운송계약의 증거로는 간주되지만 단순한 화물수취증이며, B/L과 같은 물품을 대표하는 권리증권도 아니고 유통증권도 아니다. 또한 운송인에게만 물품의 수하인(consignor)임을 증명하면 된다. 이것은 선하증권과 같이 운송 중 운송증권의 양도만으로 물품의 소유권이 이전되는 법적 효력이 없음을 의미한다. 그러나 복합운송에서는 이들 서류들이 사용되고 있는 빈도수가 적고 아직까지는 선하증권과 같은 법적 특성을 가지는 유통성의 복합운송증권이 보다 더 많이 사용되고 있다.

4) 운송비 보험료지급인도조건(CIP조건)

(1) 운송비 · 보험료지급조건의 개념

운송비 · 보험료지급조건(Carriage and Insurance Paid to…: CIP)은 매도인이 자기가 지명한 운송인에게 수출통관된 물품을 운송하는 데 드는 운송비를 추가로 지급해야 한다는 점, 그리고 매수인이 물품이 인도된 후 발생하는 모든 위험을 부담해야 한다는 점은 앞의 CPT조건과 같다. 그러나 매도인의 매수인을 위하여 운송 도중 발생할 수 있는 물품의 멸실이나 손상에 대한 위험에 대비하여 적하보험을 부보하고 적하보험증권을 취득 · 제공해야 할 의무를 추가로 부담해야 한다는 점이 CPT조건과 다르다. 따라서 매도인은 수입국내의 지정된 목적지까지 운송계약뿐만 아니라 보험계약을 체결하고 이에 따른 운송비와 적하보험료를 지급해야 한다.

CPT조건이 CFR조건과 동일한 원칙에 입각하고 있는 것과 같이 CIP조건도 CIF조건과 동일한 원칙하에 있으나 CIF조건이 지정된 목적항까지 만의 비용을 부담하는 해상매매에 사용되는 조건임에 반해 CIP조건은 지정된 목적지까지의 운송비 및 보험료를 지급하는 복합운송방식에 이용되는 조건이라는 점에서 그 차이점을 찾을 수 있다.

CIP조건에서 매도인이 체결해야 하는 적하보험은 여러 가지 운송수단이 결합되는 복합운송에 적합한 운송보험이어야 하겠지만 일반적인 해상보험이 육상 및 항공운송의 위험도 확장 담보하고 있으므로 해상보험계약으로 충분히 담보될 수 있다.

즉 실무적으로 해상보험은 협회적하약관의 창고간약관이나 운송약관에 의해 송화인의 창고부터 수화인의 최종 창고까지 담보를 받을 수 있기 때문에 복합운송에 따르는 전운송구간을 담보받을 수 있으므로 사실상 해상보험으로 부보되고 있다.

(2) 위험 및 비용의 분기점

CIP조건에서 매도인으로부터 매수인에게 위험이 이전되는 시점은 CPT조건에서와 같이 적출지(주로 수출국내)에서 운송인에게 인도되는 시점이다.

드러나 비용의 분기점은 지정된 목적지(수입국내)까지 연장되어 지정된 지점까지의 운송비 및 적하보험료를 매도인이 부담해야 한다.

CIP조건에서의 운송비는 CPT조건에서와 같이 운송계약상 매도인의 비용으로 되어 있는 것은 매도인이 부담하고 그렇지 않을 경우에는 매수인이 부담한다. 즉 양륙비(혹은 하차비)의 경우 운송계약상 매도인의 비용이 아니라면 매수인이 부담한다.

그밖에 매도인은 수출관세나 제세금, 수출통관비용 등 수출과 관련하여 발생하는 비용을 부담하고, 매수인은 물품이 인도된 후 목적지까지의 운송 중 발생하는 운송비・보험료 이외의 모든 비용(수입관세나 제세금, 수입통관비용 포함)을 부담해야 한다.

(3) 매도인의 제공서류

CIP조건에서 매도인이 제공해야 하는 기본적인 서류는 CPT조건에서 제공해야 할 서류에 보험증권 등 보험부보를 증명할 수 있는 보험서류가 추가된다. 따라서 매도인은 상업송장 등 물품일치의 증거서류, 운송인에게의 인도증거서류인 운송서류(CPT조건에서 예시된 7가지)와 보험증권 또는 보험증명서등의 보험서류를 제공해야 한다. 그밖에 매수인의 요청에 따라 제공하는 임의적 서류(원산지증명서, 영사송장 등)가 있다.

5) 도착지터미널인도조건(DAT조건)

(1) 도착지터미널인도조건의 개념

도착지터미널인도조건(Delivered at Terminal)은 운송수단에 관계없이 사용될 수 있고 하나 이상의 운송수단이 이용된 경우에도 사용될 수 있다. 도착지터미널인도조건이란 화물을 도착하는 운송수단에서 일단 하역한 후에 지정된 도착항구나 도착지의 터미널에서 매수인이 처분가능한 상태에 두었을 때에 매도인의 인도의무가 완료되는 것을 의미한다. 여기서 터미널(Terminal)이란 부두(Quay), 창고(Warehouse), 컨테이너하치장I(Container Yard) 또는 도로, 철도, 항공화물 터미널 등을 포함하는 개념이다. 따라서 도착된 화물을 일단 하역한 후 항구나 도착지 인근 터미널에 화물을 적치한 후에 매수인에게 인도하는 조건이므로 화물의 하역비는 매도인이 부담하고 하역한 후 인근터미널까지의 운반비용도 매도인이 부담하여야 한다. 따라서 종전 인코텀즈2000의 부두인도조건(DEQ조건)은 이 DAT조건에 포함된다고 하겠다. 그리고 화물터미널이 넓은 지역일 경우에 그 터미널내의 특정지점까지 운반하여 화물을 적치하는 것은 매도인의 부담이지만 그 터미널을 벗어나서 또 다른 장소로 이전해야 할 경우에는 DAP조건이나 DDP조건을 사용해야 한다. 그러므로 터미널이 부두의 인근에 위하고 있을 경우에는 DAT조건을 사용해야하고 터미널이 내륙기지에 있을 경우에는 DAP조건을 사용해야 할 것이다.

(2) 위험 및 비용의 분기점

도착지터미널 인도조건의 위험이전장소는 도착지 또는 도착항구의 화물터미널이다. 따라서 터미널은 항구일 경우에는 부두(Quay), 부두인근창고(Warehouse), 부두에 접근된 컨테이너하치장(Container Yard) 또는 도로, 철도, 항공화물터미널 등에 화물을 적치하여 매수인이 처분할 수 있는 상태에 둔 때에 위험이 매수인에게 이전된다고 하겠다.

매도인은 최종목적지의 터미널까지 화물을 운송하는 모든 비용 즉 운임뿐만 아니라 지정터미널까지 보험계약을 체결하고 보험료도 지불해야 하고 수출지에서 수출인가 또는 허가 등을 취득하고 수출통관절차도 이행하고 비용도 지급해야 한다. 만약에 터미널에 도착할 때까지 제3국을 통과운송을 해야 할 때에는 그 통관절차 이행 및 비용도 지급해야 한다. 매수인은 수입지 터미널에서 통관을 위하여 다른 장소로 이동해야 할 경우에 그 운송비를 지급해야하고 수입허가 및 인가취득 및 수입통관절차를 이행하고 관세 등을 지급해야 한다.

(3) 매도인의 제공서류

본 조건에서 매도인은 매매계약과 일치하는 상업송장 등 일치의 증거서류를 제공하여야 하며 그밖에 매수인이 목적지 터미널에서 물품을 인수하고 터미널에서 물품을 이동하는데 필요로 하는 통상의 서류, 예를 들어 창고증권(Warehouse Warrant), 부두수취증(Dock Receipt), 화물인도지시서(Delivery Order) 등을 제공하여야 한다.

그밖에 다른 조건들과 마찬가지로 발송국 또는 수출국에서 발행되는 원산지증명서, 영사송장 등 매수인이 취득하기 어려운 서류들(임의 서류)의 경우는 매수인의 요청에 따라 매수인의 위험과 비용으로 매도인은 이들 서류를 취득하는 데 모든 협조를 제공하여야 한다.

6) 도착지인도조건(DAP조건)

(1) 도착지인도조건의 개념

도착지인도조건(Delivered at Place of destination: DAP)은 매도인이 화물이 도착지의 지정된 장소에서 하역할 준비가 된 도착하는 운송수단 상에서 매수인의 임의처분상태로 두었을 때 인도도가 완료되는 조건이다. 여기서 도착지(a place of destination)란 물품이 도착하게 될 매수인이 지정한 도착항구나 도로 철도 또는 항공기가 최종적으로 도착하게 될 최종도착장소 또는 도착지의 터미널을 떠나서 내륙통관기지나 보세창고에 입고하게 될 상태를 의미한다고 할 수 있다. 따라서 이 도착지인도조건은 종전의 인코텀즈2000에서 DAF조건과 DES조건 그리고 DDU조건이 포함된 조건이라고 할 수 있다. 그럼으로 화물이 도착항구에 도착하여 하역하는 경우는 DAT조건이고 하역하지 않고 선상에서 인도하는 경우는 DAP조건이 되고 하역하여 부두나 인근 터미널에 적치되면 DAT조건이고 부두를 터나서 내륙 터미널이나 보세창고로 향하면 DAP조건이 되므로 부두에서 어느 정도 떨어져 있느냐에 따라서 조건이 달리 적용된다고 할 수 있다. 해상에서 하역하여 내륙으로 복합운송으로 연계되는 경우에는 DAP조건이냐 CIP조건이냐도 애매하다고 할 수 있다. 어떻든 DAP조건은 수입통관은 하지 않고 운송수단에 적치된 상태에서 인도하는 조건이므로 매수인이 하역하여 미통관상태에서 내륙통관기지나 보세창고에 입고된 상태에 인도하는 것은 전부 DAP조건이라고 해야 하겠다. 일단 수입통관까지 해서 매수인의 지정장소까지 운반하는 경우는 DDP조건으로 처리해야 할 것이다.

(2) 위험 및 비용의 분기점

DAP조건은 도착된 화물을 하역하지 않은 상태에서 매수인에게 인도하는 조건이므로 도착된 운송수단상에서 화물을 매수인이 임의처분할 수 있도록 적치된 때부터 위험이 매수인에게 이전되고 비용도 이때까지만 매도인이 부담한다고 하겠다. DAP조건은 도착지까지의 운임과 보험료를 매도인이 부담하는 조건에서는 CIF조건과 유사하나 CIF조건은 수출지의 본선상에서 위험이 이전되는 선적지인도조건이고 DAP조건은 최종도착지의 본선상에서 위험이 이전되는 도착지인도 조건이다. 그리고 CIF조건은 상징적인도 조건이므로 서류에 의하여 인도가 이루어지는데 반해서 DAP조건은 현물인도조건이므로 도착지의 운송수단에 물품을 적치한 때에 인도가 이루어지고 소유권도 이때에 이전된다고 하겠다. 그러나 모두 화환신용장조건으로 행해질 경우에는 이것으로는 구분이 어렵다고 할 수 있다.

DAP조건의 또 하나의 특징은 화물이 도착지의 터미널에서 다시 이동하여 내륙통관기지로 이동된 후 미통관상태로 화물을 인도할 때 DAP조건이 사용되는데 인코텀즈 2000의 DDU조건과 유사하다. 매도인은 도착되는 운송수단에서 하역비를 제외하고 도착지까지의 운임과 보험료를 지불해야하고 수출통관을 이행하고 수출관세 등을 지불해야한다. 만약에 화물을 도착지의 항구의 창고나 터미널에서 내륙기지에 있는 보세창고나 내륙통관기지(ICD)까지 보세운송을 하는 경우에는 매도인은 항구에서의 하역비뿐만 아니고 내륙기지까지의 보세운송비도 부담해야한다. 다만 수입통관절차나 수입관세는 매수인이 부담해야한다.

(3) 매도인의 제공서류

매도인은 매수인이 화물이 도착하는 본선상에서 화물을 인수하는데 필요한 통상적인 운송서류 및 화물인도지시서(Delivery Order)를 제공하여야 한다. 이러한 서류들은 물품인도의 증거가 되기도 하지만 매수인이 운송인으로부터 물품을 청구할 수 있는 기능을 해야 한다. 화물인도지시서는 해상운송계약에 근거하여 발급되는 서류(주로 선하증권)에 근거하여 선사대리점 또는 운송주선인(freight forwarder)이 발행하는 서류로서 물품인도를 청구할 수 있는 서류이다. 통상적인 운송서류로는 유통성선하증권, 비유통성해상화물운송장, 내륙수로운송서류 또는 복합운송서류이다. 그리고 철도, 도로화물수취증이나 항공화물운송장이 될 수 있다. 그리고 매수인의 요청에 의한 수출국 또는 원산지국에서 발행하는 원산지증명서 또는 영사송장 등이 있으면 제공해야한다.

7) 관세지급인도조건(DDP조건)

(1) 관세지급인도조건의 개념

관세지급인도조건(Delivered Duty Paid…named place of destination: DDP)은 DAP조건과 마찬가지로 수입국내의 지정된 장소에서 약정품을 도착된 운송수단으로부터 양륙(하차)하지 않은 채, 매수인의 임의처분상태로 두었을 때 매도인의 물품인도의무가 완료되는 반입인도조건이다. 하지만 비용부담면에서는 DAP조건과 달리 수입통관을 해야하고 수입관세 및 수입에 수반되는 제세공과금과 수입통관 등 수입의 공식절차를 이행하는데 드는 모든 비용을 매도인이 부담하여야 하는 점에 차이가 있다.

따라서 수입국에서의 수입절차를 매도인이 이행하여야 하기 때문에 이 조건은 매도인이 직접 또는 간접으로 수입승인(I/L)을 취득할 수 없는 경우나 직접 수입통관이 어려운 경우에는 채용될 수 없다. 만약 당사자가, 예를 들어 부가가치세와 같은 비용을 매도인의 의무에서 제외시키고자 한다면, “Delivered Duty Paid, VAT Unpaid~(named place of destination)” 등으로 특정 비용 제외의 취지를 나타내는 용어를 추가함으로써 이를 명확히 하여야 한다.

이 조건은 「Incoterms®2010」에 포함되어 있는 11종의 정형거래조건 가운데 매도인의 의무(책임)가 가장 무거운 조건으로 이러한 점에서 EXW조건과 대립되는 정형거래조건이라 할 수 있다.

(2) 위험 및 비용의 분기점

DDP조건에서 위험의 이전은 수입국내 지정된 목적지점에 물품을 반입하여 매수인의 임의처분 하에 둘 때이다.

따라서 매도인은 지정목적지까지 물품을 반입하는데 드는 모든 비용을 지불해야 한다. DDU조건과 차이점은 매도인이 수입국에서의 수입허가 취득비용, 수입통관비용, 수입관세 및 제세공과금 등 수입과 관련되어 발생되는 모든 비용도 지불하여야 한다는 점이다.

(3) 매도인의 제공서류

DDP조건에서 매도인이 제공해야 하는 기본적 서류는 상업송장이나 이에 상응하는 전자메세지 그리고 계약에서 요구하는 그 밖의 일치의 증거 서류이다. 또한 매도이은 매수인이 물품을 인수하는 데 필요한 화물인도지시서(D/O) 및 또는 통상적인 운송서류(예를 들어 유통성 선하증권, 비유통성 해상화물운송장, 내륙수로운송서류, 항공화물운송장, 철도화물수탁증, 도로화물수탁증 또는 복합운송증권)를 제공하여야 함은 DAP조건에서와 같다.

2. 해상과 내지수로 운송에 관한 규칙

1) 선측인도조건(FAS조건)

(1) 선측인도조건의 개념

선측인도조건(Free Alongside Ship: FAS)은 계약물품이 지정된 선적항에 있는 본선의 선측에 놓였을 때 인도가 완료되는 조건이다. 따라서 이 조건은 물품이 선측에 놓인 때로부터 매수인이 모든 비용과 위험을 부담해야 하는 조건임을 의미한다. 즉 매수인은 물품을 실제로 본선에 적재하는 것을 포함하여 인도된 이후부터 모든 비용과 위험을 부담하게 된다.

본 조건은 매도인이 수출통관의 의무를 진다. Incoterms, 1990에서는 계약물품의 수출허가 및 통관수속을 매수인이 수행하도록 하였으나, Incoterms®2010에서는 매도인이 수행하도록 변경되었다. 이 점이 FAS조건에서 변경된 가장 큰 특징이며 그로 인해 매도인이 관세 등을 포함하여 수출통관에 따른 모든 비용(all duties, taxes, and other charges payable on export)을 지불하여야 한다.

이 조건에서는 선측에 놓인 물품을 선박에 적재해야 하는 매수인이 수출통관의무를 부담하는 것이 개념적으로 적합한 것이었으나 외국의 매수인이 수출통관을 한다는 것이 불합리한 것이기 때문에 인코텀즈 2000에서부터 현실에 맞도록 변경되었다.

그러나 당사자 간에 매수인이 수출통관을 하도록 하고자 하면 계약상에 이러한 취지의 문언을 삽입하여 명백히 하면 된다. 물론 이 조건은 해상운송과 내수로 운송에만 사용할 수 있다.

(2) 위험 및 비용의 분기점

FAS조건에서 위험 및 비용의 분기점은 인도가 완료되는 장소와 시점, 즉 물품을 본선 선측에 매수인의 임의처분 하에 둘 때이다. 그러므로 매수인은 그 시점 이후의 위험과 비용 일체를 부담해야 한다.

이 조건에서 인도장소가 되는 선측은 계약물품이 본선의 양화기(loading tackle), 부두크레인(port crane) 또는 기타 양화수단에 의해 선내로 적재될 수 있는 적재장소(loading place)로서 주로 부두(berth)를 말한다. 그러나 항만의 여건상 선박이 부두에 접안할 수 없는 경우에는 부득이 외항에 정박해야 하는 경우가 있다. 그러므로 본선이 외항에 정박 중일 경우에는 부득이 부선(lighter of craft)을 이용하여 선측까지 운송하여야 하므로 이런 경우에는 본선의 양화기가 도달할 수 있는 부선내(in lighter)가 될 것이다.

(3) 매도인의 제공서류의무

FAS조건에서 매도인이 제공해야 하는 기본 서류에는 일치의 증거서류인 상업송장 이외에도 수출허가서(Export Licence)나 그밖에도 선측으로의 물품인도를 증명할 수 있는 통상적인 증거가 포함된다. 이러한 통상적인 증거로는 서류의 형태로 항만에서 발행되는 부두수취증(Dock Receipt) 또는 선박회사에서 발행하는 본선수취증(Ship's Receipt)이나 수취선하증권(Received B/L)을 들 수 있다.

여기서 부두수취증(D/R)은 통상 항만관리당국이 발행사는 것이고 본선수취증(S/R)은 선박회사의 대리인이 부두 또는 선측에 화물이 인도되었음을 증명하여 발행하는 서류이다. 그러나 매도인이 제공해야 하는 통상적인 서류가 운송서류가 아닐 경우, 매도인은 매수인의 요청에 따라 매수인의 위험과 비용으로 ① 유통성 선하증권(a negotiable bill of lading), ② 비유통성 해상화물운송장(non-negotiable seaway bill), ③ 내륙수로서류(inland waterway document) 등 해상운송에 사용되는 운송서류를 매수인이 취득할 수 있도록 모든 협조를 제공해야 한다.

한편 앞의 조건들과 마찬가지로 원산지국 또는 수출국에서 발행되는 원산지증명서, 영사송장 등 매수인이 취득하기 어려운 서류들(임의 서류)의 경우는 매수인의 요청에 따라 매수인의 위험과 비용으로 이들 서류를 취득하는 데 모든 협조를 제공하여야한다.

2) 비용운임포함 인도조건(CFR조건)

(1) 비용운임포함조건의 개념

비용운임포함조건(Cost & Freight: CFR)은 수출통관된 계약물품이 선적항 본선에 선적할 때 매도인의 인도가 완료되는 조건으로서 매도인은 지정된 목적항까지 물품운송에 필요한 비용과 운임을 지불해야 한다. 다만 물품에 대한 멸실·손상의 위험은 물품인도(본선적재)시 매도인으로부터 매수인에게 이전되며 인도 후 발생하는 추가비용도 매수인에게 이전된다.

관습상 CFR조건은 운임·보험료포함조건(CIF)의 변형으로 그 기본적 성격은 CIF조건과 동일하다. 다만 CFR조건은 물품이 인도된 후 해상운송중인 물품에 대하여 매수인이 위험을 부담하므로 매수인이 자신을 위하여 목적항(또는 목적지)까지 물품의 멸실 및 손상에 대한 보험을 부보하는 것이 CIF 조건과 유일한 차이라고 할 수 있다.

CFR조건에서 매도인은 자신의 비용으로 지정된 목적항까지 통상적인 운송계약을 체결해야 한다. 이러한 운송계약은 계약명세의 물품운송에 적합한 형태의 해양선박(seagoing vessel 또는 inland waterway vessel)에 의해 통상적인 항로(usual route)로 운항하는 계약이어야 한다.

그러므로 CFR조건은 계약물품의 선적원가(cost)에 목적항까지의 해상운임을 포함한 복합가격조건으로 해상운송이나 내륙수로운송에만 사용되는 조건이다. 따라서 당사자 간에 물품을 본선에 선적하기 전에 운송인에게 인도해야할 경우에는 CPT조건을 사용해야 한다고 Incoterms에서 규정하고 있다.

(2) 위험 및 비용의 분기점

CFR조건에서 위험의 분기점은 CIF조건과 같이 본선에 선적된 때이다. 그러나 비용의 분기점은 위험의 분기점과는 달리 목적항까지의 해상운임을 매도인이 부담하여야 하므로 목적항까지 연장된다. 만일 목적항에서 부선운임(lighterage)이나 양륙비(unloading charge)가 운임에 포함되어 있지 않은 경우에는 이들 비용은 관습적으로 매수인의 부담이지만 정기선 운임과 같이 이들 비용이 운임에 포함되어 있을 경우에는 당연히 매도인이 지급하여야 한다. 현행 Incoterms에는 목적항에서의 비용에 관하여 양륙비 등이 운송계약상 매도인의 비용(seller's account)이라면 매도인이 부담해야 한다고 규정(Incoterms®2010, CFR, A6)하고 있어 관습상과 별 차이가 없다. 그러나 선적비나 양륙비가 매도인 부담인 경우에는 어떠한 경우에도 매도인은 이미 지급한 수수료를 매수인에게 환급청구할 수 없다.

(3) 매도인의 제공서류

CFR 조건에서 매도인이 제공해야 하는 기본적인 서류에는 일치의 증거인 상업송장 외에도 인도의 증거로서 통상적인 운송서류(usual transport document)가 포함된다. 이러한 운송서류에는 유통성 선하증권(negotiable bill of lading), 비유통성 해상화물운송장(non-negotiable seaway bill), 내륙수로운송서류(inland waterway document) 등이 있으며, 이들 서류의 요건으로는 ① 전체의 약정물품을 커버하여야 하며, ② 합의된 선적기간내의 선적일(on board date)을 표시하고 있어야 하며, ③ 매수인의 목적항에서 운송인에게 물품의인도(또는 손상물품에 대한 배상청구)를 청구할 수 있는 것이어야 하며, ④ 제2의 후속매수인(sub-buyer)에게 서류를 이전(transfer)함으로써 매각할 수 있는 운송서류이어야 한다. 또한 그와 같은 운송서류가 여러 장의 원본으로 발행된 경우에는 전통의 원본(a full set of originals)을 매수인에게 제공해야 한다. 물론 이들 서류는 다른 조건과 마찬가지로 EDI 등의 전자 메시지로 대체할 수 있다.

제2편

Incoterms® 2010 개정 해설서

제1장 어떤 운송 수단에도 사용될 수 있는 규칙
제2장 해상과 내지 수로 운송에 사용되는 규칙

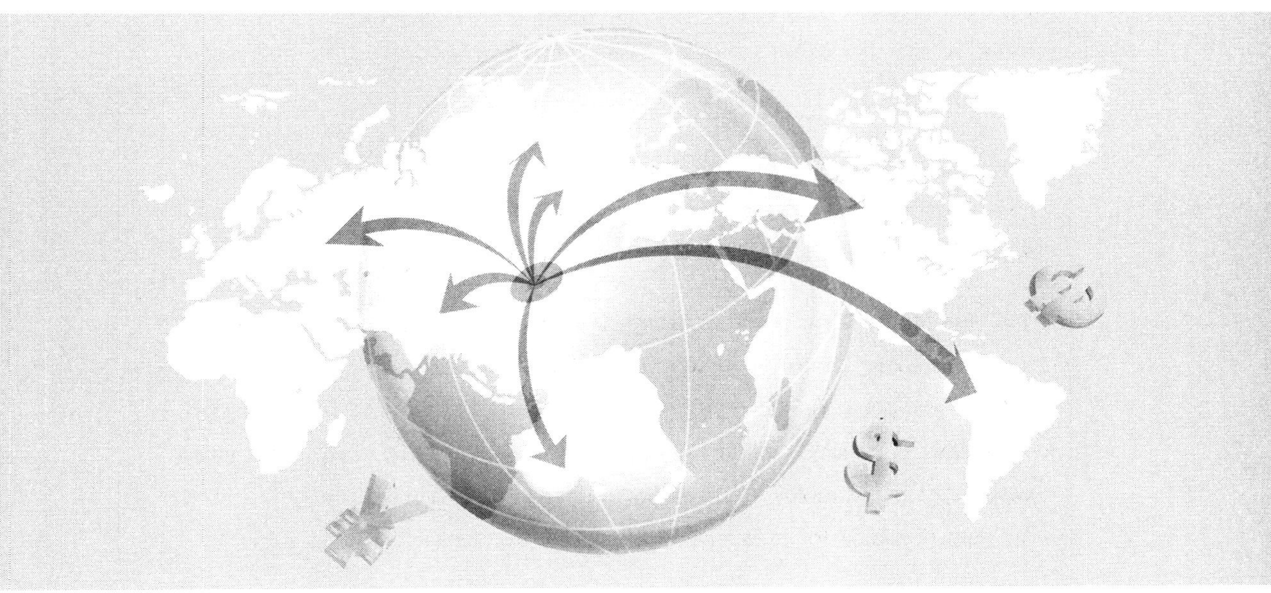

FOREWORD

By Rajat Gupta, ICC Chairman

The global economy has given businesses broader access than ever before to markets all over the world. Goods are sold in more countries, in larger quantities, and in greater variety. But as the volume and complexity of global sales increase, so do possibilities for misunderstandings and costly disputes when sale contracts are not adequately drafted.

The Incoterms rules, the ICC rules on the use of domestic and international trade terms, facilitate the conduct of global trade.
Reference to an Incoterms®2010 rule in a sale contract clearly defines the parties' respective obligations and reduces the risk of legal complications.

Since the creation of the Incoterms rules by ICC in 1936, this globally accepted contractual standard has been regularly updated to keep pace with the development of international trade. The Incoterms⟨g) 2010 rules take account of the continued spread of customs-free zones, the increased use of electronic communications in business transactions, heightened concern about security in the movement of goods and changes in transport practices. Incoterms®2010 updates and consolidates the 'delivered' rules, reducing the total number of rules from 13 to 11, and offers a simpler and clearer presentation of all the rules. Incoterms®2010 is also the first version of the Incoterms rules to make all references to buyers and sellers gender-neutral.

The broad expertise of ICC's Commission on Commercial Law and Practice, whose membership is drawn from all parts of the world and all trade sectors, ensures that the Incoterms®2010 rules respond to business needs everywhere.

ICC would like to express its gratitude to the members of the Commission, chaired by Fabio Bortolotti (Italy), to the Drafting Group, which comprised Charles Debattista (Co-Chair, UK), Christoph Martin Radtke CCo-Chair, France), Jens Bredow (Germany), Johnny Herre (Sweden), David Lowe (UK), Lauri Railas (Finland), Frank Reynolds (US), and Miroslav Subert (Czech Republic), and to Asko Raty (Finland) for assistance with the images depicting the 11 rules.

서문
ICC 위원장 라제트 굽타

지구촌 경제는 전 세계 시장에 대해서 전보다 더 넓게 영업을 접근시킬 수 있게 하고 있다. 물품은 더 많은 국가에서 더 많은 양으로 더욱 다양하게 판매되고 있다. 지구촌 판매의 분량과 복잡성이 증대함으로서 매매계약이 적절하게 작성되지 않을 때는 오해와 고비용 분쟁의 가능성이 따를 수 있다.

국내외적으로 이용되는 ICC규칙인 인코텀즈 규칙에 의해서 지구촌 무역의 수행을 활성화 하고 있다.

매매계약서에서 Incoterms®2010 규칙을 원용함으로서 당사자들의 각각의 의무를 분명히 할 수 있고 복잡한 법적인 위험을 감소시킬 수 있다.

1936년도 ICC에 의해서 인코텀즈 규칙이 재정된 이래로 이러한 국제적으로 승인된 계약의 기준은 국제무역의 발달에 맞추어 규칙적으로 개선되어 왔다. Incoterms®2010 규칙은 관세자유지역의 계속된 확대, 기업 활동에 전자통신의 사용증가, 물품이동에 대한 높은 보안에 대한 관심, 그리고 운송관습의 변화 등을 고려하고 있다.

Incoterms®2010 규칙은 13개 규칙에서 11개 규칙으로 축소함으로서 "인도"규칙을 개선하고 강화하였으며 모든 규칙의 표현을 매도인과 매수인에게 성차별 없이 규정하였다. 세계의 모든 분야와 모든 무역 부분에서 선출된 통상법과 관습법에 대한 ICC위원회의 폭넓은 전문가들은 Incoterms®2010 규칙이 영업의 모든 분야의 요구에 부응하도록 하고 있다.

ICC상사법위원회는 11개 규칙을 구상한 안에 협조한 Fabio Bortolotti(이태리) 위원장이 주제한 위원회의 모든 구성원들에게 감사의 말을 표현하고 싶습니다.

이 초안 그룹은 Charles Debettista(공동의장, 영국) Christoph Martin Radtke (공동의장, 프랑스) Jens Bredow(독일), Johnny Herre(스웨덴), David Lowe(영국) 그리고 Miroslav Suberl(체코공화국) 그리고 Asko Raty(핀란드)로 구성되어 있다.

INTRODUCTION

The Incoterms[1]) rules explain a set of three-letter trade terms reflecting business-to-business practice in contracts for the sale of goods. The Incoterms rules describe mainly the tasks, costs and risks involved in the delivery of goods from sellers to buyers.

How to use the Incoterms®2010 rules

1. Incorporate the Incoterms®2010 rules Into your contract of sale

If you want the Incoterms®2010 rules to apply to your contract, you should make this clear in the contract, through such words as, "[the chosen. Incoterms rule including the named. place, followed by] Incoterms®2010".

2. Choose the appropriate Incoterms rule

The chosen Incoterms rule needs to be appropriate to the goods, to the means of their transport, and above all to whether the parties intend to put additional obligations, for example such as the obligation to organize carriage or insurance, on the seller or on the buyer. The Guidance Note to each Incoterms rule contains information that is particularly helpful when making this choice. Whichever Incoterms rule is chosen, the parties should be aware that the interpretation of their contract may well be influenced by customs particular to the port or place being used.

3. Specify your place or port as precisely as possible

The chosen Incoterms rule can work only if the parties name a place or port, and will work best if the parties specify the place or port as precisely as possible.

A good example of such precision would be:

"FCA 38 Cours Albert 1er, Paris, France Incoterms® 2010".

Under the Incoterms rules Ex Works (EXW), Free Carrier (FCA), Delivered at Terminal (DAT), Delivered at Place (DAP), Delivered Duty Paid (DDP), Free Alongside Ship (FAS), and Free on Board (FOB), the named place is the place where delivery takes place and where risk passes from the seller to the buyer. Under the Incoterms rules Carriage Paid To (CPT), Carriage and Insurance Paid To (CIP), Cost and Freight (CFR) and Cost, Insurance and Freight (CIF), the named place differs from the place of delivery. Under these four Incoterms rules, the named place is the place of destination to which carriage is paid. Indications as to place or destination can helpfully be further specified by stating a precise point in that place or destination in order to avoid doubt or argument.

4. Remember that Incoterms rules do not give you a complete contract of sale

Incoterms rules do say which party to the sale contract has the obligation to make carriage or insurance arrangements, when the seller delivers the goods to the buyer, and which costs each party is responsible for. Incoterms rules, however, say nothing about the price to be paid or the method of its payment. Neither do they deal with the transfer of ownership of the goods, or the consequences of a breach of contract. These matters are normally dealt with through express terms in the contract of sale or in the law governing that contract. The parties should be aware that mandatory local law may override any aspect of the sale contract, including the chosen Incoterms rule.

1) "Incoterms" is registered trademark of the International Chamber of Commerce.

서 론

인코텀즈 규칙은 매매계약에서 기업 대 기업의 관습에 영향을 주는 3자로 된 무역조건을 설명하고 있다. 이 인코텀즈 규칙은 주로 매도인으로부터 매수인에게 물품인도에 관한 업무, 비용과 위험을 기술하고 있다.

Incoterms®2010 규칙의 사용방법

1. 매매계약서 속에 Incoterms®2010 규칙의 삽입.
   만약에 Incoterms®2010 규칙을 계약서에 적용하고자 한다면 "지정된 장소를 포함한 선택된 인코텀즈 규칙 다음에 Incoterms®2010"이란 단어를 사용하여 계약서에 이를 분명히 하여야 한다.

2. 선택된 인코텀즈 규칙은 물품, 운송수단, 그리고 무엇보다도 당사자들이 의도한 추가의무부과 등에 적합하도록 할 필요가 있다. 예를 들면 운송 또는 보험계약을 매도인 또는 매수인 누구에게 의무를 부과할 것인가와 같은 것이다.
   각 인코텀즈 규칙의 사용지침에는 이러한 조건 선택에 특별히 도움이 되는 정보를 포함하고 있다. 어떤 규칙이 선택되느냐에 따라서 당사자들은 그들의 계약의 해석이 사용된 항구 또는 장소에 특별한 관습에 의해서 영향을 받을 수 있다는 사실을 이해해야 한다.

3. 장소와 항구의 정확하게 특정하여 명시
   선택된 인코텀즈 규칙은 당사자들이 어떤 장소와 항구를 지정할 때만 적용될 수 있으며 당사자들이 가급적 정확하게 장소나 항구를 특정 한다면 가장 잘 적용될 수 있을 것이다.
   그러한 정확한 좋은 예는 다음과 같다.

   "FCA38cour Albert Ier, Paris, France Incoterms®2010"

   인코텀즈 규칙 중 공장인도조건(EXW), 운송인인도조건(FCA), 도착지터미널인도조건(DAT), 목적지인도조건(DAF), 관세지급인도조건(DDP),

선측인도조건(FAS), 그리고 본선인도조건(FOB), 의 경우에는 지정장소는 인도가 일어나거나 매도인으로부터 매수인에게 위험이 이전되는 장소이다. 인코텀즈 규칙 중 운인지급조건(CPT), 운임 및 보험료 지급조건(CIP), 비용과 운임지급조건(CFR) 그리고 비용, 보험료, 운임 지급조건(CIF)에 있어서는 지정장소는 인도장소와는 다르다. 이 네 가지 인코텀즈 규칙에는 지정장소는 운임이 거기까지 지불되는 목적지 장소이다. 장소나 목적지의 지정은 의문과 분쟁을 회피하기 위하여 그 장소와 목적지에 있는 정확한 지점을 명시함으로서 더욱 도움이 될 수 있도록 특정될 수 있다.

4. 인코텀즈 규칙은 완전한 매매계약서가 아니다.

인코텀즈 규칙에는 매도인이 물품을 매수인에게 인도할 때에 어느 당사자가 운송 또는 보험 계약을 체결할 의무가 있는지, 그리고 각 당사자가 어떤 비용을 부담할 것인지를 규정하고 있다. 그러나 인코텀즈 규칙은 지불될 수 있는 대금이나 그 지불방법에 대해서는 언급하고 있지 않으며, 그리고 물품의 소유권이전이나 계약위반의 결과에 대해서도 언급하지 않고 있다. 이러한 문제들은 계약서에 명시된 조건이나 당해국가의 실정법을 통해서 처리되어야 한다. 당사자들은 현지의 강행법규는 선택된 인코텀즈조건을 포함하여 매매계약의 어떤 조항보다 우선한다는 것을 이해하여야 한다.

Main features of the Incoterms® 2010 rules
1. Two new Incoterms rules - DAT and DAP - have replaced the Incoterms 2000 rules DAF, DES, DEQ and DDU The number of Incoterms rules has been reduced from 13 to 11. This has been achieved by substituting two new rules that may be used irrespective of the agreed mode of transport - DAT, Delivered at Terminal, and DAP, Delivered at Place - for the Incoterms 2000 rules DAF, DES, DEQ and DDU. Under both new rules, delivery occurs at a named destination: in DAT, at the buyer's disposal unloaded from the arriving vehicle (as under the former DEQ rule); in DAP likewise at the buyer's disposal, but ready for unloading (as under the former DAF, DES and DDU rules). The new rules make the Incoterms 2000 rules DES and DEQ superfluous. The named terminal in DAT may well be in a port, and DAT can therefore safely be used in cases where the Incoterms 2000 rule DEQ once was. Likewise, the arriving "vehicle" under DAP may well be a ship and the named place of destination may well be a port: consequently, DAP can safely be used in cases where the Incoterms 2000 rule DES once was. These new rules, like their predecessors, are "delivered", with the seller bearing all the costs (other than those related to import clearance, where applicable) and risks involved in bringing the goods to the named place of destination. 2. Classification of the 11 Incoterms® 2010 rules The 11 Incoterms® 2010 rules are presented in two distinct classes: RULES FOR ANY MODE OR MODES OF TRANSPORT

EXW	EX WORKS
FCA	FREE CARRIER
CPT	CARRIAGE PAID T
CIP	CARRIAGE AND INSURANCE PAID TO
DAT	DELIVERED AT TERMINA
DAP	DELIVERED AT PLAC
DDP	DELIVERED DUTY PAID

RULES FOR SEA AND INLAND WATERWAY TRANSPOR

FAS	FREE ALONGSIDE SHIP
FOB	FREE ON BOARD
CFR	COST AND FREIGH
CIF	COST INSURANCE AND FREIGHT

The First class includes the seven Incoterms®2010 rules that can be used irrespective of the mode of transport selected and irrespective of whether one or than one mode of transport is employed. EXW, FCA, CPT, CIP, DAT, DAP and DDP belong to this class. They can be used even when there is no maritime transport at all. It is important to remember, however, that these rules can be used in cases where a ship is used for part of the carriage.

In the second class of Incoterms®2010 rules, the point of delivery and the place to which the goods are carried to the buyer are both ports, hence the label "sea and inland waterway" rules. FAS, FOB, CFR and CIF belong to this class. Under the last three Incoterms rules, all mention of the ship's rail as the point of delivery has been omitted in preference for the goods being delivered when they are "on board" the vessel. This more closely reflects modern commercial reality and avoids the rather dated image of the risk swinging to and fro across an imaginary perpendicular line.

3. Rules for domestic and international trade

Incoterms rules have traditionally been used in international sale contracts where goods pass across national borders. In various areas of the world, however, trade blocs, like the European Union, have made border formalities between different countries less significant.

Consequently, the subtitle of the Incoterms® 2010 rules formally recognizes that they are available for application to both international and domestic sale contracts. As a result, the Incoterms® 2010 rules clearly state in a number of places that the obligation to comply with export/import formalities exists only where applicable.

Two developments have persuaded ICC that a movement in this direction is timely. Firstly, traders commonly use Incoterms rules for purely domestic sale contracts. The second reason is the greater willingness in the United States to use Incoterms rules in domestic trade rather than the former Uniform Commercial Code shipment and delivery terms.

4. Guidance Notes

Before each Incoterms® 2010 rule you will find a Guidance Note. The Guidance Notes explain the fundamentals of each Incoterms rule, such as when it should be used, when risk passes, and how costs are allocated between seller and buyer. The Guidance Notes are not part of the actual Incoterms® 2010 rules, but are intended to help the user accurately and efficiently steer towards the appropriate Incoterms rule for a particular transaction.

5. Electronic communication

Previous versions of Incoterms rules have specified those documents that could be replaced by EDI messages. Articles A1/B1 of the Incoterms®2010 rules, however, now give electronic means of communication the same effect as paper communication, as long as the parties so agree or where customary. This formulation facilitates the evolution of new electronic procedures throughout the lifetime of the Incoterms®2010 rules.

6. Insurance cover

The Incoterms®2010 rules are the first version of the Incoterms rules since the revision of the Institute Cargo Clauses and take account of alterations made to those clauses. The Incoterms®2010 rules place information duties relating to insurance in articles A3/B3, which deal with contracts of carriage and insurance. These provisions have been moved from the more generic articles found in articles A10/B10 of the Incoterms 2000 rules. The language in articles A3/B3 relating to insurance has also been altered with a view to clarifying the parties' obligations in this regard.

7. Security-related clearances and information required for such clearances

There is heightened concern nowadays about security in the movement of goods, requiring verification that the goods do not pose a threat to life or property for reasons other than their inherent nature. Therefore, the Incoterms®2010 rules have allocated obligations between the buyer and seller to obtain or to render assistance in obtaining security-related clearances, such as chain-of-custody information, in articles A2/B2 and A10/B10 of various Incoterms rules.

8. Terminal handling charges

Under Incoterms rules CPT, CIP, CFR, CIF, DAT, DAP, and DDP, the seller must make arrangements for the carriage of the goods to the agreed destination. While the freight is paid by the seller, it is actually paid for by the buyer as freight costs are normally included by the seller in the total selling price. The carriage costs will sometimes include the costs of handling and moving the goods within port or container terminal facilities and the carrier or terminal operator may well charge these costs to the buyer who receives the goods. In these circumstances, the buyer will want to avoid paying for the same service twice: once to the seller as part of the total selling price and once independently to the carrier or the terminal operator. The Incoterms® 2010 rules seek to avoid this happening by clearly allocating such costs in articles A6/B6 of the relevant Incoterms rules.

9. String sales

In the sale of commodities, as opposed to the sale of manufactured goods, cargo is frequently sold several times during transit "down a string". When this happens, a seller in the middle of the string does not "ship" the goods because these have already been shipped by the first seller in the string. The seller in the middle of the string therefore performs its obligations towards its buyer not by shipping the goods, but by "procuring" goods that have been shipped. For clarification purposes, Incoterms® 2010 rules include the obligation to "procure goods shipped" as an alternative to the obligation to ship goods in the relevant Incoterms rules.

Variants of Incoterms rules

Sometimes the parties want to alter an Incoterms rule. The Incoterms® 2010 rules do not prohibit such alteration, but there are dangers in so doing. In order to avoid any unwelcome surprises, the parties would need to make the intended effect of such alterations extremely clear iii their contract. Thus, for example, if the allocation of costs in the Incoterms® 2010 rules is altered in the contract, the parties should also clearly state whether they intend to vary the point at which the risk passes from seller to buyer.

Status of this introduction

This introduction gives general information on the use and interpretation of the Incoterms® 2010 rules, but does not form part of those rules.

Explanation of terms used. in the Incoterms® 2010 rules

As in the Incoterms 2000 rules, the seller's and buyer's obligations are presented in mirror fashion, reflecting under column A the seller's obligations and under column B the buyer's obligations. These obligations can be carried out personally by the seller or the buyer or sometimes, subject to terms in the contract or the applicable law, through intermediaries such as carriers, freight forwarders or other persons nominated by the seller or the buyer for a specific purpose.

The text of the Incoterms® 2010 rules is meant to be self-explanatory. However, in order to assist users the following text sets out guidance as to the sense in which selected terms are used throughout the document.

Carrier: For the purposes of the Incoterms® 2010 rules, the carrier is the party with whom carriage is contracted.

Customs formalities: These are requirements to be met in order to comply with any applicable customs regulations and may include documentary, security, or physical inspection obligations.

Delivery: This concept has multiple meanings in trade law and practice, but in the Incoterms® 2010 rules, it is used to indicate where the risk of loss of or damage the goods passes from the seller to the buyer.

Delivery document: This phrase is now used as the heading to article A8. It means a document used to prove that delivery has occurred. For many of the Incoterms® 2010 rules, the delivery document is a transport document or corresponding electronic record. However, with EXW, FCA, FAS and FOB, the delivery document may simply be a receipt. A delivery document may also have other functions, for example as part of the mechanism for payment.

Electronic record or procedure: A set of information constituted of one or more electronic messages and, where applicable, being functionally equivalent with the corresponding paper document.

Packaging: This word is used for different purposes:

1. The packaging of the goods to comply with any requirements under the contract of sale.

2. The packaging of the goods so that they are fit for transportation.

3. The stowage of the packaged goods within a container or other means of transport.

In the Incoterms®2010 rules, packaging means both the first and second of the above. The Incoterms®2010 rules do not deal with the parties' obligations for stowage within a container and therefore, where relevant, the parties should deal with this in the sale contract.

Ⅰ. 인코텀즈®2010 규칙의 주요특징

1. 2개의 새로운 인코텀즈 규칙

DAT와 DAP가 인코텀즈 규칙 2000의 DAF, DES, DEQ 그리고 DDP를 대체하고 있다.

인코텀즈 규칙의 수는 13개에서 11개를 축소되었다. 합의된 운송수단에 불구하고 사용될 수 있는 2개의 새로운 규칙인 터미널인도조건, DAT과 목적지인도조건, DAP가 인코텀즈 규칙2000의 DAF, DES, DEQ 그리고 DDU조건을 대체하게 되었다. 이 새로운 규칙 하에서는 인도는 지정된 목적지에서 이루어진다.

DAT조건에서는(종전 DEQ조건과 같음) 도착된 수거용 차량으로부터 물품을 양하하지 않은 체 매수인의 처분상태에 적치된 때 DAP조건에서는(종전의 DAF, DES 그리고 DDU조건과 같음) 양하할 준비가 된 체 매수인의 처분상태에 적치된 때 인도가 일어난다.

새로운 규칙은 인코텀즈 2000의 DES 와 DEQ조건을 불필요하게 하고 있다. DAT조건의 지정된 터미널은 항구 내에 있을 수 있으므로 DAT조건은 인코텀즈 2000의 DEQ조건이 사용되는 그런 경우에도 안전하게 사용될 수 있다. 동일하게 DAP조건의 도착되는 차량은 선박이 될 수 있으므로 목적지의 지정장소가 항구가 될 수 있기 때문에 DAP조건은 인코텀 2000의 DES조건이 사용된 경우에도 안전하게 사용될 수 있다. 이러한 새로운 조건들은 자신의 계승된 조건 과 같이(적용가능 한 경우에) 수입통관에 관한 비용은 제외하고 물품을 목정장소까지 운반하는데 속하는 모든 비용과 위험을 매도인이 부담하고 인도된다.

2. Incoterms®2010규칙의 11개 조건은 2개의 분명한 분야로 표시된다

1) 하나 또는 여러 개의 운송수단 이동에 관한 규칙

EXW : 공장인도조건

FCA : 운송인인도조건

CPT : 운임지급조건

CIP : 운임 및 보험료지급조건

DAT : 도착지터미널인도조건

DAP : 도착장소인도조건

DDP : 관세지급인도조건

2) 해상과 내지수로 운송에 관한 규칙

FAS : 선측인도조건

FOB : 본선인도조건

CFR : 비용과 운임지급조건

CIF : 비용, 보험료 와 운임지급조건

첫 번째 분류는 7개의 Incoterms®2010 규칙을 포함하고 있는데 이들은 선택된 운송수단에 관계없이 사용될 수 있고 하나 또는 하나 이상의 운송수단이 이용될 경우에도 관계없이 사용될 수 있다. EXW, FCA, CPT, CIP, DAT, DAP 그리고 DDP 조건이 이 분류에 속한다. 이 조건들은 전혀 해상운송이 아닌 경우에도 사용될 수 있고 운송의 일부에 선박이 사용된 경우에도 사용될 수 있다는 것을 기억하고 있는 것이 중요하다.

Incoterms®2010 규칙 중 두 번째 분류에는 인도지점과 물품이 매수인에게 운송되는 장소가 모두 항구들이다. 그래서 해상과 내지수로에 적용되는 규칙으로 표시된 것은 FAS, FOB, CFR 그리고 CIF가 이러한 분류에 속한다. 마지막 3개의 인코텀즈 규칙들에는 물품이 본선에 선적되었을 때 인도되어 진다는 주장이 다른 것에 우선권이 주어져서 인도시점으로서 "선적난간"이라는 언급을 모두 삭제하였다 이것이 현대적인 상거래 현실에 더욱 가깝게 영향을 주는 것이고 오히려 위험이 상상의 수직적인 선을 넘어서 이리저리 흔들리는 구시대적인 위험의 개념을 피할게 되는 것이다.

3. 국내와 국제무역을 위한 규칙

인코텀즈 규칙은 전통적으로 물품이 국경을 넘어서 통관하는 국제 매매계약에 사용되어 왔다. 세계도처에는 유럽연합(EU)과 같은 무역공동체(trade blocs)가 형성되어서 다른 국가 간의 국경통관이 별로 중요하지 않게 되었다, 결론적으로 Incoterms®2010 규칙의 부제(副題)는 형식적으로 이 조건들이 국제거래와 국내거래 모두에 적용될 수 있다는 것을 인정하게 되었다. 그 결과 Incoterms®2010 규칙에는 많은 곳에서 적용 가능한 경우에만 수출/수입 통관에 맞는 의무가 존재한다는 것을 명시하고 있다.

국제거래와 국내거래의 두 분야로 발전적 적용을 주장하는 주체들이 이러한 방향의 움직임이 시기적절한 것으로 ICC를 설득하게 하였다. 첫 번째로 무역업자 들이 일반적으로 인코텀즈 규칙을 순수한 국내매매계약에도 사용한다는 것이고 두 번째 이유는 인코텀즈 규칙을 종전의 미국통일 상법전(UCC)의 선적과 인도조건보다도 국내거래에 사용하겠다는 미국 측의 강한 의지가 있었다는 것이다.

4. 사용지침

각 Incoterms®2010 규칙 앞에는 사용지침이 있는 것을 볼 수 있다. 이 지도사항은 각 인코텀즈 규칙의 기본적인 사항. 예를 들면 이 규칙이 사용되어야 하는 시기, 위험이전시기 그리고 어떻게 비용이 매도인과 매수인 사이에 분배되는 가를 설명하고 있다. 이 지도사항은 실제의 Incoterms®2010 규칙의 일부가 아니고 사용자들로 하여금 특별한 거래에 대해서 정확하고 효과적으로 적절한 인코텀즈 규칙을 이용하도록 돕는데 있다.

5. 전자통신

인코텀즈의 종전 규칙들은 EDI 통신문에 의해서 대체될 수 있는 서류들을 특정하였다.

그러나 Incoterms®2010 규칙의 A1/B1 조는 전자적 통신수단이 당사자들이 합의하거나 관습이 존재하는 한 종이서류의 통신과 동일한 효과를 부여 하였다 이러한 형태는 Incoterms®2010 규칙이 존속하는 동안 새로운 전자절차의 혁명을 이룩하게 할 것이다.

6. 보험부담

Incoterms®2010 규칙은 런던보험자협회의 적하보험약관(I.C.C)이 개정이 된 이후로 첫 번째로 개정된 인코텀즈이므로 그러한 협회약관의 개정부분을 참조하였다. Incoterms®2010 규칙은 운송계약과 보험계약과 관련된 보험정보의무를 A3/B3조에 규정하였다. 이러한 규정들은 인코텀즈 2000의 A10/B10조에서 볼 수 있는 것보다 새롭게 생성된 조문들로부터 파생되었다. 보험에 관한 A3/B3조의 용어는 이에 관한 당사자들의 의무를 분명히 한다는 견지에서 역시 수정되었다.

7. 보안관련 통관과 그에 관한 정보

요즘은 물품의 이동에 관해서 보안에 대한 관심이 높아지고 있다. 이는 물품이 그의 고유의 성격과 다른 이유로 생명과 재산권에 위험을 주지 않는다는 검증을 요구하는 정보이다. 그래서 Incoterms®2010 규칙은 보안통관절차를 이행하는데 협조를 주고받는 의무를 매수인과 매도인 사이에 배분하였다. 예를 들면 여러 가지 인코텀즈 규칙의 A2/B2 와 A10/B10조 있는 연쇄보관정보 같은 것이다.

8. 터미널 취급수수료

Incoterms 규칙중 CPT, CIP, CFR, CIF, DAT, DAP 그리고 DDP규칙에서는 매도인이 합의된 목적지 까지 물품운송을 준비해야 한다. 운임이 매도인 부담이라고 하드라도 운임비용이 매도인에 의하여 총판매가격에 일반적으로 포함되기 때문에 실제로는 운임은 매수인이 지불하게 된다. 운송비는 가끔 항구나 컨테이너터미널 시설 내에서 물품을 취급하거나 이동하는 비용을 포함하고 있는데 운송인이나 터미널운영자가 이러한 비용을 물품을 수행하는 매수인으로부터 징수할 수가 있다. 이러한 경우에 매수인은 동일한 서비스에 대해서 이중으로 지급되는 것을 피하고자 한다. 한번은 총판매가격의 일부로서 매도인에게 지불하고 또 한 번은 독립적으로, 운송인이나 터미널운영자에게 지불하게 된다.

Incoterms®2010 규칙은 관련 인코텀즈의 A6/B6조에서 그러한 비용을 분명히 분배함으로서 이러한 일이 발생 되는 것을 피하고자 하였다.

9. 연속매매

제조된 물품의 판매와는 달리 일반상품 판매에 있어서는 화물이 연속된 운송 중에 여러 번 판매되는 일이 자주 일어난다. 이러한 경우에 연속매매의 중간 매도인은 물품이 연속매매의 첫 번째 매도인에 의하여 이미 선적되었기 때문에 물품을 선적하지 않는다. 그러므로 연속매매의 중간 매도인은 물품을 선적하지 아니하고 선적된 물품을 조달함으로서 매수인에 대한 의무를 이행하게 된다. 이러한 분명한 목적으로 Incoterms®2010 규칙은 관련 인코텀즈 규칙에 물품의 선적의무에 대신하여 선적된 의무의 조달의무를 포함하고 있다.

Ⅱ. 인코텀즈 규칙의 변형

가끔 당사자들은 인코텀즈 규칙을 변경하고자 한다.

Incoterms®2010 규칙은 그러한 변경을 금지하고 있지 않으나 그렇게 하는데는 위험이 존재한다. 이러한 불청의 놀라움을 피하기 위하여, 당사자들은 그러한 경우 의도된 효과를 계약서 속에 명시할 필요가 있다. 그래서 예를 들면 Incoterms®2010의 비용분배가 계약서에서 변경되었다면 당사자들은 매도인으로부터 매수인에게 위험이전 지점도 변경하려고 하는지를 명시해야 된다.

Ⅲ. 소개의 글 입장

이 소개의 글은 Incoterms®2010 규칙의 사용과 해석에 관한 일반적인 정보를 제공하는 것이고 인코텀즈 규칙의 일부가 되는 것은 아니다.

Ⅳ. 인코텀즈®2010 규칙에 사용된 용어 설명

인코텀즈 2000 규칙과 같이 A파트의 매도인의 의무 B파트의 매수인의 의무에 나타나듯이 매도인과 매수인의 의무가 똑같은 형태(mirror fashion)로 표시되었다. 이러한 의무들은 개인적으로 매도인 또는 특별목적으로 매도인 또는 매수인에 의해서 이행될 수도 있고 가끔 계약서나 적용법규에 따라서 운송인, 운송중개인 또는 특별목적으로 매도인 또는 매수인에 의해서 지명된 제3자 등 중간행위자에 의해서도 이행될 수 있다.

Incoterms®2010 규칙의 내용은 스스로 자명하게 작성 되었다. 그러나 사용자에게 도움을 주기위하여 다음과 같은 내용은 사용지침에도 나타나 있는데 선택된 조건들이 서류를 통해서는 이용될 수 있다는 의미이다.

- 운송인(Carrier) : 운송인은 Incoterms®2010 규정의 목적을 위하여 운송계약이 체결된 당사자이다.
- 통관절차(customs formalities) : 적용될 수 있는 통관규칙에 일치시키기 위하여 수행되는 요구사항들로서 운송서류, 보안, 정보, 실질검사의 무무 등을 포함한다.
- 인도(delivery) : 이 개념은 무역법과 관습법에 복합된 의미를 가지고 있으나 Incoterms®2010 규칙에는 물품의 손상이나 손실의 위험이 매도인으로부터 매수인에게 이전되는 장소를 표시하기 위해서 사용되고 있다.
- 인도서류(Delivery Document) : 현재 이 문언은 A8조 표제로서 사용되고 있다. 이는 인도가 발생했다는 것을 증명하기 위하여 사용된 문서를 의미한다. 많은 Incoterms®2010 규칙에서 인도서류는 운송서류 또는 그에 대응하는 전자 기록이다. 그러나 EXW, FCA, FAS 그리고 FOB조건에 있어서는 단순한 영수증이 될 수 있다. 인도서류는 다른 기능 예를 들면 지불수단의 일부로서의 기능도 있다.
- 전자기록 또 절차(electronic record or procedure) : 일련의 정보는 하나 또는 하나 이상의 전자 통지문으로 되고 적용가능 한 경우에는 기능적으로 대응한 종이서류와 동일하다.
- 포장(packaging) : 이 단어는 다음과 같이 다른 목적으로도 사용된다.

1. 물품을 매매계약서의 요구사항에 일치하게 포장하는 것
2. 물품을 운송에 적합할 수 있도록 포장하는 것
3. 컨테이너나 다른 운송수단 속에 포장된 물품을 적재하는 것

Incoterms®2010 규칙에서의 포장은 상기의 첫 번째와 두 번째를 의미한다. Incoterms®2010 규칙은 컨테이너 속에 적재하는 당사자의 의무는 취급하지 않고 있다. 그러므로 관련이 있는 경우에는 매매계약서에서 이 문제를 다루어야 한다.

제 1 장

어떤 운송 수단에도 사용될 수 있는 규칙

Rules for any Mode or Modes of Transport

EXW(Ex works)
매도인공장 인도조건(EXW)

GUIDANCE NOTE

This rule may be used irrespective of the mode of transport selected and may also used where more than one mode of transport is employed. It is suitable for domestic trade, while FCA is usually more appropriate for international trade.

"Ex Works" means that the seller delivers when it places the goods at the disposal of the buyer at the seller's premises or at another named place(i. e., works, factory, warehouse, etc.). The seller does not need to load the goods on any collecting vehicle, nor does it need to clear the goods for export, where such clearance is applicable.

The parties are well advised to specify as clearly as possible the point within the named place of delivery, as the costs and risks to that point are for the account of the seller. The buyer bears all costs and risks involved in taking the goods from the agreed point, if any, at the named place of delivery.

EXW represents the minimum obligation for the seller. The rule should be used with care as:

a) The seller has no obligation to the buyer to load the goods, even though in practice the seller may be in a better position to do so. If the seller does load the goods, it does so at the buyer's risk and expense. In cases where the seller is in a better position to load the goods, FCA, which obliges the seller to do so at its own risk and expense, is usually more appropriate.

b) A buyer who buys from a seller on an EXW basis for export needs to be aware that the seller has an obligation to provide only such assistance as the buyer may require to effect that export: the seller is not bound to organize the export clearance. Buyers are therefore well advised not to use EXW if they cannot directly or indirectly obtain export clearance.

c) The buyer has limited obligations to provide to the seller any information regarding the export of the goods. However, the seller may need this information for, e. g., taxation or reporting purposes.

■ 사용지침

이 규칙은 선택된 운송수단에 관계없이 사용될 수 있고 그리고 하나 이상의 운송수단을 이용하는 경우에도 역시 사용될 수 있다. FCA조건이 통상적으로 국제운송에 더 적합한 반면에 이 규칙은 국내운용에 적합하다.

"공장인도"라 함은 매도인이 자신의 영업 구역 내 또는 지정된 장소 (예; 작업장, 공장, 창고 등)에서 물품을 매수인이 임의 처분 하에 적치한 때에 인도되는 것을 의미한다. 매도인은 물품을 수거용 차량에 적재할 필요가 없으며, 그리고 통관이 가능할 경우라도 물품을 수출통관할 필요가 없다.

당사자들은 지정된 인도장소 내에서 가능한 한 분명히 인도지점을 지정하도록 통지되어야 하고, 그 지점까지의 비용과 위험은 매도인 부담으로 한다. 매수인은 지정된 인도 장소 내에서 합의된 지점으로부터 물품을 수령하는데 관련된 모든 비용과 위험을 부담한다.

EXW조건은 매도인에게 최소한의 의무를 표시하고 있다. 이 규칙은 다음과 같이 주의해서 사용되어야한다.

a) 매도인은 비록 자신이 선적하는데 더 좋은 입장에 있을지라도 매수인에게 물품을 선적할 의무를 부담하고 있다.
그것은 매수인의 위험과 비용부담 하에서 행해진다. 만약에 매도인이 물품을 선적하는데 더 좋은 지위 하에 있다면 매도인이 자신의 위험과 비용 하에 선적할 의무가 있는 FCA조건의 사용이 통상적으로 더욱 적절하다.

b) 수출을 위해서 EXW조건으로 매도인으로부터 구매하는 매수인은 자신이 매도인에게 수출이행을 요구하더라도 매도인은 다만 협조의무만 있

다는 것을 인지할 필요가 있다. 즉 매도인은 수출통관을 해야 하는데 구속받지 않는다. 매수인은 직접적으로나 간접적으로 수출통관을 할 수 없는 경우에는 EXW조건을 사용하지 말도록 권고 받아야 한다.

c) 매수인은 매도인에게 물품수출에 관한 정보를 제공할 한정된 의무를 갖고 있다. 그러나 매도인은 조세나 보고 목적으로 이러한 정보가 필요할 수 있다.

A. THE SELLER'S OBLIGATIONS	
A1	General obligations of the seller The seller must provide the goods and the commercial invoice in conformity with the contract of sale and any other evidence of conformity that may be required by the contract. Any document referred to in A1-A10 may be an equivalent electronic record or procedure if agreed bet-ween the parties or customary.
A2	Licences, authorizations, security clearances and other formalities Where applicable, the seller must provide the buyer, at the buyer's request, risk and expense, assistance in obtaining any export licence, or other official authorization necessary for the export of the goods. Where applicable, the seller must provide, at the buyer's request, risk and expense, any information in the possession of the seller that is required for the security clearance of the goods.
A3	Contracts of carriage and Insurance a) Contract of carriage The seller has no obligation to the buyer to make a contract of carriage. b) Contract of insurance The seller has no obligation to the buyer to make a contract of insurance. However, the seller must provide the buyer, at the buyer's request, risk and expense(if any), with information that the buyer needs for obtaining insurance.
A4	Delivery The seller must deliver the goods by placing them at the disposal of the buyer at the agreed point, if any, at the named place of

delivery, not loaded on any collecting vehicle. If no specific point has been agreed within the named place of delivery, and if there are several points available, the seller may select the point that best suits its purpose. The seller must deliver the goods on the agreed date or within the agreed period.

A5 Transfer of risks
The seller bears all asks of loss of or damage to the goods until they have been delivered tn accordance with A4 with the exception of loss or damage in the circumstances described in B5.

A6 Allocation of costs
The seller must pay all costs relating to the goods until they have been delivered in accordance with A4, Other than those payable by the buyer as envisaged in B6.

A7 Notices to the buyer
The seller must give the buyer any notice needed to enable the buyer to take delivery of the goods.

A8 Delivery document
The seller has no obligation to the buyer.

A9 Checking - packaging - marking
The seller must pay the costs of those checking operations (such as checking quality, measuring, weighing, counting) that are necessary for the purpose of delivering the goods in accordance with A4.
The seller must, at its own expense, package the goods, unless it is usual for the particular trade to transport the type of goods sold unpackaged. The seller may package the goods in the manner appropriate for their transport, unless the buyer has notified the seller of specific packaging requirements before the contract of sale is concluded, Packaging is to be marked appropriately.

A10 Assistance with information and related costs
The seller must, where applicable, in a timely manner, provide to or

> render assistance in obtaining for the buyer, at the buyer's request, risk and expense, any documents and information, including security-related information, that the buyer needs for the export and/or import of the goods and/or for their transport to the final destination.

A. 매도인의 의무

A1. 매인의 일반적 의무

매도인은 매매계약과 일치하는 물품과 상업송장 그리고 계약서에서 요구되는 기타 모든 일치증명서를 제공하여야 한다.

A1-A10에서 언급된 어떤 서류라도 당사자 간에 합의되거나 관습이 있으면 동등한 전자기록이나 절차로 대체 될 수 있다.

A2. 허가, 인가, 보안통관과 절차

적용 가능한 경우, 매도인은 매수인의 요청과 위험 및 비용부담으로 물품 수출에 필요한 수출허가, 또는 기타 공적인가를 취득하는데 매수인에게 협조를 제공하여야 한다. 매도인은 적용 가능한 경우 매수인의 요청과 위험 및 비용부담으로 물품의 보안통관을 위해서 자신이 점유하고 있는 모든 정보를 제공해야 한다.

A3. 운송계약과 보험계약

a) 운송계약

매도인은 매수인에게 운송계약을 행할 의무를 부담하지 않는다.

b) 보험계약

매도인은 매수인에게 보험계약을 체결할 의무를 부담하지 않는다. 그러나 매도인은 매수인의 요청과 위험 및 비용부담으로 매수인이 보험계약을 하는데, 필요한 정보를 매수인에게 제공하여야 한다.

A4. 인도

매도인은 지정된 인도장소의 합의된 지점에서, 수거용 차량에 적치하지 아니하고 물품을 매수인의 임의 처분상태로 둠으로서 물품을 인도해야 한다. 만약에 지정된 인도장소에서 특별한 지점이 합의되지 않았거나 이용가능한 지점이 여러 곳에 있는 경우에는 매도인은 자신의 목적에 가장 적합한 지점을 선택할 수 있다. 매도인은 합의된 일자나 합의된 지점에서 물품을 인도해야 한다.

A5. 위험의 이전

매도인은 물품이 A4조에 따라서 인도될 때 까지 B5조에 기술된 환경 하에서 멸실과 손상은 제외하고 물품에 대한 멸실과 손상에 관한 모든 위험을 부담한다.

A6. 비용분배

매도인은 B6조에서 표시된 매수인에 의해서 지불될 수 있는 것 외에 물품이 A4에 따라서 인도될 때 까지 물품에 관한 모든 비용을 지불해야 한다.

A7. 매수인에 대한 통지

매도인은 매수인이 물품을 수령하는데 필요한 모든 통지를 매수인에게 하여야 한다.

A8. 서류의 인도

매도인은 매수인에게 서류를 인도할 의무가 없다

A9. 점검, 포장, 화인

매도인은 A4조에 따라서 물품을 인도하는데 필요한 물품의 점검 행위(품질, 용적, 중량, 수량점검 등)의 비용을 지급하여야 한다.

매도인은 무포장 상태로 판매되는 형태의 물품을 운송하는 특정거래가 아닌 한, 자신의 비용으로 물품을 포장하여야 한다.

매도인은, 매수인이 매매계약이 체결되기 전에 매도인에게 특별한 포장요청을 통지한 경우가 아닌 한, 물품을 운송에 적절한 방법으로 포장할 수 있다. 포장에는 적절한 화인(貨印)이 있어야 한다.

A10. 정보에 관한 관련비용 및 협조

매도인은 적용 가능한 경우 시기적절한 방법으로 매수인의 요청과 위험 및 비용으로 매수인이 수출이나 수입을 위해서 또는 최종목적지까지 운송하는데 필요한 모든 서류와 보안 관련 정보를 포함한 모든 정보를 매수인에게 제공하거나 제시하여야 한다.

B. THE BUYER'S OBLIGATIONS	
B1	General obligations of the buyer The buyer must pay the price of the goods as provided in the contract of sale. Any document referred to in B1-B10 may be an equivalent electronic record or procedure if agreed between the parties or customary.
B2	Licences, authorizations, security clearances and other formalities Where applicable, it is up to the buyer to obtain, at its own risk and expense, any export and import licence or other official authorization and carry out all customs formalities for the export of the goods.
B3	Contracts of carriage and Insurance a) Contract of carriage The buyer has no obligation to the seller to make a contract of carriage. b) Contract of Insurance The buyer has no obligation to the seller to make a contract of insurance.

B4 Taking delivery

The buyer must take delivery of the goods when A4 and A7 have been complied with.

B5 Transfer of risks

The buyer bears all risks of loss of or damage to the goods from the time they have been delivered as envisaged in A4.

If the buyer fails to give notice in accordance with B7, then the buyer bears all risks of loss of or damage to the goods from the agreed date or the expiry date of the agreed period for delivery, provided that the goods have been clearly identified as the contract goods.

B6 Allocation of costs

The buyer must:

a) Pay all costs relating to the goods from the time they have been delivered as envisaged in A4;
b) Pay any additional costs incurred by failing either to take delivery of the goods when they have been placed at its disposal or to give appropriate notice in accordance with B7, provided that the goods have been clearly identified as the contract goods;
c) Pay, where applicable, all duties, taxes and other charges, as well as the costs of carrying out customs formalities payable upon export; and
d) reimburse all costs and charges incurred by the seller in providing assistance as envisaged in A2.

B7 Notices to the seller

The buyer must, whenever it is entitled to determine the time within an agreed period and/or the point of taking delivery within

	the named place, give the seller sufficient notice thereof.
B8	Proof of delivery The buyer must provide the seller with appropriate evidence of having taken delivery.
B9	Inspection of goods The buyer must pay the costs of any mandatory pre-shipment inspection, including inspection mandated by the authorities of the country of export.
B10	Assistance with information and related costs The buyer must, in a timely manner, advise the seller of any security information requirements so that the seller may comply with A10. The buyer must reimburse the seller for all costs and charges incurred by the seller in providing or rendering assistance in obtaining documents and information as envisaged in A10.

B. 매수인의 의무

B1. 매수인의 일반적 의무

매수인은 매매계약서에서 약정된 대로 물품의 대금을 지급하여야 한다. B1-B10조에서 언급된 어떤 서류라도, 당사자 간에 합의가 있거나 관습이 있을 경우에는 동등한 전자기록이나 절차로서 대체될 수 있다.

B2. 수출, 수입 허가, 인가, 보안통관 및 기타 절차

적용 가능한 경우에, 매수인은 자신의 위험과 비용부담으로 모든 수출과 수입의 인가 또는 기타 공적승인을 취득하거나 물품수출을 위한 모든 통관 절차를 이행하여야 한다.

B3. 운송계약과 보험계약

a) 운송계약
매수인은 매도인에게 운송계약을 체결할 의무가 없다.

b) 보험계약
매수인은 매도인에게 보험계약을 체결할 의무가 없다.

B4. 인도의 수령

매수인은 물품이 A4조와 A7조와 일치하게 인도되었을 때 그 물품의 인도를 수령하여야 한다.

B5. 위험이전

매수인은 물품이 A4에 규정 된 바에 따라서 인도된 때로부터 물품의 멸실 또는 손상에 대한 모든 위험을 부담한다.

만약에 매수인이 B7조에 따른 통지를 하지 못한 경우에는 매수인은 합의된 일자 또는 합의된 기간의 만기일로부터 물품의 멸실 또는 손상에 대한 모든 위험을 부담한다. 그러나 다만 그 물품은 계약된 물품으로서 분명히 특정되어야 한다.

B6. 비용분담

매수인은 다음과 같은 비용을 지급하여야 한다.

a) 물품이 A4조에 규정된 대로 인도된 때로부터 물품에 관한 모든 비용.
b) 물품이 임의처분상태로 두었을 때 수령하지 못하였거나 B7조에 따라서 적절한 통지를 하지 못함으로서 발생되는 모든 추가비용. 다만 그 물품은 계약 물품으로서 분명히 특정되어야 한다.
c) 적용 가능한 경우 모든 관세, 조세 기타 부과금뿐만 아니라 수출 통관 절차 수행비용.

d) A2조에 규정된 대로 협조를 함으로서 매도인에게 발생된 모든 비용과 부과금을 상환하여야 한다.

B7. 매도인에게 통지

매수인은 합의된 기간 내에서 인도수령의 시기나 지정된 장소 내에서 인도수령의 지점을 결정할 권한이 주어진 때에는 항상 이에 관하여 매도인에게 충분한 통지를 하여야 한다.

B8. 인도의 증거

인도를 수령하였다는 적절한 증거를 매도인에게 제공하여야 한다.

B9. 물품의 검사

매수인의 수출국가의 당국이 수행하는 검사를 포함하여 모든 선적 전 검사비용을 지급하여야 한다.

B10. 정보에 관한 비용 및 협조

매수인은 시기적절하게 매도인이 A10조에 일치하게 협조를 할 수 있도록 보안관련 정보를 통지해 주어야 한다.

매수인은 A10에 언급된 서류와 정보를 취득함에 있어서 정보를 제공하거나 제시함에 있어서 매도인에게 발생되는 모든 비용과 부과금에 대해서 매도인에게 상환해 주어야 한다.

사용시 유의 사항

EXW조건은 매도인의 영업구역내 또는 기타 인근 지정장소(작업장, 공장 또는 창고)에서 물품을 매수인의 임의 처분 상태에 적치함으로서 매도인의 의무를 종료한다. 인도, 위험이전, 비용도 이때까지만 매도인이 부담하고 매수인이 수거용 차량을 가지고 올 경우에도 차량에 적재할 의무가 매도인에게는 없다.

그 밖에 국제거래일 경우 수출통관을 비롯하여 운송계약, 보험계약도 매수인이 하여야 한다. 이 조건은 국내거래에 적합하고 매도인에게는 최소부담조건이다.

FCA(Free Carrier)
운송인 인도 조건(FCA)

GUIDANCE NOTE
This rule may be used irrespective of the mode of transport selected and may also be used where more than one mode of transport is employed. "Free Carrier" means that the seller delivers the goods to the carrier or another person nominated by the buyer at the seller's premises or another named place. The parties are well advised to specify as clearly as possible the point within the named place of delivery, as the risk passes to the buyer at that point. If the parties intend to deliver the goods at the seller's premises, they should identify the address of those premises as the named place of delivery, if, on the other hand, the parties intend the goods to be delivered at another place, they must identify a different specific place of delivery. FCA requires the seller to clear the goods for export, where applicable. However, the seller has no obligation to clear the goods for import, pay any import duty or carry out any import customs formalities.

▪ 사용지침

이 규칙은 선택된 운송 수단에 관계없이 사용될 수 있다. 그리고 하나 이상의 운송수단이 이용된 경우에도 역시 사용될 수 있다.

"운송인 인도"란 매도인이 매도인의 관할 구역 내 혹은 또 다른 지정된 장소에서 운송인이나 매수인에 의해서 지정된 또 다른 사람에게 물품을 인도하는 것을 의미한다. 위험이 그 인도 지점에서 이전되기 때문에 당사자들은 지정된 인도 장소에서 인도지점을 가능한 한 분명하게 지정하도록 요구받는다.

만약에 당사자들이 매도인의 관할구역 내에서 물품을 인도하고자 한다면 지정된 인도장소로서 그 구역 내 주소지를 특정해야 한다. 반면에 만약에 당사자들이 관할 구역 외 다른 장소에서 물품을 인도하고자 한다면 다른 특정된 인도장소를 확정해야 한다.

FCA조건은 적용 가능한 경우에 매도인이 물품을 수출통관하도록 요구하고 있다. 그러나 매도인은 물품을 수입통관하거나 수입 관세를 지불하거나 또는 수입통관 절차를 수행할 의무는 없다.

A. THE SELLER'S OBLIGATIONS	
A1	General obligations of the seller The seller must provide the goods and the commercial invoice in conformity with the contract of sale and any other evidence of conformity that may be required by the contract. Any document referred to in A1-A10 may be an equivalent electronic record or procedure if agreed between the parties or customary.
A2	Licences, authorizations, security clearances and other formalities Where applicable, the seller must obtain, at its own risk and expense, any export licence or other official authorization and carry out all customs formalities necessary for the export of the goods.

A3 Contracts of carriage and insurance

a) Contract of carriage

The seller has no obligation to the buyer to make a contract of carriage. However, if requested by the buyer or if it is commercial practice and the buyer does not give an instruction to the contrary in due time, the seller may contract for carriage on usual terms at the buyer's risk and expense. In either case, the seller may decline to make the contract of carriage and, if it does, shall promptly notify the buyer.

b) Contract of insurance

The seller has no obligation to the buyer to make a contract of insurance. However, the seller must provide the buyer, at the buyer's request, risk, and expense (if any), with information that the buyer needs for obtaining insurance.

A4 Delivery

The seller must deliver the goods to the carrier or another person nominated by the buyer at the agreed point, if any, at the named place on the agreed date or within the agreed period.

Delivery is completed:

a) If the named place is the seller's premises, when the goods have been loaded on the means of transport provided by the buyer.

b) In any other case, when the goods are placed at the disposal of the carrier or another person nominated by the buyer on the seller's means of transport ready for unloading.

If no specific point has been notified by the buyer under B7 d) within the named place of delivery, and if there are several points available, the seller may select the point that best suits its purpose.

Unless the buyer notifies the seller otherwise, the seller may deliver the goods for carriage in such a manner as the quantity and/or nature of the goods may require.

A5 Transfer of risks

The seller bears all risks of loss of or damage to the goods until they have been delivered in accordance with A4, with the exception of loss or damage in the circumstances described in B5.

A6 Allocation of costs

The seller must pay

a) all costs relating to accordance with A4, envisaged in B6; and the goods until they have been delivered in other than those payable by the buyer as

b) where applicable, the costs of customs formalities necessary for export, as well as all duties, taxes, and other charges payable upon export.

A7 Notices to the buyer

The seller must, at the buyer's risk and expense, give the buyer sufficient notice either that the goods have been delivered in accordance with A4 or that the carrier or another person nominated by the buyer has failed to take the goods within the time agreed.

A8 Delivery document

The seller must provide the buyer, at the seller's expense, with the usual proof that the goods have been delivered in accordance with A4.

The seller must provide assistance to the buyer, at the buyer's request, risk and expense, in obtaining a transport document.

A9 Checking - packaging - marking

The seller must pay the costs of those checking operations (such as checking quality, measuring, weighing, counting) that are necessary for the purpose of delivering the goods in accordance with A4, as well as the costs of any pre-shipment inspection mandated by the authority of the country of export.

The seller must, at its own expense, package the goods, unless it is usual for the particular trade to transport the type of goods sold unpackaged. The seller may package the goods in the manner appropriate for their transport, unless the buyer has notified the seller of specific packaging requirements before the contract of sale is concluded. Packaging is to be marked appropriately.

A10 Assistance with Information and related costs

The seller must, where applicable, in a timely manner, provide to or render assistance in obtaining for the buyer, at the buyer's request, risk and expense, any documents and information, including security-related information, that the buyer needs for the import of the goods and/or for their transport to the final destination.

The seller must reimburse the buyer for all costs and charges incurred by the buyer in providing or rendering assistance in obtaining documents and information as envisaged in B10.

A. 매도인의 의무

A1 매도인의 일반적 의무

매도인은 매매계약에 일치하는 물품과 상업송장과 계약서에서 요구 될 수 있는 또 다른 일치증명서를 제공하여야 한다.

A1-A10조에 언급된 어떠한 서류라도 당사자 간에 합의가 있거나 관습이 있을 경우에는 동등한 전자 기록이나 절차로서 대체 될 수 있다.

A2 허가, 인가, 보안통관 및 기타 절차

적용 가능한 경우에 매도인은 자신의 위험과 비용으로 수출인가 또는 기타 공적승인을 취득하여야 한다. 그리고 물품의 수출에 필요한 모든 통관절차를 수행하여야 한다.

A3 운송계약과 보험계약

a) 운송계약

매도인은 매수인에게 운송계약을 체결할 의무가 없다. 그러나 매수인의 요청이 있거나 혹은 상관습이 있고 그리고 매수인이 적정한 기간 내에 반대되는 지시를 하지 않는 한 매도인은 매수인의 위험과 비용으로 통상적인 조건으로 운송계약을 체결할 수 있다. 어떠한 경우에도 매도인은 운송계약 체결을 거절할 수 있고 그리고 만약에 그렇게 하는 경우에는 즉시 매수인에게 통지해야 한다.

b) 보험계약

매도인은 매수인에게 보험계약을 체결할 의무가 없다. 그러나 매도인은 매수인의 요청, 위험 그리고 비용으로서 매수인이 보험을 취득하는데 필요한 정보를 매수인에게 제공하여야 한다.

A4 인도

매도인은 합의된 일자 또는 합의된 기간 내에서 지정된 장소 또는 만약 존재한다면 합의된 지점에서 운송인이나 매수인에 의해서 지정된 또 다른 사람에게 물품을 인도하여야 한다.

인도는 다음과 같은 경우에 완성된다.

a) 만약에 지정된 인도장소가 매도인의 관할 구역 내라면 물품이 매수인에 의해서 제공된 운송수단에 적치된 때
b) 인도장소가 매도인 관할구역이 아니라면 물품이 양하할 준비가 된 매도인의 운송수단 상에서 운송인이나 매수인에 의해서 지정된 다른 사람의 처분 상태로 물품이 적치된 때

만약에 특정지점이 지정된 인도장소 내에서 B7조 d항에 의해서 매수인에 의해서 통지되지 아니하였거나 여러 개의 인도가능한 지점이 존재한다면 매도인은 그 목적에 가장 적합한 지점을 선택할 수 있다.

만약 매수인으로부터 매도인에게 달리 통지가 없다면 매도인은 물품의 수량과 성격상 요구 될 수 있는 방법으로 운송할 수 있도록 물품을 인도할 수 있다.

A5 위험의 이전

매도인은 B5조에 기술된 상황에서의 물품의 멸실과 손상은 제외하고 A4조에 따라서 물품이 인도 될 때 까지 그 물품에 관한 멸실 또는 손상에 대한 모든 위험을 부담한다.

A6 비용의 분담

매도인은 다음과 같은 비용을 지급해야 한다.

a) B6조에 규정된 대로 매수인이 지급할 수 있는 것은 제외하고 A4에 따라서 물품이 인도될 때 까지 물품에 관한 모든 비용.
b) 적용 가능한 경우에 수출에 필요한 통관절차 비용뿐만 아니라 모든 관세 조세 그리고 수출시 지불 될 수 있는 기타 부과금.

A7 매수인에 대한 통지

매도인은 매수의 위험과 비용으로 물품이 A4조에 따라서 인도 되었다거나 또는 운송인 또는 매수인에 의해서 지정된 또 다른 사람이 합의된 기간 내에서 물품을 수령하지 못했다는 것에 대한 충분한 통지를 매수인에게 하여야 한다.

A8 인도서류

매도인은 자신의 비용으로 물품이 A4조에 따라서 인도되었다는 통상적인 증거를 매수인에게 제공하여야 한다.

매도인은 매수인의 요청, 위험 그리고 비용으로서 운송서류를 취득함으로서 매수인에게 협조를 제공하여야 한다.

A9 점검, 포장, 화인(貨印)

매도인은 A4조에 따라서 물품을 인도할 목적에 필요한 점검의무(품질, 용적, 중량 수량 점검)의 비용뿐만 아니라 수출허가 당국에 의하여 이행되는 선적 전 검사비용을 지급하여야 한다.

매도인은 매수인이 매매계약 체결 전에 매도인에게 특별한 포장요청을 하지 않는 한 그 물품 운송에 적절한 방법으로 물품을 포장할 수 있다. 포장에는 적절한 화인(貨印)이 있어야 한다.

A10 정보에 관한 협조 및 관련 비용

매도인은 적용 가능한 경우에, 시기적절한 방법으로, 매수인의 요청, 위험 그리고 비용으로 매수인이 물품의 수입 또는 최종목적지까지 운송에 필요한 보안관련 정보를 포함하여 모든 서류와 정보를 매수인을 위하여 취득함으로서 협조를 제공하거나 제시하여야 한다.

B. THE BUYER'S OBLIGATIONS

B1 General obligations of the buyer

The buyer must pay the price of the goods as provided in the contract of sale.

Any document referred to in. B1-B10 may be an equivalent electronic record or procedure if agreed between the parties or customary.

B2 Licences, authorizations, security clearances and other formalities

Where applicable, it is up to the buyer to obtain, at its own risk and expense, any import licence or other official authorization and carry out all customs formalities for the import of the goods and for their transport through any country.

B3 Contracts of carriage and Insurance

a) Contract of carriage

The buyer must contract at its own expense for the carriage of the goods from the named place of delivery, except when the contract of carriage is made by the seller as provided for in A3 a).

b) Contract of insurance

The buyer has no obligation to the seller to make a contract of insurance.

B4 Taking delivery

The buyer must take delivery of the goods when they have been delivered as envisaged in A4.

B5 Transfer of risks

The buyer bears all risks of loss of or damage to the goods from the time they have been delivered as envisaged in A4.

If

a) the buyer fails in accordance with B7 to notify the nomination of a carrier or another person as envisaged in A4 or to give notice; or
b) the carrier or person nominated by the buyer as envisaged in A4 fails to take the goods into its charge,

then, the buyer bears all risks of loss of or damage to the goods:
(i) from the agreed date, or in the absence of an agreed date,
(ii) from the date notified by the seller under A7 within the agreed period; or, if no such date has been notified, from the expiry date of any agreed period for delivery, provided that the goods have been clearly identified as the contract goods.

B6 Allocation of costs

The buyer must pay

a) all costs relating to the goods from the time they have been delivered as envisaged in A4, except, where applicable, the costs of customs formalities necessary for export, as well as all duties, taxes, and other charges payable upon export as referred to in A6 b);
b) any additional costs incurred, either because:
(i) the buyer fails to nominate a carrier or another person as envisaged in A4, or
(ii) the carrier or person nominated by the buyer as envisaged in A4 fails to take the goods into its charge, or
(iii) the buyer has failed to give appropriate notice in accordance with B7, provided that the goods have been clearly identified

as the contract goods; and

c) where applicable, all duties, taxes and other charges as well as the costs of carrying out customs formalities payable upon import of the goods and the costs for their transport through any country.

B7 Notices to the seller

The buyer must notify the seller of

a) the name of the carrier or another person nominated as envisaged in A4 within sufficient time as to enable the seller to deliver the goods in accordance with that article;

b) where necessary, the selected time within the period agreed for delivery when the carrier or person nominated will take the goods;

c) the mode of transport to be used by the person nominated;

and

d) the point of taking delivery within the named place.

B8 Proof of delivery

The buyer must accept the proof of delivery provided as envisaged in A8.

B9 Inspection of goods

The buyer must pay the costs of any mandatory pre-shipment of goods inspection, except when such inspection is mandated by the authorities of the country of export.

B10 Assistance with Information and related costs

The buyer must, in a timely manner, advise the seller of any security information requirements so that the seller may comply with A1Q.

> The buyer must reimburse the seller for all costs and charges incurred by the seller in providing or rendering assistance in obtaining documents and information as envisaged in A10.
>
> The buyer must, where applicable, in a timely manner, provide to or render assistance in obtaining for the seller, at the seller's request, risk and expense, any documents and information, including security-related information, that the seller needs for the transport and export of the goods and for their transport through any country.

B. 매수인의 의무

B1 매수인의 일반적 의무

매수인은 매매계약에서 제시된 대로 물품의 대금을 지급하여야 한다.

B1-B10에 언급된 어떤 서류라도 당사자 간에 합의가 있든가 또는 관습이 있다면, 동등한 전자기록이나 절차로 대체되어질 수 있다.

B2 허가, 인가, 보안통관 및 기타 절차

적용 가능한 경우에, 자신의 위험과 비용으로 어떤 수입인가 또는 기타 공적승인을 취득하고 그리고 물품의 수입과 제3국을 통과하여 운송하기 위하여 필요한 모든 통관절차를 수행하는 것은 매수인의 부담이다.

B3 운송계약과 보험계약

a) 운송계약

매수인은 자신의 비용으로 A3 a)항에서 규정된 대로 운송계약이 매도인에 의해서 행해진 때를 제외하고 지정된 인도장소로부터 물품운송을 위한 계약을 체결하여야 한다.

b) 보험계약

매수인은 매도인에게 보험계약을 체결할 의무가 없다.

B4 인도수령

매수인은 A4조에 규정된 대로 물품이 인도되었을 때 인도된 물품을 수령하여야 한다.

B5 위험의 이전

매수인은 물품이 A4조에 규정된 대로 인도되었을 때로부터 그 물품에 대한 멸실 또는 손상에 대한 모든 위험을 부담한다.

만약에

a) 매수인이 운송인이나 A4조에서 규정된 또 다른 사람에게 B7조 따른 통보(인도지점, 인도시간)를 하지 못하였거나; 또는
b) 운송인이나 A4조에 규정된 대로 매수인이 지정한 사람이 그 물품을 수령하지 못하였다면 매수인은 다음과 같은 때로부터 그 물품의 멸실 또 손상에 대한 모든 위험을 부담한다.
   (i) 합의된 일자로부터, 또는 합의된 일자가 없으면
   (ii) 합의된 기간 내에서 A7조에 따라 매도인이 통지한 날로부터 또는 만약 그러한 날자가 통지되지 않았다면
   (iii) 합의된 인도 기간의 만료일로부터 다만 그 물품은 계약물품으로서 분명히 특정되어야 한다.

B6 비용분담

매수인은 다음과 같은 비용을 지급해야 한다.

a) A4조에 규정된 대로 물품이 인도되었을 때로부터 그 물품에 관련된 모든 비용, 단 적용 가능한 경우에 수출에 필요한 통관절차 비용뿐만 아니라 모든 관세, 조세 그리고 A6조 b)항에 언급된 대로 수출시 지불 될

수 있는 모든 부과금은 제외한다.

b) 다음 사항 때문에 발생되는 어떠한 추가비용

(i) 매수인이 운송인이나 A4조에 규정된 대로 또 다른 사람의 지정을 하지 못하였거나 또는

(ii) 운송인이나 A4조에 규정된 대로 매수인이 지정한 사람이 물품을 수령하지 못하였거나 또는

(iii) 매수인이 B7조에 따른 적절한 통지(수령지점, 시간)를 하지 못하였기 때문에

다만 그 물품은 계약물품으로서 분명히 특정되어야 한다.

c) 적용 가능한 경우 모든 관세, 조세 그리고 물품 수입 시 지불 될 수 있는 통관절차 수행비용 그리고 제3국통과 운송을 위한 비용.

B7 매도인에 대한 통지

매수인은 다음과 같은 사실을 매도인에게 통지해야 한다.

a) 매도인이 그 조항에 따라서 물품을 인도할 수 있는 충분한 시간 내에 운송인이나 A4조에 규정된 대로 지정된 또 다른 사람의 성명

b) 필요한 경우에 운송인이나 지정된 사람이 물품을 수령하게 될 합의된 인도기간 내의 선택된 시간

c) 지정된 사람에 의해서 사용될 운송수단

d) 지정된 장소 내의 수령지점

B8 인도의 증거

매수이은 A8조에 규정된 대로 제시된 인도된 증거서류를 인수해야 한다.

B9 물품의 검사

매수인은 수출국의 당국에 의하여 실시되는 검사를 제외하고 이행된 선적 전 검사 비용을 지급하여야 한다.

B10 정보협조와 관련 비용

매수인은 시기적절한 방법으로 매도인이 A10조 규정에 일치하게 협조의무를 이행할 수 있도록 보안정보 요청에 대해서 매도인에게 통지해야 한다.

매수인은 A10조에 규정된 서류와 정보를 취득하는데 협조를 제공하거나 제시함에 있어서 매도인에게 발생되는 모든 비용과 부과금을 매도인에게 상환해야 한다.

매수인은 적용 가능한 경우 시기적절한 방법으로 매도인의 요청, 위험 그리고 비용으로 매도인이 물품의 운송과 수출 그리고 제3국통과 운송을 위하여 필요한 어떤 서류와 보안관련 정보를 포함한 모든 정보를 매도인을 위해서 취득함으로서 협조를 제공하거나 제시해야 한다.

사용시 유의 사항

FCA조건은 매도인은 매수인이 지정하는 운송인 또는 매수인에 의해서 지정된 사람에게 물품을 인도하면 의무가 완료되는 조건이다.

매수인에 의하여 지정되는 운송인은 복합운송의 경우에는 최초의 운송인을 말한다. 따라서 연속된 운송의 최초의 운송인은 철도운송인, 도로운송인, 선박운송인 등도 될 수 있다. 매도인이 자신의 차량으로 운반해줄 경우에는 운반차량에서 양하할 의무가 없고 매수인이 매도인의 영업구내로 수거용 차량을 보낼 경우에는 차량에 적치해 줄 의무는 있다. 기타 매도인의 의무는 수출인가 또는 승인취득을 해 주어야 하고 수출통관절차는 수행하여 하나 도착지까지의 운송계약이나 보험계약은 매수인이 하여야 한다.

이 조건은 주로 항공운송 컨테이너운송을 포함한 복합운송에 적합하다.

이 조건 B3조 b)항에 의하면 매수인은 매도인에게 보험계약을 체결해 줄 의무가 없다고 규정하고 있다. 이것은 인코텀즈규칙이 매수인의 매도인에 대한 권리의무관계를 규정하고 있기 때문에 그러한 의무가 없다고 규정하고 있으나 계약서에 달리 규정되어 있지 아니하면 매수인은 자신의 이익을 위하여 보험계약을 체결해야 한다. 왜냐하면 물품이 최초의 운송인에게 인도될 때 위험이 매수인에게 이전되기 때문이다.

이 조건은 점유권 및 소유권도 원칙적으로는 최초의 운송인에게 인도될 때 이전된다. 다만 L/C거래에 의한 서류인도조건일 때는 서류인도시에 이전된다고 봐야하겠다.

CPT (Carriage paid to)
운송비 지급 인도조건(CPT)

GUIDANCE NOTE

This rule may be used irrespective of the mode of transport selected and may also be used where more than one mode of transport is employed.

"Carriage Paid To" means that the seller delivers the goods to the carrier or another person nominated by the seller at an agreed place (if any such place is agreed between the parties) and that the seller must contract for and pay the costs of carriage necessary to bring the goods to the named place of destination.

When CPT, CIP, CFR or CIF are used, the seller fulfils its obligation to deliver when it hands the goods over to the carrier and not when the goods reach the place of destination.

This rule has two critical points, because risk passes and costs are transferred at different places. The parties are well advised to identify as precisely as possible in the contract both the place of delivery, where the risk passes to the buyer, and the named place of destination to which the seller must contract for the carriage. If several carriers are used for the carriage to the agreed destination and the parties do not agree on a specific point of delivery, the default position is that risk passes when the goods have been delivered to the first carrier at a point entirely of the seller's choosing and over which the buyer has no control. Should the parties wish the risk to pass at a later stage (e. g., at an ocean port or airport), they need to specify this in their contract of sale.

The parties are also well advised to identify as precisely as possible the point within the agreed place of destination, as the costs to that point are for the account of the seller. The seller is advised to procure contracts of carriage that match this choice precisely. If the seller incurs costs under its contract of carriage related to unloading at the named place of destination, the seller is not entitled to recover such costs from the buyer unless otherwise agreed between the parties.

CPT requires the seller to clear the goods for export, where applicable. However, the seller has no obligation to clear the goods for import, pay any import duty or carry out any import customs formalities.

■ 사용치침

이 규칙은 선택된 운송수단에 불구하고 사용될 수 있으며 하나 이상의 운송수단이 이용된 경우에도 역시 사용될 수 있다.

"운송비 지급 인도조건"이란 합의된 장소(만약에 그러한 장소가 당사자간에 합의가 되었다면)에서 운송인이나 매도인에 의해서 지정된 또 다른 사람에게 물품을 인도하고 그리고 매도인이 운송계약을 체결하고 지정된 목적장소까지 물품을 운반하기 위하여 필요한 운송비를 지급하는 것을 의미한다.

CPT, CIP, CFR 또는 CIF조건이 사용된 때에는 매도인은 물품을 운송인에게 인도한 때에 의무를 완성하는 것이고 그 물품이 목적지에 도착된 때에 완성하는 것이 아니다.

이 규칙은 각각 다른 장소에서 위험과 비용부담이 이전되기 때문에 두 개의 특정된 지점을 가지고 있다.

당사자들은 위험이 매수인에게 이전되는 인도장소와 매도인이 거기까지 운송계약을 체결하는 지정된 목적장소를 계약서에서 가능하면 정확하게 구분하여 통지를 받아야 한다.

만약에 여러 명의 운송인이 합의된 목적지까지 운송에 사용되고 당사자들이 특정한 운송지점을 합의하지 못하였다면 그 불이행으로 인해서 위험은 매도인이 선택하고 매수인은 관여하지 않은 최초의 운송인에게 물품이 전적으로 인도 되었을 때 이전된다. 만약에 당사자들이 다음 운송단계(예 항구나 공항)에서 위험이 이전되기를 바란다면 그러한 사실을 매매계약서에 명시할 필요가 있다.

당사자들은 그 지점까지 비용을 매도인이 부담하기 때문에 합의된 목적장소 내에서 인도지점을 가능한 한 정확하게 지정하도록 통지된다. 운송인은 이 선택한 조건에 정확히 부합될 수 있는 운송계약을 체결하도록 통지받아야 한다. 만약에 매도인이 지정된 목적장소에서 하역에 관련하여 운송계약서상의 비용을 부담한다면 매도인은 달리 당사자 간에 합의가 없는 한 매수인으로부터 그러한 비용을 회수할 수 없다.

CPT조건은 매도인이 적용 가능한 경우에 물품을 수출통관하도록 요청되고 있다 그러나 매도인은 물품을 수입통관 하거나 수입관세를 지불하거나 수입통관절차를 수행할 의무는 없다.

A. THE SELLER'S OBLIGATIONS	
A1	General obligations of the seller The seller must provide the goods and the commercial invoice in conformity with the contract of sale and any other evidence of conformity that may be required by the contract. Any document referred to in A1-A10 may be an equivalent electronic record or procedure if agreed between the parties or customary.

A2 Licences, authorizations, security clearances and other formalities

Where applicable, the seller must obtain, at its own risk and expense, any export licence or other official authorization and carry out all customs formalities necessary for the export of the goods, and for .their transport through any country prior to delivery.

A3 Contracts of carriage and insurance

a) Contract of carriage

The seller must contract or procure a contract for the carriage of the goods from the agreed point of delivery, if any, at the place of delivery to the named place of destination or, if agreed, any point at that place. The contract of carriage must be made on usual terms at the seller's expense and provide for carriage by the usual route and in a customary manner. If a specific point is not agreed or is not determined by practice, the seller may select the point of delivery and the point at the named place of destination that best suit its purpose.

b) Contract of insurance

The seller has no obligation to the buyer to make a contract of insurance. However, the seller must provide the buyer, at the buyer's request, risk, and expense (if any), with information that the buyer needs for obtaining insurance.

A4 Delivery

The seller must deliver the goods by handing them over to the carrier contracted in accordance with A3 on the agreed date or within the agreed period.

A5 Transfer of risks

The seller bears all risks of loss of or damage to the goods until they have been delivered in accordance with A.4, with the exception of loss or damage in the circumstances described in B5.

A6 Allocation of costs

The seller must pay

a) all costs relating to the goods until they have been delivered in accordance with A4, other than those payable by the buyer as envisaged in B6;
b) the freight and all other costs resulting from A3 a), including the costs of loading the goods and any charges for unloading at the place of destination that were for the seller's account under the contract of carriage; and
c) where applicable, the costs of customs formalities necessary for export, as well as all duties, taxes and other charges payable upon export, and the costs for their transport through any country that were for the seller's account under the contract of carriage.

A7 Notices to the buyer

The seller must notify the buyer that the goods have been delivered in accordance with A4.

The seller must give the buyer any notice needed in order to allow the buyer to take measures that are normally necessary to enable the buyer to take the goods.

A8 Delivery document

If customary or at the buyer's request, the seller must provide the buyer, at the seller's expense, with the usual transport document[s] for the transport contracted in accordance with A3.

This transport document must cover the contract goods and be dated within the period agreed for shipment, if agreed or customary, the document must also enable the buyer to claim the goods from the carrier at the named place of destination and enable the buyer to sell the goods in transit by the transfer of the document to a subsequent buyer or by notification to the carrier.

When such a transport document is issued in negotiable form and in several originals, a full set of originals must be presented to the buyer.

A9 Checking - packaging - marking

The seller must pay the costs of those checking operations (such as checking quality, measuring, weighing, counting) that are necessary for the purpose of delivering the goods in accordance with A4, as well as the costs of any pre-shipment inspection mandated by the authority of the country of export.

The seller must, at its own expense, package the goods, unless it is usual for the particular trade to transport the type of goods sold unpackaged. The seller may package the goods in the manner appropriate for their transport, unless the buyer has notified the seller of specific packaging requirements before the contract of sale is concluded, packaging is to be marked appropriately.

A10 Assistance with information and related costs

The seller muse, where applicable, in a timely manner, provide to or render assistance in obtaining for the buyer, at the buyer's request, risk and expense, any documents and information, including security-related information, that the buyer needs for the import of the goods and/or for their transport to the final destination.

The seller must reimburse the buyer for all costs and charges incurred by the buyer in providing or rendering assistance in obtaining documents and information as envisaged in B10.

A. 매도인의 의무

A1 매도인의 일반적 의무

매도인은 매매계약과 일치하게 물품과 상업송장과 계약서에서 요구될 수 있는 기타 일치증명서를 제출해야한다.

A1-A10에 언급된 어떤 서류라도 당사자 간에 합의가 있거나 관습이 있다면, 동등한 전자기록이나 절차로 대체될 수 있다.

A2 허가, 인가 보안통관 및 기타절차

적용 가능한 경우에, 매도인은 자신의 위험과 비용으로 모든 수출허가 또는 기타 공적인가을 취득하고 물품의 수출과 인도전 제3국을 통과하여 운송하는데 필요한 모든 통관절차를 수행하여야 한다.

A3 운송계약과 보험계약

a) 운송계약

매도인은 인도 장소에서 만약에 있다면 합의된 인도지점으로부터 지정된 목적지까지 만약 합의되었다면 그 장소의 어떤 지점까지 물품을 운송하기 위한 계약을 체결하거나 주선하여야 한다. 운송계약은 매도인의 비용으로 통상적인 조건으로 체결되어야 하고 그리고 통상적인 항로와 관습적인 방법으로 운송이 제공되어야한다. 만약에 특정한 지점이 합의되지 않았거나 또는 관습에 의해서 결정되지 않았다면 매도인은 인도지점과 그리고 그 목적에 가장 적합한 지정된 목적지에서의 수령지점을 선택할 수 있다.

b) 보험계약
매도인은 매수인에게 보험계약을 체결할 의무가 없다. 그러나 매도인은 매수인의 요청, 위험, 그리고 비용(있다면)으로서 매수인이 보험을 취득하는데 필요한 정보를 매수인에게 제공하여야 한다.

A4 인도

매도인은 합의된 일자 또는 합의된 기간 내에서 A3조에 따라서 체결된 운송인에게 물품을 교부함으로서 물품을 인도하지 않으면 안 된다.

A5 위험의 이전

매도인은 B5조(매수인 위험 부담)에 기술된 상황에서의 멸실 또는 손상은 제외하고 A4조에 따라서 물품이 인도될 때 까지 물품에 대한 멸실 또는 손상의 모든 위험을 부담한다.

A6 비용의 분담

매도인은 다음과 같은 비용을 지급하여야 한다.

a) B6조에 따라서 매수인에 의해서 지급 될 수 있는 것 외에 A4조에 따라서 물품이 인도될 때 까지 그 물품에 관한 모든 비용
b) 운임과 A3조 a)항에 따른 운송계약 하에서 매도인이 부담하는 물품의 선적비와 목적지에서의 하역에 관한 부과금을 포함한 모든 기타비용
c) 적용 가능한 경우에 수출에 필요한 통관비용뿐만 아니라 관세, 조세 그리고 수출시 지불될 수 있는 기타 부과금 그리고 운송계약상 매도인 부담인 제3국의 통과운송비

A7 매수인에 대한 통지

매도인은 A4조의 규정에 따라서 물품이 인도되었다는 사실을 매수인에게 통지해야 한다.

매도인은 매수인이 물품을 취득할 수 있도록 하는데 일반적으로 필요한 조치를 취하기 위하여 필요한 모든 통지를 매수인에게 하여야 한다.

A8 인도서류

관습이나 매수인의 요청이 있으면 매도인은 자신의 비용으로 A3조에 따라서 체결된 운송을 위한 통상적인 운송서류들을 매수인에게 제시하여야 한다.

이 운송서류는 계약된 물품을 표시하고 있어야 하고 그리고 합의된 선적기간내로 일부(日附)되어야 한다. 만약에 합의나 관습이 있으면 그 서류는 매수인이 지정된 목적지에서 운송인으로부터 물품을 청구 할 수 있어야 한다. 그리고 매수인이 후속 매수인에게 서류를 양도하거나 또는 운송인에게 통지함으로서 운송 중인 물품을 판매할 수 있어야 한다.

그러한 운송서류가 양도가능 형태로서 여러 개의 원본으로 발행되었을 때에는 원본 전통이 매수인에게 제시되어야 한다.

A9. 점검, 포장, 화인(貨印)

매도인은 A4조에 따라서 물품을 인도하는 목적에 필요한 모든 점검업무(예, 품질, 용적, 중량 수량 점검 등)에 관한 비용뿐만 아니라 수출국가 당국에 의하여 수행되는 선적 전 검사 비용을 지급해야 한다.

매도인은 자신의 비용을 비포장상태로 판매되는 형태의 물품을 운송하는 특별한 거래가 아닌 한 그 물품을 포장하여야 한다. 매도인은 매수인이 매매계약이 체결되기 전에 특별포장요청을 통지 하지 않는 한 그 운송에 적절한 방법으로 물품을 포장할 수 있다. 포장에는 적절하게 화인(貨印)이 되어야 한다.

A10 정보협조와 관련비용

매도인은 적용 가능한 경우에 시기적절한 방법으로 매수인의 요청, 위험 그리고 비용으로 매수인이 물품을 수입하거나 최종목적지까지 운송하는데 필요한 모든 서류와 보안관련 정보를 포함한 정보를 매수인을 위하여 취득함으로서 협조를 제공하여야 한다.

매도인은 B10조에 규정된 서류와 정보를 취득하는데 협조를 제공하거나 제시함에 있어서 매수인에게 발생되는 모든 비용과 부과금에 대해서 매수인에게 상환해야 한다.

B. THE BUYER'S OBLIGATIONS	
B1	General obligations of the buyer The buyer must pay the price of the goods as provided in the contract of sale. Any document referred to in B1-B10 may be an equivalent electronic record or procedure if agreed between the parties or customary.
B2	Licences, authorizations, security clearances and other formalities Where applicable, it is up to the buyer to obtain, at its own risk and expense, any import licence or other official authorization and carry out all customs formalities for the import of the goods and for their transport through any country.
B3	Contracts of carriage and Insurance a) Contract of carriage The buyer has no obligation to the seller to make a contract of carriage.

b) Contract of insurance

The buyer has no obligation to the seller to make a contract of insurance. However, the buyer must provide the seller, upon request, with the necessary information for obtaining insurance.

B4 Taking delivery

The buyer must take delivery of the goods when they have been delivered as envisaged in A4 and receive them from the carrier at the named place of destination.

B5 Transfer of risks

The buyer bears all risks of loss of or damage to the goods from the time they have been delivered as envisaged in A4.

If the buyer fails to give notice in accordance with B7, it must bear all risks of loss of or damage to the goods from the agreed date or the expiry date of the agreed period for delivery, provided that the goods have been clearly identified as the contract goods.

B6 AI location of costs

The buyer must, subject to the provisions of A3 a), Pay

a) all costs relating to the goods from the time they have been delivered as envisaged in A4, except, -where applicable, the costs of customs formalities necessary for export, as well as all duties, taxes, and other charges payable upon export as referred to in A6 c);
b) all costs and charges relating to the goods while in transit until their arrival at the agreed place of destination, unless such costs and charges were for the seller's account under the contract of carriage;

c) unloading costs, unless such costs were for the seller's account under the contract of carriage;

d) any additional costs incurred if the buyer fails to give notice in accordance with B7, from the agreed date or the expiry date of the agreed period for dispatch, provided that the goods have been clearly identified as the contract goods; and

e) where applicable, all duties, taxes and other charges, as well as the costs of carrying out customs formalities payable upon import of the goods and the costs for their transport through any country, unless included within the cost of the contract of carriage.

B7 Notices to the seller

The buyer must, whenever it is entitled to determine the time for dispatching the goods and/or the named place of destination or the point of receiving the goods within that place, give the seller sufficient notice thereof.

B8 Proof of delivery

The buyer must accept the transport document provided as envisaged in A8 if it is in conformity with the contract.

B9 Inspection of goods

The buyer must pay the costs of any mandatory pre-shipment inspection, except when such inspection is mandated by the authorities of the country of export.

B10 Assistance with information and related costs

The buyer must, in a timely manner, advise the seller of any security information requirements so that the seller may comply with A10.

The buyer must reimburse the seller for all costs and charges incurred by the seller in providing or rendering assistance in obtaining documents and information as envisaged in A10.

The buyer must, where applicable, in a timely manner, provide to or render assistance in obtaining for the seller, at the seller's request, risk and expense, any documents and information, including security-related information, that the seller needs for the transport and export of the goods and for their transport through any country.

B. 매수인의 의무

B1 매수인의 일반적 의무

매수인은 매매계약에서 제시된 대로 물품의 대금을 지급하여야 한다.

B1 - B10조에서 언급된 어떠한 서류라도 당사자 간에 합의되었거나 관습이 있으면 동등한 전자기록이나 절차로 대체될 수 있다.

B2 허가, 인가, 보안통관 및 기타 절차

적용 가능한 경우에 자신의 위험과 비용으로 수입허가 또는 기타 공적인가를 취득하고 그리고 물품수입과 제3국 통과운송을 위한 모든 통관절차를 수행하는 것은 매수인 부담이다.

B3 운송계약과 보험계약

a) 운송계약

매수인은 매도인에게 운송계약을 체결할 의무가 없다.

b) 보험계약

매수인은 매도인에게 보험계약을 체결할 의무가 없다. 그러나 매수인은 요청이 있으면 매도인에게 보험취득을 위하여 필요한 정보를 제공하여야 한다.

B4 인도의 수령

매수인은 A4조에서 규정된 대로 물품이 인도되었을 때에 그 물품을 수령하여야 한다. 그리고 지정된 목적지에서 운송인으로부터 물품을 수취하여야 한다.

B5 위험의 이전

매수인은 A4조에 따라서 물품이 인도되었을 때로부터 그 물품에 대한 멸실 또는 손상의 모든 위험을 부담한다.

만약에 매수인이 B7조에 따른 통지(선적시간, 도착지, 물품 수령지점 통지)를 하지 못하였다면 합의된 일자 또는 합의된 인도 기간의 만료일로부터 그 물품의 멸실 또는 손상에 대한 모든 위험을 부담한다. 그 물품은 계약물품으로서 분명히 특정되어야 한다.

B6 비용의 분담

매수인은 A3조 a)항의 규정에 따라 다음과 같은 비용을 지급해야 한다.

a) A4조에 규정된 대로 물품이 인도된 때로부터 물품에 관한 모든 비용, 다만 적용 가능한 경우에 수출에 필요한 통관절차 비용뿐만 아니라 모든 관세, 조세 그리고 A6조 c)항에 언급된 수출시 지불될 수 있는 기타 공과금은 제외한다.

b) 운송계약서에 매도인 부담이라고 되어 있지 않는 한 합의된 목적지에 도착할 때 까지 운송 중의 물품에 관한 모든 비용과 부대비용

c) 운송계약서에서 그러한 비용이 매도인 부담이라고 되어 있지 않는 한 양하비

d) 매도인이 발송을 위한 합의된 일자 또는 합의된 기간의 만료일로부터 B7조에 따라서 통지하지 못한 경우에 발생된 모든 추가 비용, 단 그 물품은 계약물품으로서 분명히 특정되어야 한다. 그리고
e) 적용 가능한 경우에 모든 관세, 조세 그리고 기타 부과금 분만 아니라 만일 운송계약서에 비용에 포함되어 있지 않다면 물품 수입 시에 지불될 수 있는 통관절차 수행비용과 제3국통과 운송비용.

B7 매도인에게 통지

매수인은 자신이 물품의 발송시간, 합의된 도착 장소 또는 그 장소 내에서 물품의 수령지점을 결정해야 할 권한이 부여된 때에는 언제든지 매도인에게 그에 관한 충분한 통지를 하여야 한다.

B8 인도증명

매수인은 A8조에 규정된 대로 제시된 운송서류가 계약서와 일치한다면 인수해야 한다.

B9 물품검사

매수인은 위임된 선적 전 검사가 수출국의 당국에 의해서 수행된 때를 제외하고 그 검사 비용을 지급해야 한다.

B10 정보협조와 관련비용

매수인은 시기적절하게 매도인이 A10조에 일치하게 협조의무를 할 수 있도록 보안정보 요청에 대해서 매도인에게 통지하여야 한다.

매수인은 A10조 규정된 대로 서류와 정보를 취득하여 협조를 제공하거나 제시함에 있어서 매도인에게 발생되는 모든 비용과 부과금을 매도인에게 상환해야 한다.

매수인은 적용 가능한 경우에 시기적절하게 매도인의 요청, 위험과 비용도 매도인이 물품의 운송과 수출 그리고 제3국 통과운송을 위하여 필요한 서류와 보안관련 정보를 포함한 정보를 취득하는 협조를 제공하거나 제시하여야 한다.

사용시 유의 사항

이 CPT조건은 FCA 조건과 유사하나 매도인이 도착지까지 운송계약을 체결하고 운송비는 부담하는 것에 차이점이 있다. CFR 조건에 타당하지 않을 경우 CPT 조건을 사용해야 한다. 즉 이 CPT조건은 위험이전, 점유이전이 최초의 운송인에게 물품이 인도된 때 이전한다. 그러나 도착지까지의 운송계약을 체결하고 운임은 매도인이 부담하는 것이 다르다고 할 수 있다.

목적지까지 보험계약은 매수인이 부담해야 하는데 B3조 b)항에는 매수인은 보험계약의 체결의무가 없다고 규정되어 있다. 그러나 매수인의 매도인에 대한 보험계약체결의무는 없지만 위험이 최초의 운송인에게 이전될 때 자신에게 이전되므로 자신의 이익을 위하여 목적지까지 보험계약을 체결해야 한다. 이 조건은 컨테이너와 항공운송 및 복합운송에 적절한 조건이라고 할 수 있다.

CIP(Carriage and Insurance paid to)
운임과 보험료 지급 조건(CIP)

GUIDANCE NOTE

This rule may be used irrespective of the mode of transport selected and may also be used where more than one mode of transport is employed.

"Carriage and Insurance Paid to" means that the seller delivers the goods to the carrier or another person nominated by the seller at an agreed place (if any such place is agreed between the parties) and that the seller must contract for and pay the costs of carriage necessary to brine the goods to the named place of destination.

The seller also contracts for insurance cover against the buyer's risk of loss of or damage to the goods during the carriage. The buyer should note that under CIP the seller is required to obtain insurance only on minimum cover. Should the buyer wish to have more insurance protection, it will need either to agree as much expressly with the seller or to make its own extra insurance arrangements.

When CPT, CIP, CFR or CIF are used, the seller fulfills its obligation to deliver when it hands the goods over to the carrier and not when the goods reach the place of destination.

This rule has two critical points, because risk passes and costs are transferred at different places. The parties are well advised to identify as precisely as possible in the contract both the place of delivery, where the risk passes to the buyer, and the named place of destination to which the seller must contract for carriage. If several carriers are used for the carriage to the agreed destination and the parties do not agree on a specific point of delivery, the default position is that risk passes when the goods have been delivered to the first carrier at a point entirely of the seller's choosing and over which the buyer has no control, Should the parties wish the risk to pass at a later stage (e. g., at an ocean port or an airport), they need to specify this in their contract of sale.

The parties are also well advised to identify as precisely as possible the point within the agreed place of destination, as the costs to that point are for the account of the seller. The seller is advised to procure contracts of carriage that match this choice precisely. If the seller incurs costs under its contract of carriage related to unloading at the named place of destination, the seller is not entitled to recover such costs from the buyer unless otherwise agreed between the parties.

CIP requires the seller to clear the goods for export, where applicable. However, the seller has no obligation to clear the goods for import, pay any import duty or carry out any import customs formalities.

■ 사용지침

이 규칙은 선택된 운송형태에 불문하고 사용될 수 있으며 하나 이상의 운송형태가 이용되는 경우에도 역시 사용될 수 있다.

"운임과 보험료 지급 조건"이란 매도인이 합의된 장소(만약 당사자 간에 합의가 있다면)에서 운송인이나 매도인에 의해서 지정한 또 다른 사람에게 물품을 인도하고 그리고 매도인이 물품을 지정된 목적지까지 운반하는데 필요한 운송비를 지급하는 것을 의미한다.

매도인은 운송 중에 그 물품의 멸실 또는 손상에 대한 매수인의 위험에 대해서 보험의 부보를 위한 계약을 체결한다. 매수인은 CIP조건하에서는 매도인이 최소한의 담보로 보험을 가입하도록 요구되고 있다는 것을 통지해야 한다. 만약 매수인이 더 많은 보험의 담보를 원한다면 매도인과 그에 관한 분명히 합의하거나 또는 자신의 추가보험을 준비를 해야 한다.

CPT, CIP, CFR 또는 CIF조건이 사용된 때에는 매도인은 물품을 운송인에게 인도한 때에 자신의 인도의무를 완성하는 것이고 그 물품이 목적지에 도착된 때에 완성하는 것은 아니다. 이 규칙은 비용과 위험이 각각 다른 장소에서 이전되기 때문에 2개의 결정적인 지점을 가지고 있다.

당사자들은 위험이 매수인에게 이전되는 인도장소와 매도인이 거기까지 운송계약을 체결해야 하는 지정된 목적지를 계약서에 가능한 한 자세하게 구별하도록 통지 받아야 한다. 그 불이행의 결과로는 전적으로 매도인이 선택하고 매수인은 관여하지 않는 지점에서 첫 번째 운송인에게 물품이 인도된 때에 위험이 이전된다. 만약에 당사자들이 다음 운송단계(예, 항구, 또는 공항)에서 위험이 이전되기를 바란다면 이러한 사실을 매매계약서에 규정할 필요가 있다.

당사자들은 합의된 목적지 내에서 특정지점까지의 비용이 매도인 부담이므로 그 지점을 가능한 한 자세하게 특정하도록 통지 받는다. 매도인은 이러한 선택된 조건에 정확하게 부합될 수 있는 운송계약을 주선하도록 통지받는다. 만약에 매도인이 운송계약서에 합의된 목적지에서 양하에 관한 비용을 포함시킨다면, 매도인은 당사자 간에 합의가 없는 한 매수인으로부터 그러한 비용을 회수 할 수 없다.

CIP조건은 적용 가능한 경우에 매도인이 물품의 수출통관을 하도록 요구된다.

그러나 매도인은 물품의 수입통관을 하고 수입관세를 지급하거나 수입통관 절차를 이행할 의무는 없다.

A. THE SELLER'S OBLIGATIONS	
A1	General obligations of the seller The seller must provide the goods and the commercial Invoice In conformity with the contract of sale and any other evidence of conformity that may be required by the contract. Any document referred to In A1-A10 may be an equivalent electronic record or procedure if agreed between the parties or customary
A2	Licences, authorizations, security clearances and other formalities Where applicable, the seller must. obtain, at its own risk and expense, any export licence or other official authorization and carry out all customs formalities necessary for the export of the goods and for their transport through any country prior to delivery.
A3	Contracts of carriage and insurance a) Contract of carriage The seller must contract or procure a contract for the carriage of the goods from the agreed point of delivery, if any, at the place of delivery to the named place of destination or, if agreed, any point at that place. The contract of carriage must be made on usual terms at the seller's expense and provide for carriage by the usual route and in a customary manner. If a specific point is not agreed or is not determined by practice, the seller may select the point of delivery and the point at the named place of destination that best suit its purpose. b) Contract of insurance The seller must obtain at its own expense cargo insurance complying at least with the minimum cover as provided by

Clauses (C) of the institute Cargo Clauses (LMA/IUA) or any similar clauses. The insurance shall be contracted with underwriters or an insurance company of good repute and entitle the buyer, or any other person having an insurable interest in the goods, to claim directly from the insurer.

When required by the buyer, the seller shall, subject to the buyer providing any necessary information requested by the seller, provide at the buyer's expense any additional cover, if procurable, such as cover as provided by Clauses (A) or (B) of the Institute Cargo Clauses (LMA/IUA) or any similar clauses, and/or cover complying with the Institute War Clauses and/or Institute Strikes Clauses (LMA/IUA) or any similar clauses.

The insurance shall cover, at a minimum, the price provided in the contract plus 10% (i. e., 110%) and shall be in the currency of the contract.

The insurance shall cover the goods from the point of delivery set out in A4 and A5 to at least the named place of destination.

The seller must provide the buyer -with the insurance policy or other evidence of insurance cover.

Moreover, the seller must provide the buyer, at the buyer's request, risk, and expense (if any), with information that the buyer needs to procure any additional insurance.

A4 Delivery

The seller must deliver the goods by handing them over to the carrier contracted in accordance with A3 on the agreed date or within the agreed period.

A5 Transfer of risks

The seller bears all risks of loss of or damage to the goods until they have been delivered in accordance with A4, with the exception of loss or damage in the circumstances described in B5.

A6 Allocation of costs

The seller must pay

a) all costs relating to the goods until they have been delivered in accordance with A4, other than those payable by the buyer as envisaged in B6;

b) the freight and all other costs resulting from A3 a), including the costs of loading the goods and any charges for unloading at the place of destination that were for the seller's account under the contract of carriage;

c) the costs of insurance resulting from A3 b); and

d) where applicable, the costs of customs formalities necessary for export, as well as all duties, taxes and other charges payable upon export, and the costs for their transport through any country that were for the seller's account under the contract of carriage.

A7 Notices to the buyer

The seller must notify the buyer that the goods have been delivered in accordance with A4.

The seller must give the buyer any notice needed in order to allow the buyer to take measures that are normally necessary to enable the buyer to take the goods.

A8 Delivery document

If customary or at the buyer's request, the seller must provide the buyer, at the seller's expense, with the usual transport document[s] for the transport contracted in accordance with A5.

This transport document must cover the contract goods and be dated within the period agreed for shipment, if agreed or customary, the document must also enable the buyer to claim the goods from the carrier at the named place of destination and enable the buyer to sell the goods in transit by the transfer of the document to a subsequent buyer or by notification to the carrier.

When such a transport document is issued in negotiable form and in several originals, a full set of originals must be presented to the buyer.

A9 Checking - packaging - marking

The seller must pay the costs of those checking operations (such as checking quality, measuring, weighing, counting) that are necessary for the purpose of delivering the goods in accordance with A4 as well as the costs of any pre-shipment inspection mandated by the authority of the country of export.

The seller must, at its own expense, package the goods, unless it is usual for the particular trade to transport the type of goods sold unpackaged. The seller may package the goods in the manner appropriate for their transport, unless the buyer has notified the seller of specific packaging requirements before the contract of sale is concluded, packaging is to be marked appropriately.

A10 Assistance with information and related costs

The seller must, where applicable, in a timely manner, provide to or render assistance in obtaining for the buyer, at the buyer's request, risk and expense, any documents and information, including security-related information, that the buyer needs for the import of the goods and/or for their transport to the final destination. The seller must reimburse the buyer for all costs and charges incurred by the buyer in providing or rendering assistance in obtaining documents and information as envisaged in B10.

A. 매도인의 의무

A1 매도인의 일반적인 의무

매도인은 매매계약서에 일치한 물품과 상업송장 그리고 계약서에서 요구될 수 있는 기타 일치 증명서를 제공하여야 한다.

A1 - A10조에서 언급된 어떤 서류라도 당사자 간에 합의가 되든가 관습이 있다면 동등한 전자기록과 절차로서 대체될 수 있다.

A2 허가, 공적인가, 보안통관 및 기타 절차

적용 가능한 경우에 매도인은 자신의 위험과 비용으로 수출인가 또는 기타 공적인가를 취득하여야 한다. 그리고 물품의 수출통관과 인도전 제3국을 통과하여 운송하기 위한 필요한 통관절차를 이행하여야 한다.

A3 운송계약과 보험계약

a) 매도인은 운송계약에 합의된 인도장소에서 만약에 합의되어 있다면 합의된 인도지점에서부터 지정된 어떤 지점까지 물품의 운송을 위한 계약을 체결하거나 주선하여야 한다. 운송계약은 매도인의 비용으로 통상적인 조건으로 체결되어야 하고 그리고 통상적인 항로와 관습적인

방법으로 운송을 제공하여야 한다. 만약에 특정한 지점이 합의되지 않든가 또는 관습에 의하여 결정되지 않았다면 매도인은 그 목적에 적합한 인도지점과 지정된 목적지에서 수령지점을 선택할 수 있다.

b) 보험계약

매도인은 자신의 비용으로 런던보험자협회 적하약관(로이즈시장협회/국제보험협회)의 (C)조건에서 제공되는 적어도 최소한의 부보와 일치하는 적하보험이나 그와 유사한 조건으로 부보하여야 한다. 보험은 명성있는 보험인수업자나 보험회사와 계약되어야 한다. 그리고 매수인이나 또 다른 지정된 사람이 그 물품의 피보험이익을 보험자로부터 직접 청구할 수 있는 권한이 부여되어야 한다.

매수인의 요청이 있을 때에는 매도인은 매수인이 요청하는 필요한 정보를 제공한다는 조건으로 매수인의 비용으로 만약에 주선 가능하다면 ICC(A)또는 ICC(B)조건에 의한 부보나 협회약관의 전쟁약관 또는 동맹파업약관 또는 그와 유사한 부보조건으로 추가 부보를 제공한다. 보험은 최소한 부보조건으로 계약서금에 10%를 합한 (예 110%) 가격으로 부보 되어야 하고 그리고 계약서의 통화로 작성되어야 한다.

보험은 A4조와 A5조에 규정된 인도장소로부터 적어도 합의된 목적지까지 물품을 부보 해야 한다.

매도인은 매수인에게 보험증권이나 기타 부보증명서를 제공하여야 한다. 또한 매도인은 매수인의 요청, 위험과 비용으로(만약 있다면) 보험증권이나 기타 부보증명서를 제공하여야 한다. 또한 매도인은 매수인의 요청, 위험과 비용으로(만약 있다면) 매수인이 추가보험을 가입하는데 필요한 정보를 매수인에게 제공하여야 한다.

A4 인도

매도인은 합의된 일자 또는 합의된 기간 내에서 A3조에 따라서 체결된 운송인에게 물품을 교부함으로서 물품을 인도해야 한다.

A5 위험이전

매도인은 B5조에 기술된 상황에서 멸실 또 손상은 제외하고 A4조에 따라서 물품이 인도되었을 때 까지 물품에 대한 멸실 또는 손상의 모든 위험을 부담한다.

A6 비용분담

매도인은 다음과 같은 비용을 지급해야한다.

a) B6조에 규정된 대로 매수인에 의해서 지불될 수 있는 것은 제외하고 A4조에 따라서 물품이 인도될 때 까지 그 물품에 관한 모든 비용
b) 운임과 A3조 a)항에 의한 기타 비용뿐만 아니라 운송계약에서 매도인 부담으로 된 물품의 선적비용과 목적지에서 양하비용
c) A3조 b)항에 의한 보험비용, 그리고
d) 적용 가능한 경우에 수출에 필요한 통관절차 비용뿐만 아니라 관세, 조세 및 수출시 지불될 수 있는 부과금 그리고 운송계약에서 매도인 부담으로 된 제3국통과 운송비용

A7 매수인에 대한 통지

매도인은 물품이 A4조에 따라서 인도되었다는 것을 매수인에게 통지해야한다.

매도인은 매수인이 물품을 수령할 수 있는데 일반적으로 필요한 절차를 취할 수 있도록 하는데 요구되는 모든 통지를 매수인에게 하여야 한다.

A8 인도서류

만약 관습이나 매수인의 요청이 있으면, 매도인은 자신의 비용으로 A3조에 따라서 체결된 운송을 위한 통상적인 운송서류를 매수인에게 제공하여야 한다.

이러한 운송서류는 계약물품을 표시해야하고 그리고 선적을 위한 합의된 기간 내로 일부(日附)되어야 한다. 만약 합의가 있거나 관습이 있다면 그 운송서류는 매수인이 합의된 목적지에서 운송인으로부터 물품을 청구 할 수

있어야 한다. 그리고 매수인이 후속된 매수인에게 서류를 양도하거나 또는 운송인에게 통지함으로서 운송 중인 물품을 판매할 수 있어야 한다. 그러한 운송서류가 양도가능 형태로 여러 개의 원본으로 발행되었을 때는 원본 전통이 매수인에게 제시되어야 한다.

A9 점검, 포장, 화인(貨印)

매도인은 A4조에 따라서 물품을 인도할 목적에 필요한 점검업무(예 품질, 용적, 중량, 수량점검)의 비용뿐만 아니라 수출국의 당국에 의해서 수행되는 선적 전 검사비용을 지급해야 한다.

매도인은 자신의 비용으로 만약에 비포장상태로 판매되는 그런 형태의 물품을 운송하는 특별한 거래가 아닌 한 물품을 포장하여야 한다. 매도인은 만약에 매수인이 매매계약체결 전에 매도인이게 특별포장 요청을 통지하지 않는 한 그 운송에 적절한 방법으로 물품을 포장하여야 한다. 매도인은 만약에 매수인이 매매계약 체결 전에 매도인에게 특별포장 요청을 통지하지 않는 한 그 운송에 적절한 방법으로 물품을 포장할 수 있다. 포장은 적절하게 화인(貨印)이 되어야 한다.

A10 정보협조와 관련비용

매도인은 적용 가능한 경우에 시기적절한 방법으로 매수인의 요청, 위험과 비용으로 매수인이 물품의 수입이나 최종목적지 까지 운송을 위하여 필요한 운송서류와 보안관련 정보를 포함한 정보를 매수인을 위하여 취득하는 협조를 제공하거나 제시하여야 한다.

매도인은 B10조에 규정된 서류와 정보를 취득하는 협조를 제공하거나 제시하는 매수인에게 발생되는 모든 비용과 부대비용에 대하여 매수인에게 상환해야 한다.

B. THE BUYER'S OBLIGATIONS	
B1	General obligations of the buyer The buyer must pay the price of the goods as provided in the contract of sale. Any document referred to in B1-B10 may be an equivalent electronic record or procedure if agreed between the parties or customary.
B2	Licences, authorizations, security clearances and other formalities Where applicable, it is up to the buyer to obtain, at its own risk and expense, any import licence or other official authorization and carry out all customs formalities for the import of the goods and for their transport through any country.
B3	Contracts of carriage and Insurance a) Contract of carriage The buyer has no obligation to the seller to make a contract of carriage. b) Contract of insurance The buyer has no obligation to the seller to make a contract of insurance. However, the buyer must provide the seller, upon request, with any information necessary for the seller to procure any additional insurance requested by the buyer as envisaged in A3 b).
B4	Taking delivery The buyer must take delivery of the goods when they have been delivered as envisaged in A4 and receive them from the carrier at the named place of destination.

B5 Transfer of risks

The buyer bears all risks of loss of or damage to the goods from the time they have been delivered as envisaged in A4.

If the buyer fails to give notice in accordance with B7, it must bear all risks of loss of or damage to the goods from the agreed date or the expiry date of the agreed period for delivery, provided that the goods have been clearly identified as the contract goods.

B6 Allocation of costs

The buyer must, subject to the provisions of A 3a), pay

a) all costs relating to the goods from the time they have been delivered as envisaged in A4, except, where applicable, the costs of customs formalities necessary for export, as well as all duties taxes and other charges payable upon export as referred to in A6 d);
b) all costs and charges relating to the goods while in transit until their arrival at the agreed place of destination, unless such costs and charges were for the seller's account under the contract of carriage;
c) unloading costs, unless such costs were for the seller's account under the contract of carriage;
d) any additional costs incurred if it fails to give notice in accordance with B7, from the agreed date or the expiry date of the agreed period for dispatch, provided that the goods have been clearly identified as the contract goods;
e) where applicable, all duties, taxes and other charges as well as the costs of carrying out customs formalities payable upon import of the goods and the costs for their transport through any country, unless included within the cost of the contract of carriage; and

f) the costs of any additional insurance procured at the buyer's request under A3 and B3.

B7 Notices to the seller

The buyer must, whenever it is entitled to determine the time for dispatching the goods and/or the named place of destination or the point of receiving the goods within that place, give the seller sufficient notice thereof.

B8 Proof of delivery

The buyer must accept the transport document provided as envisaged in A8 if it is in conformity with the contract.

B9 Inspection of goods

The buyer must pay the costs of any mandatory pre-shipment inspection, except when such inspection is mandated by the authorities of the country of export.

B10 Assistance with Information and related costs

The buyer must, in a timely manner, advise the seller of any security information requirements so that the seller may comply with A10.

The buyer must reimburse the seller for all costs and charges incurred by the seller in providing or rendering assistance in obtaining documents and information as envisaged in A10.

The buyer must, where applicable, in a timely manner, provide to or render assistance in obtaining for the seller, at the seller's request, risk and expense, any documents and information, including security-related information, that the seller needs for the transport and export of the goods and for their transport through any country.

B. 매수인 의무

B1 매수인의 일반적 의무

매수인은 매매계약서에 제시된 대로 물품의 대금을 지급해야 한다.

B1-B10조에 언급된 어떤 서류라도 당사자 간에 합의가 있든가 관습이 있으면 동등한 전자기록이나 절차로서 대체될 수 있다.

B2 허가, 공적인가, 보안통관 및 기타 절차

적용가능한 경우에 자신의 위험과 비용으로 어떠한 수입허가나 기타 공적인가를 취득하거나 물품의 수입과 제3국통과를 위한 모든 통관절차를 수행하는 것은 매수인의 부담이다.

B3 운송계약과 보험계약

a) 운송계약

매수인은 매도인에게 운송계약을 체결할 의무가 없다.

b) 매수인은 매도인에게 보험계약을 체결할 의무가 없다. 그러나 매수인은 매도인으로부터 요청이 있으면 매도인이 A3조 d항에 규정된 대로 매수인에 의해서 요구되는 어떠한 추가보험을 가입하기 위하여 매도인에게 필요한 어떠한 정보라도 제공하여야 한다.

B4 인도의 수령

매수인은 A4조에 규정된 대로 물품이 인도 되었을 때 그 물품을 수령해야 하고 지정된 목적지에서 운송인으로부터 물품을 수거해야 한다.

B5 위험의 이전

매수인은 물품이 A4조에 규정된 대로 인도되었을 때로부터 그 물품에 대한 멸실 또는 손상에 대한 모든 위험을 부담한다.

만약에 매수인이 B7조에 따른 통지를 하지 못하였다면 매수인은 인도를 위한 합의된 일자 또는 합의된 기간의 만료일로부터 그 물품에 대한 멸실 또는 손상에 대한 모든 위험을 부담해야 한다. 단 그 물품은 계약물품으로서 분명히 특정되어야 한다.

B6 비용의 분담

매수인은 A3조 a)항에 근거하여 다음과 같은 비용을 지급해야 한다.

a) A4조에 따라서 물품이 인도될 때 까지 그 물품에 관한 모든 비용. 단, 적용 가능한 경우에, 수출에 필요한 통관절차비용 뿐만 아니라 모든 관세, 조세 그리고 기타 A6조 d)항에서 언급된 수출시 지불 될 수 있는 기타 부과금은 제외된다.
b) 만약에 운송계약서에서 매도인 부담이라고 되어 있지 않는 한, 합의된 목적지에 도착 할 때 까지 운송중인 물품에 대한 모든 비용과 부과금
c) 운송계약에서 매도인 부담으로 되어 있지 않는 한 하역비용
d) 만약 매수인이 B7조에 따라서 통지를 하지 못했다면 발송을 위하여 합의된 일자 또는 합의된 기간의 만료일로부터 발생되는 모든 추가비용, 단 그 물품은 계약물품으로서 분명히 특정되어야 한다.
e) 적용 가능한 경우에 물품 수입 시 지불 될 수 있는 모든 관세, 조세 그리고 기타 부과금 뿐만 아니라 통관절차 수행비용과 운송계약 비용에 포함되지 않는 한 제3국 통과운송을 위한 비용 그리고
f) A3조와 B3조에서 매수인 요청으로 가입되는 추가 보험비용

B7 매도인에 대한 통지

매수인은 물품 발송을 위한 시간과 지정된 목적장소 또는 그 장소 내에서 물품을 수령할 지점을 결정할 권한이 부여된 때에는 매도인에게 그에 대한 충분한 통지를 해야 한다.

B8 인도의 증거

매수인은 A8조 규정된 대로 제시된 운송서류가 계약서와 일치한다면 인수해야 한다.

B9 물품의 검사

매수인은 수출국의 당국에 의하여 이행되는 경우를 제외하고 수행된 선적 전 검사비용을 지급해야 한다.

B10 정보 협조와 관련비용

매수인은 시기적절한 방법으로 매도인이 A10조와 일치하게 협조 의무를 이행할 수 있도록 어떤 보안정보 요청에 대해서 매도인에게 통지해 주어야 한다.

매수인은 A10조에 규정된 대로 서류와 정보를 취득하는 협조를 제공하거나 제시하는 매도인에게 발생되는 모든 비용과 부과금에 대하여 매도인에게 상환해야 한다.

매수인은 적용 가능한 경우에 시기적절한 방법으로 매도인의 요청, 위험과 비용으로 매도인이 물품의 운송과 수출 그리고 제3국통과 운송을 위하여 필요한 모든 서류와 보안관련 정보를 포함한 모든 정보를 매도인을 위하여 취득하는 협조를 제공하거나 제시하여야 한다.

사용시 유의 사항

이 CIP조건은 인도시점이 최초의 운송인에게 인도되었을 때 물품인도가 일어난다. 위험부담도 이때까지만 매도인이 책임진다. 다만 도착지까지 운송비와 보험료를 매도인이 책임지고 수출인가 및 수출통관절차도 매도인이 수행해야 한다. 항공운송, 컨테이너 포함 복합운송에 적당하다. CIF조건을 사용할 수 없는 경우에 CIP조건을 사용해야한다.

다른 조건은 CPT조건과 동일하게 해석된다. CIF조건이 적당하지 아니한 경우는 컨테이너운송, 항공운송 또는 복합운송의 경우이다. 현실적으로는 컨테이너운송, 항공운송 또는 복합운송의 경우에도 CIF조건을 사용하는 예가 많으나 이번 Incoterms® 2010에는 CIF조건을 사용할 수 없다고 규정하고 있다. 그럼에도 불구하고 사용할 경우에는 그 책임관계는 당사자간에 분명히 해야할 것이다.

DAT(Delivered at Terminal)
도착지터미널 인도조건(DAT)

GUIDANCE NOTE

This rule may be used irrespective of the mode of transport selected and may also be used -where more than one mode of transport is employed.

"Delivered at Terminal" means that the seller delivers when the goods, once unloaded from the arriving means of transport, are placed at the disposal of the buyer at a named terminal at the named port or place of destination. "Terminal" includes any place, whether covered or not, such as a quay, warehouse, container yard or road, rail or air cargo terminal. The seller bears all risks involved in bringing the goods to and unloading them at the terminal at the named port or place of destination.

The parties are well advised to specify as clearly as possible the terminal and, if possible, a specific point within the terminal at the agreed port or place of destination, as the risks to that point are for the account of the seller. The seller is advised to procure a contract of carriage that matches this choice precisely.

Moreover, if the parties intend the seller to bear the risks and costs involved in transporting and handling the goods from the terminal to another place, then the DAP or DDP rules should be used.

DAT requires the seller to clear the goods for export, where applicable. However, the seller has no obligation to clear the goods for import, pay any import duty or carry out any import customs formalities.

This rule may be used irrespective of the mode of transport selected and may also be used -where more than one mode of transport is employed.

"Delivered at Terminal" means that the seller delivers when the goods, once unloaded from the arriving means of transport, are placed at the disposal of the buyer at a named terminal at the named port or place of destination. "Terminal" includes any place, whether covered or not, such as a quay, warehouse, container yard or road, rail or air cargo terminal. The seller bears all risks involved in bringing the goods to and unloading them at the terminal at the named port or place of destination.

The parties are well advised to specify as clearly as possible the terminal and, if possible, a specific point within the terminal at the agreed port or place of destination, as the risks to that point are for the account of the seller. The seller is advised to procure a contract of carriage that matches this choice precisely.

Moreover, if the parties intend the seller to bear the risks and costs involved in transporting and handling the goods from the terminal to another place, then the DAP or DDP rules should be used.

DAT requires the seller to clear the goods for export, where applicable. However, the seller has no obligation to clear the goods for import, pay any import duty or carry out any import customs formalities.

■ 사용지침

이 규칙은 선택된 운송수단에 관계없이 사용될 수 있고 하나 이상의 운송수단이 이용되는 경우에도 역시 사용될 수 있다.
"도착지터미널 인도"란 물품이 지정된 항구나 목적지의 터미널에서 도착된 운송수단에서 양하하지 않은 상태에서 매수인의 처분상태에 적치된 때에 매도인이 인도하는 것을 의미한다.

"터미널은"은 확정되어진 것이든 아니든 간에 부두, 창고, 컨테이너 야적장(CY) 혹은 철도 또는 화물 터미널 같은 어떠한 장소를 포함한다.

당사자들은 가급적이면 분명히 터미널이나 합의된 장소나 목적지의 터미널 내에서 어떤 특정 지점을 지정하도록 통지 받아야 한다. 왜냐하면 그 지점까지의 위험은 매도인이 부담하기 때문이다. 매도인은 이러한 선택된 조건에 정확히 일치할 수 있는 운송계약을 체결하도록 하여야 한다.

더욱이 당사자들이 매도인이 터미널에서부터 또 다른 장소로 화물을 운송하거나 취급하는데 포함된 위험이나 비용을 부담하도록 의도하고 있다면, 그러한 때는 DAP조건이나 DDP조건이 사용되어야 한다.

DAT조건은 매도인이 적용 가능하다면 물품을 수출통관하도록 요구한다. 그러나 매도인은 물품을 수입통관하거나 수입관세를 지불하거나 혹은 수입통관절차를 수행할 의무가 없다.

A. THE SELLER'S OBLIGATIONS	
A1	General obligations of the seller The seller must provide the goods and the commercial invoice in conformity with the contract of sale and any other evidence of conformity that may be required by the contract. Any document referred to in A1-A10 may be an equivalent electronic record or procedure if agreed between the parties or customary.
A2	Licences, authorizations, security clearances and other formalities Where applicable, the seller must obtain, at its own. risk and expense, any export licence and other official authorization and carry out all customs formalities necessary- for the export of the goods and for their transport through any country prior to delivery.
A3	Contracts of carriage and insurance a) Contract of carriage The seller must contract at its own expense for the carriage of the goods to the named terminal .at the agreed port or place of destination. If a specific terminal is not agreed or is not determined by practice, the seller may select the terminal at the agreed port or place of destination that best suits its purpose. b) Contract of insurance The seller has no obligation to the buyer to make a contract of insurance. However, the seller muse provide the buyer, at the buyer's request, risk, and expense (if any), with information that the buyer needs for obtaining insurance.
A4	Delivery The seller must unload the goods from the arriving means of

transport and must then deliver them by placing them at the disposal of the buyer at the named terminal referred to in A3 a) at the port or place of destination on the agreed date or within the agreed period.

A5 Transfer of risks

The seller bears all risks of loss of or damage to the goods until they have been delivered In accordance with A4 with the exception of loss or damage in the circumstances described in B5.

A6 Allocation of costs

The seller must pay

a) in addition to costs resulting from A5 a), all costs relating to the goods until they have been delivered in accordance with A4, other than those payable by the buyer as envisaged in B6; and b) where applicable, the costs of customs formalities necessary for export as well as all duties, taxes and other charges payable upon export and the costs for their transport through any country, prior to delivery in accordance with A4.

A7 Notices to the buyer

The seller must give the buyer any notice needed in order to allow the buyer to take measures that are normally necessary to enable the buyer to take delivery of the goods.

A8 Delivery document

The seller must provide the buyer, at the seller's expense, with a document enabling the buyer to take delivery of the goods as envisaged in A4/B4.

A9 Checking - packaging - marking

The seller must pay the costs of those checking operations (such as checking quality, measuring, weighing, counting) that are necessary for the purpose of delivering the goods in accordance with A4, as well as the costs of any pre-shipment inspection mandated by the authority of the country of export.

The seller must, at its own expense, package the goods, unless it is usual for the particular trade to transport the type of goods sold unpackaged. The seller may package the goods in the manner appropriate for their transport, unless the buyer has notified the seller of specific packaging requirements before the contract of sale is concluded. Packaging is to be marked appropriately.

A10 Assistance with information and related costs

The seller must, where applicable, in a timely manner, provide to or render assistance in obtaining for the buyer, at the buyer's request, risk and expense, any documents and information, including security-related information, that the buyer needs for the import of the goods and/or for their transport to the final destination.

The seller must reimburse the buyer for all costs and charges incurred by the buyer in providing or rendering assistance in obtaining documents and information as envisaged in B10.

A. 매도인의 의무

A1 매도인의 일반적 의무

매도인은 매매계약에 일치한 물품과 상업송장 그리고 계약서에서 요구될 수 있는 또 다른 일치증명서를 제공하여야 한다.

A1-A10 조항에서 언급된 어떤 서류라도 당사자 간에 합의가 있거나 관습이 있으면 동등한 전자기록이나 절차로 대체될 수 있다.

A2 허가, 공적인가, 보안통관 과 기타절차

적용 가능한 경우에 매도인은 자신의 위험과 비용부담으로 어떠한 수출인가와 기타 공적 승인서를 취득하여야 하고 물품의 수출통관과 인도전 다른 국가의 통과를 위하여 필요한 통관절차를 이행하여야 한다.

A3 운송계약과 보험계약

a) 운송계약

매도인은 자신의 비용으로 합의된 항구나 목적지의 터미널까지 물품의 운송계약을 체결하여야 한다. 만약에 특정된 터미널이 합의되어 있지 않거나 관습적으로 지정되지 않았다면 매도인은 그 목적에 가장 적합한 합의된 항구나 목적지의 터미널을 선택할 수 있다.

b) 보험계약

매도인은 매수인에게 보험계약을 체결할 의무가 없다. 그러나 매도인은 매수인의 요청, 위험과 비용부담으로 매수인이 보험을 취득하는데 필요한 정보를 제공해야 한다.

A4 인도

매도인은 합의된 일자 또는 기간에 목적지 항구나 장소에서 A3조에서 언급된 지정된 터미널에서 도착되는 운송수단으로부터 물품을 양하하지 아니하고 매수인의 처분상태에 둠으로서 물품을 인도해야 한다.

A5 위험의 이전

매도인은 A4조와 일치하게 물품이 인도될 때까지 물품에 대한 멸실 또는 손상에 대한 모든 위험을 부담한다. 다만 B5조에 기술된 환경 하에서 멸실 또는 손상은 제외 한다.

A6 비용분담

매도인은 다음의 비용을 지급하여야 한다.

a) A5조 3항에 따른 비용에 추가하여 B6조에 규정된대로 매수인에 의해서 지불될 수 있는 것은 제외하고 물품이 A4조에 따라서 인도될 때까지 물품에 관한 모든 비용

b) 적용가능한 경우에 수출시에 지불되는 모든 관세, 조세 기타 부과금과 A4조에 따라서 인도되기전 제3국 통관 비용

A7 매수인에 대한 통지

매도인은 매수인이 물품을 수령할 수 있게 하기 위하여 일반적으로 필요한 절차를 취하도록 하는데 통상적으로 필요한 모든 통지를 매수인에게 하여야한다.

A8 서류인도

미도인은 매수인이 A4/B4조에 규정된 대로 물품의 인도를 수령할 수 있도록 하는 서류를 매수인에게 제공하여야 한다.

A9 점검, 포장, 화인(貨印)

매도인은 A4조에 따라서 물품을 인도하기 위한 목적에 필요한 점검업무(예 품질, 목적, 수량 중량 점검 등)의 비용과 수출국가의 당국에 의하여 행하는 선적 전 검사비용을 지급하여야한다.

매도인은 무포장 형태로 판매되는 물품을 운송하는 특별한 거래가 아닌 한, 자신의 비용으로 물품을 포장하여야 한다.

매도인은 매매계약이 체결되기 전에 매수인이 매도인에게 특별한 포장을

요청하는 통지를 하지 않는 한 그 물품운송에 적당한 방법으로 포장할 수 있다. 포장에는 적절한 화인(貨印)이 있어야 한다.

A10 정보협조와 관련비용

매도인은 적용 가능한 경우에 시기적절한 방법으로 매수인의 요청, 위험과 비용으로 매수인이 물품을 수입 하거나 최종 목적지 까지 운송하는데 필요한 보안관련 정보를 포함해서 모든 서류와 정보를 매수인을 위하여 취득함으로서 협조를 제공하거나 제시하여야 한다.

매도인은 B10조에 규정된 서류와 정보를 취득하는데 협조를 제공하거나 제시하는데 있어서 매수인에게 발생되는 모든 비용과 부과금을 매수인에게 상환해야 한다.

B. THE BUYER'S OBLIGATIONS	
B1	General obligations of the buyer The buyer must pay the price of the goods as provided in the contract of sale. Any document referred to in B1-B10 may be an equivalent electronic record or procedure if agreed between the parties or customary.
B2	Licences, authorizations, security clearances and other formalities Where applicable, the buyer must obtain, at its own risk and expense, any import licence or other official authorization and carry out all customs formalities for the Import of the goods.
B3	Contracts of carriage and insurance a) Contract of carriage The buyer has no obligation to the seller to make a contract of carriage.

b) Contract of insurance

The buyer has no obligation to the seller to make a contract of insurance. However, the buyer must provide the seller, upon request, with the necessary information for obtaining insurance.

B4 Taking delivery

The buyer must take delivery of the goods when they have been delivered as envisaged in A4.

B5 Transfer of risks

The buyer bears all risks of loss of or damage to the goods from the time they have been delivered as envisaged in A4.

If

a) the buyer fails to fulfil its obligations in accordance with B2, then it bears all resulting risks of loss of or damage to the goods; or

b) the buyer fails to give notice in accordance with B7, then it bears all risks of loss of or damage to the goods from the agreed date or the expiry date of the agreed period for delivery, provided that the goods have been clearly identified as the contract goods.

B6 Allocation of costs

The buyer must pay

a) all costs relating to the goods from the time they have been delivered as envisaged in A4;

b) any additional costs incurred by the seller if the buyer fails to fulfil its obligations in accordance with B2, or to give notice in accordance with B7, Provided that the goods have been clearly identified as the contract goods; and

c) where applicable, the costs of customs formalities as well as all duties, taxes and other charges payable upon import of the goods.

B7 Notices to the seller

The buyer must, whenever it is entitled to determine the time within an agreed period and/or the point of taking delivery at the named terminal, give the seller sufficient notice thereof.

B8 Proof of delivery

The buyer must accept the delivery document provided as envisaged in 8.

B9 Inspection of goods

The buyer must pay the costs of any mandatory pre-shipment inspection, except when such inspection Is mandated by the authorities of the country of export.

B10 Assistance with Information and related costs

The buyer must, in a timely manner, advise the seller of any security information requirements so that the seller may comply with A10.

The buyer must reimburse the seller for all costs and charges incurred by the seller in providing or rendering assistance in obtaining documents and information as envisaged in A10.

The buyer must, where applicable, in a timely manner, provide to or render assistance In obtaining for the seller, at the seller's request, risk and expense, any documents and information, including security-related information, that the seller needs for the transport and export of the goods and for their transport through any country.

B. 매수인의 의무

B1 매수인의 일반적인 의무

매수인은 매매계약에서 제시된 대로 물품의 대금을 지급하여야 한다.

B1-B10조에 언급된 어떠한 서류라도 당사자 간에 합의가 있거나 관습이 있으면 동등한 전자기록이나 절차로 대체될 수 있다.

B2 허가, 인가, 보안통관 및 기타 절차

적용 가능한 경우에, 매수인은 자신의 위험과 비용부담으로 어떠한 수입인가 또는 기타 공적승인을 취득해야하고 물품수입의 모든 통관절차를 수행하여야 한다.

B3 운송계약과 보험계약

a) 운송계약
매수인은 매도인에게 운송계약을 체결할 의무가 없다.

b) 보험계약
매수인은 매도인에게 보험계약을 체결할 의무가 없다. 그러나 매수인은 요청이 있으면 매도인에게 보험을 취득하는데 필요한 정보를 제공하여야 한다.

B4 인도의 수령

매수인은 A4에 규정된 대로 물품이 인도되었을 때 그 물품의 인도를 수령하여야 한다.

B5 위험의 이전

매수인은 물품이 A4조에 규정된 대로 인도 되었을 때부터 그 물품의 멸실 또는 손상에 대한 모든 위험을 부담한다.

만약에

a) 매수인은 B2조에 따른 그의 의무를 이행하지 못하였다면 그 물품의 멸실 또는 손상에 의하여 이루어진 모든 위험을 부담한다.

b) 매수인은 B7조에 따른 통지를 하지 못하면 인도의 합의된 일자 또는 합의된 기간의 만료일부터 그 물품에 대한 멸실 또는 손상의 모든 위험을 부담한다.

다만 그 물품은 계약물품으로서 분명히 특정되어야 한다.

B6 비용의 분담

매수인은 다음과 같은 비용을 지급해야한다

a) 물품이 A4에 규정된 대로 인도 되었을 때부터 그 물품에 관한 모든 비용

b) 만약에 매수인이 B7조에 따른 의무를 이행하지 못하였거나 B7조에 따른 통지를 않은 경우에 매도인에게 발생되는 모든 추가비용 다만 그 물품은 계약물품으로서 분명히 특정되어야 한다.

c) 적용 가능한 경우에 통관절차 비용 뿐 아니라 수입시에 지불될 수 있는 관세, 조세 그리고 기타 부과금

B7 매도인에 대한 통지

매수인은 합의된 기간 내에서 인도수령의 시기 또는 지정된 터미널에서 인도 수령의 지점을 지정해야 할 권한이 주어진 때에는 언제든지 매도인에게 그에 대한 충분한 통지를 해야 한다.

B8 인도증명

매수인은 A8에 규정된 대로 제공된 인도서류를 인수해야 한다.

B9 물품의 검사

매수인은 위임된 선적 전 검사 비용을 지급해야한다. 다만, 그러한 검사가 수출국의 당국에 의해서 이행된 경우에는 예외이다.

B10 정보협조와 관련비용

매수인은 시기적절하게 매도인이 A10조에 따른 의무를 이행할 수 있도록 모든 보안정보 요청에 대해서 매도인에게 통지해야 한다.

매수인은 매도인이 A10조에 규정된 서류와 정보를 취득하는 협조를 제공하거나 제시함에 있어서 매도인에게 발생되는 모든 비용과 부과금을 상환해야 한다.

매수인은 적용 가능한 경우에 시기에 적절한 방법으로 매도인이 물품의 운송 수출을 하거나 기타 다른 국가를 통과해서 운송하는데 필요한 보안관련 정보를 포함해서 매수인의 요청, 위험 비용으로 모든 서류와 정보를 취득하는 협조를 제공하거나 제시하여야 한다.

사용시 유의 사항

이 DAT조건은 신설된 도착지터미널 인도조건으로서 종전의 DEQ조건이 사용되는 경우에 사용될 수 있다. 해상화물 경우에 일단 선박에서 하역한 후 부두, 창고나 인근 터미널에 지정된 장소에 적치된 때 인도가 일어난다. 터미널에서 운송차량에 양하하지 아니하고 인도된다.

매도인은 최종터미널까지 운송 및 보험료를 지불하여야 한다. 해상운송의 경우에는 도착선박에서 하역한 후 인근 터미널까지 운반하여 인도하는 것이 특징이며 DAP조건은 최종 도착선박에서 인도하는 데서 차이점이 있다. 즉 인코텀즈 2000에서 DEQ조건은 DAT조건으로 되고 그외 DAF, DES, DDU조건은 DAP조건으로 흡수되었다고 할 수 있다. 따라서 최종운송수단이 선박일 경우에는 선박에서 하역하고 터미널까지 운반된다면 DAT조건이고 선박에서 하역하지 아니하고 도착된 선박상에서 인도하면 DAP조건을 사용해야 한다. 이 경우에는 DAT조건의 부담이 DAP조건의 부담보다 크다고 할 수 있다.

DAP(Deliverd at place of Destination)
도착지인도조건(DAP)

GUIDANCE NOTE

This rule may be used irrespective of the mode of transport selected and may also be used -where more than one mode of transport is employed.

"Delivered at Place" means that the seller delivers when the goods are placed at the disposal of the buyer on the arriving means of transport ready for unloading at the named place of destination. The seller bears all risks involved in bringing the goods to the named place.

The parties are well advised to specify as clearly as possible the point within the agreed place of destination, as the risks to that point are for the account of the seller. The seller is advised to procure contracts of carriage that match this choice precisely. If the seller incurs costs under its contract of carriage related to unloading at the place of destination, the seller is not entitled to recover such costs from the buyer unless otherwise agreed between the parties.

DAP requires the seller to clear the goods for export, where applicable. However, the seller has no obligation to clear the goods for import, pay any import duty or carry out any import customs formalities. If the parties wish the seller to clear the goods for import, pay any import duty and carry out any import customs formalities, the DDP term should be used.

■ 사용지침

이 규칙은 선택된 운송수단에 관계없이 사용될 수 있고 그리고 하나 이상의 운송수단이 이용된 경우에도 역시 사용될 수 있다.

"도착지 인도"란 매도인이 지정된 최종목적지에서 양하할 준비가 된 도착된 운송수단 상에서 매수인이 처분상태에 두었을 때 물품의 인도를 완료하는 것을 의미한다.

매도인은 지정된 장소까지 물품을 운반하는데 관련된 모든 위험을 부담한다. 당사자들은 목적지의 합의된 장소 내에서 인도지점을 가능한 한 분명히 특정하도록 통지받는다. 왜냐하면 그 지점까지의 위험은 매도인이 부담하기 때문이다. 매도인은 이 선택된 조건에 정확히 부합될 수 있는 운송계약을 체결하도록 통지 받는다.

만약에 매도인이 그 운송계약 하에서 목적지에서 하역에 관련된 비용을 부담해야 한다면 매도인은 당사자 간에 달리 합의된 바가 없으면 매수인으로부터 그러한 비용을 환급받을 수 없다. DAP조건은 적용 가능한 경우에 매도인에게 물품의 수출통관을 요구하고 있다.

그러나 매도인은 물품을 수입통관하거나 수입관세를 지불하거나 어떤 수입에 관련된 통관절차를 이행 할 의무는 없다. 만약에 당사자들이 매도인이 물품을 수입통관하고 수입관세를 지불하고 그리고 수입통관절차를 이행하기를 희망한다면, DDP조건을 사용해야 한다.

A. THE SELLER'S OBLIGATIONS	
A1	General obligations of the seller The seller must provide the goods and the commercial invoice in conformity with the contract of sale and any other evidence of conformity that may be required by the contract. Any document referred to in A1-A10 may be an equivalent electronic record or procedure if agreed between the parties or customary.
A2	Licences, authorizations, security clearances and other formalities Where applicable, the seller must obtain, at its own risk and expense, any export licence and other official authorization and carry out all customs formalities necessary for the export of the goods and for their transport through any country prior to delivery.
A3	Contracts of carriage and Insurance a) Contract of carriage The seller must contract at its own expense for the carriage of the goods to the named place of destination or to the agreed point, if any, at the named place of destination. If a specific point is not agreed or is not determined by practice, the seller may select the point at the named place of destination that best suits its purpose. b) Contract of insurance The seller has no obligation to the buyer to make a contract of insurance. However, the seller must provide the buyer, at the buyer's request, risk, and expense (if any), with information that the buyer needs for obtaining insurance.

A4 Delivery

The seller must deliver the goods by placing them at the disposal of the buyer on the arriving means of transport ready for unloading at the agreed point, if any, at the named place of destination on the agreed date or within the agreed period.

A5 Transfer of risks

The seller bears all risks of loss of or damage to the goods until they have been delivered in accordance with A4, with the exception of loss or damage in the circumstances described in B5.

A6 Allocation of costs

The seller must pay

a) in addition to costs resulting from A3 a), all costs relating to the goods until they have been delivered in accordance with A4, other than those payable by the buyer as envisaged in B6
b) any charges for unloading at the place of destination that were for the seller's account under the contract of carriage; and
c) where applicable, the costs of customs formalities necessary for export as well as all duties, taxes and other charges payable upon export and the costs for their transport through any country, prior to delivery in accordance with A4.

A7 Notices to the buyer

The seller must give the buyer any notice needed in order to allow the buyer to take measures chat are normally necessary to enable the buyer to take delivery of the goods.

A8 Delivery document

The seller must provide the buyer, at the seller's expense, with a document enabling the buyer to take delivery of the goods as envisaged in A4/B4.

A9 Checking - packaging - marking

The seller must pay the costs of those checking operations (such as checking quality, measuring, weighing, counting) that are necessary for the purpose of delivering the goods in accordance with A4, as well as the costs of any pre-shipment inspection mandated by the authority of the country of export.

The seller must, at its own expense, package the goods, unless it is usual for the particular trade to transport the type of goods sold unpackaged. The seller may package the goods in the manner appropriate for their transport, unless the buyer has notified the seller of specific packaging requirements before the contract of sale is concluded. Packaging is to be marked appropriately.

A10 Assistance with information and related costs

The, seller must, where applicable, in a timely manner, provide to or render assistance in obtaining for the buyer, at the buyer's request, risk and expense, any documents and information, including security-related information, that the buyer needs for the import of the goods and/or for their transport to the final destination.

The seller must reimburse the buyer for all costs and charges incurred by the buyer in providing or rendering assistance in obtaining documents and information as envisaged in B10.

A 매도인의 의무

A1 매도인의 일반적 의무

매도인은 매매계약에 일치하는 물품과 상업송장 그리고 계약에서 요구될 수 있는 기타 일치증명서를 제공하여야 한다.

A1-A10조에서 언급된 어떠한 서류라도 당사자 간에 합의나 관습이 있으면 동등한 전자기록 또는 절차로서 대체될 수 있다.

A2 허가, 인가, 보안통관과 기타절차

적용 가능한 경우에, 매도인은 자신의 위험과 비용으로 모든 수출인가와 기타 공적승인을 취득해야하고 물품의 수출통관과 인도전 제3국을 통과하여 운송하는데 필요한 모든 통관절차를 수행하여야 한다.

A3 운송계약과 보험계약

a) 운송계약

매도인은 자신의 비용으로 지정된 목적지나 지정된 목적지의 합의된 지점까지 물품을 운송하기 위한 계약을 체결해야 한다. 만약에 특정된 지점이 합의되어 있지 않거나 관습상 결정되지 않으면, 매도인은 그 목적에 가장 부합하는 지정된 목적지에서 인도지점을 선택할 수 있다.

b) 보험계약

매도인은 매수인에게 보험계약을 체결할 의무가 없다. 그러나 매도인은 매수인의 요청, 위험 그리고 비용 하에서 매수인이 보험을 취득하는데 요구되는 정보를 제공하여야 한다.

A4 인도

매도인은 목적지의 가능하면 합의된 일자 또는 합의된 기간 내에 지정된 목적지의 합의된 지점에서 양하할 준비가 되어 있는 도착된 운송수단 상에 물품을 매수인이 처분할 수 있도록 적치함으로서 물품을 인도해야한다.

A5 위험이전

매도인은 물품이 A4조에 따라서 인도 될 때 까지, 그 물품의 멸실 또는 손상에 대한 모든 위험을 부담한다. 다만, B5조에 기술된 환경 하에서의 멸실 또는 손상은 제외된다.

A6 비용분담

매도인은 다음과 같은 비용을 지급해야한다.

a) A3조 a항에 따른 비용에 추가하여 물품이 B4조에 따라서 인도 될 때까지 그 물품에 관한 모든 비용, 다만, B6조에 규정된 매수인이 지불할 수 있는 비용은 제외 된다.
b) 운송계약에서 매도인 부담으로 된 목적지에서 하역에 관한 부과금
c) 적용 가능한 경우에 수출통관에 필요한 비용과 더불어 수출시에 지불될 수 있는 모든 관세, 조세 기타 부과금, 그리고 A4조에 따라서 인도되기 전 제3국을 통과하는 운송비용.

A7 매수인에 대한 통지

매도인은 매수인이 물품인도를 수령할 수 있도록 하는데 통상적으로 필요한 절차를 취할 수 있도록 요구되는 통지를 제공하여야 한다.

A8 서류의 인도

매도인은 자신의 비용으로 매수인에게 A4/B4에 규정된 대로 물품을 인수할 수 있는 서류를 제공하여야 한다.

A9 검사, 포장, 화인(貨印)

매도인은 A4조에 일치하게 물품을 인도하는 목적에 필요한 점검 업무(예 품질, 용적, 중량, 수량 점검)의 비용뿐만 아니라 수출국의 당국에 의하여 이행되는 선적 전 검사 비용을 지급하여야 한다.

매도인은 무포장 상태로 판매되는 그런 형태의 물품을 운송하는 특별한 거래가 아닌 한 자신의 비용으로 물품을 포장하여야 한다.

매도인은 매수인이 매매계약 체결 전에 매도인에게 특별한 포장요청을 하지 않는 한 그 물품 운송에 적절한 방법으로 물품을 포장할 수 있다. 포장에는 적절한 화인(貨印)이 있어야 한다.

A10 정보협조와 관련비용

매도인은 적용 가능한 경우에 시기적절한 방법으로 매수인의 요청, 위험 그리고 비용으로 매수인이 물품을 수입하거나 최종목적지까지 물품을 운송하기 위하여 필요한 서류와 보안 관련 정보를 포함한 정보를 매수인을 위하여 취득하는 협조를 제공하거나 제시하여야 한다.

B. THE BUYER'S OBLIGATIONS	
B1	General obligations of the buyer The buyer must pay the price of the goods as provided in the contract of sale. Any document referred to in B1-B10 may be an equivalent electronic record or procedure if agreed between the parties or customary.
B2	Licences, authorizations, security clearances and other formalities Where applicable, the buyer must obtain, at its own risk and expense, any import licence or other official authorization and carry out all customs formalities for the import of the goods.
B3	Contracts of carriage and insurance a) Contract of carriage The buyer has no obligation to the seller to make a contract of carriage. b) Contract of insurance The buyer has no obligation to the seller to make a contract of insurance. However, the buyer must provide the seller, upon

request, with the necessary information for obtaining insurance.

B4 Taking delivery

The buyer must take delivery of the goods when they have been delivered as envisaged in A4.

B5 Transfer of risks

The buyer bears all risks of loss of or damage to the goods from the time they have been delivered as envisaged in A4.

If

a) the buyer fails to fulfil its obligations in accordance with B2, then it bears all resulting risks of loss of or damage to the goods; or
b) the buyer fails to give notice in accordance with B7, then it bears all risks of loss of or damage to the goods from the agreed date or the expiry date of the agreed period for delivery, provided that the goods have been clearly identified as the contract goods.

B6 Allocation of costs

The buyer must pay

a) all costs relating to the goods from the time they have been delivered as envisaged in A4;
b) all costs of unloading necessary to take delivery of the goods from the arriving means of transport at the named place of destination, unless such costs were for the seller's account under the contract of carriage;
c) any additional costs incurred by the seller if the buyer fails to fulfil its obligations in accordance with B2 or to give notice in accordance with B7, provided that the goods have been clearly

identified as the contract goods; and

d) where applicable, the costs of customs formalities, as well as all duties, taxes and other charges payable upon import of the goods.

B7 Notices to the seller

The buyer must, whenever it is entitled to determine the time within an agreed period and/or the point of taking delivery within the named place of destination, give the seller sufficient notice thereof.

B8 Proof of delivery

The buyer must accept the delivery document provided as envisaged in

B9 Inspection of goods

The buyer must pay the costs of any mandatory pre-shipment inspection, except when such Inspection is mandated by the authorities of the country of export.

B10 Assistance with Information and related costs

The buyer must, in a timely manner, advise the seller of any security information requirements so that the seller may comply with A10.

The buyer must reimburse the seller for all costs and charges incurred by the seller in providing or rendering assistance in obtaining documents and information as envisaged In A10.

> The buyer must, where applicable, in a timely manner, provide to or render assistance in obtaining for the seller, at the seller's request, risk and expense, any documents and information, including security-related information, that the seller needs for the transport and export of the goods and for their transport through any country.

B. 매수인의 의무

B1 매수인의 일반적 의무

매도인은 매매계약서에서 제시된 대로 물품의 대금을 지급하여야 한다. B1-B10조에 언급된 어떠한 서류라도 당사자 간에 합의나 관습이 있으면 동등한 전자기록이나 절차로 대체될 수 있다.

B2 허가, 공적인가, 보안통관 및 기타 절차

적용 가능한 경우에, 매수인은 자신의 위험과 비용으로, 수입인가나 기타 다른 공적승인을 취득하여야 하고 그리고 물품을 수입하기 위한 모든 통관 절차를 수행하여야 한다.

B3 운송계약과 보험계약

a) 운송계약

매수인은 매도인에게 운송계약을 체결 할 의무가 없다.

b) 보험계약

매수인은 매도인에게 보험계약을 체결할 의무가 없다. 그러나 매수인은 매도인에게 요청이 있는 경우에 보험을 취득하기 위한 필요한 정보를 제공하여야 한다.

B4 인도의 수령

매수인은 A4조에 규정된 대로 물품인 물품이 인도되었을 때에, 그 물품의 인도를 수령하여야 한다.

B5 위험의 이전

매수인은 물품이 A4조에 규정된 대로 인도되었을 때부터 물품에 대한 멸실 또는 손상에 대한 모든 위험을 부담한다.

만약에

a) 매수인이 B2조에 따른 그의 의무를 이행하지 못하였다면 그 물품의 멸실 손상에 대한 모든 위험을 부담한다.

b) 매수인이 B7조에 따른 통지를 하지 못하였다면 합의된 일자 또는 인도를 위한 합의된 기간의 만료일로부터 물품에 대한 멸실 또는 손상에 대한 모든 위험을 부담한다.
다만 그 물품은 계약 물품으로서 분명히 특정되어야한다.

B6 비용의 분담

매수인은 다음과 같은 비용을 지급해야 한다.

a) 물품이 A4조에 규정된 대로 인도 되었을 때로부터 그 물품에 관련된 모든 비용

b) 지정된 목적 장소에서 도착된 운송수단으로부터 그 물품을 수령하는데 필요한 모든 양하비용 다만 그러한 비용이 운송계약서에 매도인부담으로 된 경우에는 예외이다.

c) 만약에 매수인이 B2에 따른 의무 이행하지 못하거나 B7에 따른 통지를 하지 못함으로서 매도인에게 발생되는 모든 추가비용 다만 그 물품은 계약물품으로서 분명히 특정되어야 한다.

d) 적용 가능한 경우에 수입통관 절차비용뿐만 아니고 모든 관세, 조세 그리고 물품수입 시에 지급 될 수 있는 기타 부과금.

B7 매도인에 대한 통지

매수인은 합의된 인도수령 시간과 지정된 목적지 내에서 인도 수령할 지점을 결정할 권한이 부여된 경우에는 언제든지 매도인에게 그에 관한 충분한 통지를 해야 한다.

B8 인도의 증거

매수인은 A8에 규정된 대로 제시된 인도서류를 인수해야 한다.

B9 물품의 검사

매수인은 위임된 선적 전 검사 비용을 지급해야 한다. 다만 그러한 검사가 수출국의 당국에 의해서 이행된 경우는 예외이다.

B10 정보와 관련비용의 협조

매수인은 매도인이 A10조항에 일치하게 협조의무를 이행할 수 있도록 모든 보안정보 요청사항에 대해서 매도인에 통지해 주어야 한다.

매수인은 A10조에 규정된 대로 서류와 정보를 취득함으로서 협조를 제공하거나 제시함에 있어서 매도인에게 발생되는 모든 비용과 부과금을 매도인에게 상환해 주어야 한다.

매수인은 적용 가능한 경우에 시기적절한 방법으로, 매도인의 요청, 위험과 비용으로 매도인이 물품의 운송과 수출 그리고 제3국을 통과하는 운송에 필요한 모든 서류와 보안관련 정보를 포함한 정보를 매도인을 위하여 취득하는 협조를 제공하거나 제시하여야 한다.

사용시 유의 사항

도착지 인도조건(DAP)은 해상운송의 경우 도착선박에서 하역하지 아니하고 인도하는 조건으로서 종전의 DES조건과 동일하다. 그리고 도착지의 부두에 하역한 후 국내통관기지로 운송한 후 미통관 상태에서 인도하는 경우 (종전 DDU) 조건의 경우에도 동일하게 사용된다. 실무적으로 DAT조건과 DAP조건을 구별하는 의미가 별로 없다고 할 수 있다.

통관장소가 부두에 인근한 터미널에서 이루어질 경우는 DAT조건이고 부두에서 멀리 떨어진 내륙통관기지로 운반될 경우에는 DAP조건이라고 하지만 DAT조건에서 최종목적지를 내륙통관기지로 특성할 경우에 구별이 어렵다고 하겠다.

DDP(Delivered Duty paid)
관세지급 인도조건(DDP)

GUIDANCE NOTE

This rule may be used irrespective of the mode of transport selected and may also be used -where more than one mode of transport is employed.

"Delivered Duty Paid" means that the seller delivers the goods when the goods are placed at the disposal of the buyer, cleared for import on the arriving means of transport ready for unloading at the named place of destination. The seller bears all the costs and risks involved in bringing the goods to the place of destination and has an obligation to clear the goods not only for export but also for import, to pay any duty for both export and import and to carry out all customs formalities.

DDP represents the maximum obligation for the seller.

The parties are well advised to specify as clearly as possible the point within the agreed place of destination, as the costs and risks to that point are for the account of the seller. The seller is advised to procure contracts of carriage that match this choice precisely. If the seller incurs costs under its contract of carriage related to unloading at the place of destination, the seller is not entitled to recover such costs from the buyer unless otherwise agreed between the parties.

The parties are well advised not to use DDP if the seller is unable directly or indirectly to obtain import clearance.

If the parties wish the buyer to bear all risks and costs of import clearance,

> the DAP rule should be used.
>
> Any VAT or other taxes payable upon import are for the seller's account unless expressly agreed otherwise in the sales contract.

■ 사용지침

이 규칙은 선택된 운송 수단에 불구하고 사용될 수 있으며 그리고 하나 이상의 운송수단이 이용된 경우에도 역시 사용될 수 있다.

“관세지급인도”란 물품이 지정된 목적지에서 양하할 준비가 된 도착된 운송수단 위에서 수입통관을 한 후 매수인의 처분 상태에 적치된 때 매도인이 물품을 인도 하는 것을 의미한다. 매도인은 목적지까지 물품을 인도하는데 포함된 모든 비용과 위험을 부담한다. 그리고 매도인은 수출뿐만 아니라 수입을 위해서도 물품을 통관하고 수출과 수입 모두를 위한 모든 관세를 지급하고 그리고 모든 통관 절차를 이행할 의무가 있다. DDP조건은 매도인에게 최대한의 의무를 부여하고 있다.

당사자들은 목적지의 합의된 지점까지 모든 비용과 위험이 매도인 부담이기 때문에 합의된 목적지 내에서의 인도지점을 가능한 한 정확하게 특정하도록 통지 받는다. 매도인은 이러한 선택된 조건에 정확하게 합치하는 운송계약을 주선하도록 통지 받는다. 만약에 매도인이 운송계약서에 목적지에서 하역에 관한 비용을 포함시켰다면 매도인은 달리 당사자 간에 합의가 없는 한 매수인으로부터 그러한 비용을 회수할 수 있는 권한이 없다.

당사자들은 만약 매도인이 직접적으로나 간접적으로 수입통관을 이행할 수 없다면 DDP조건을 사용하지 않도록 조언을 받아야 한다.

만약 당사자들이 매수인 수입통관에 대한 모든 위험과 비용을 부담하기를 원한다면 DAP조건이 사용되어야 한다.

계약서에 달리 표시되어 있지 않았다면 수입시에 지불될 수 있는 부가가치세나 다른 조세 등은 매도인이 부담한다.

A. THE SELLER'S OBLIGATIONS

A1 General obligations of the seller

The seller must provide the goods and the commercial invoice in conformity with the contract of sale and any other evidence of conformity that may be required by the contract.

Any document referred to in A1-A10 may be an equivalent electronic record or procedure if agreed between the parties or customary.

A2 Licences, authorizations, security clearances and other formalities

Where applicable, the seller must obtain, at its own risk and expense, any export and import licence and other official authorization and carry out all customs formalities necessary for the export of the goods, for their transport through any country and for their import.

A3 Contracts of carriage and insurance

a) Contract of carriage

The seller must contract at its own expense for the carriage of the goods to the named place of destination or to the agreed point, if any, at the named place of destination, if a specific point is not agreed or is not determined by practice, the seller may select the point at the named place of destination that best suits its purpose.

b) Contract of insurance

The seller has no obligation to the buyer to make a contract of insurance. However, the seller must provide the buyer, at the buyer's request, risk, and expense (if any), with information that the buyer needs for obtaining insurance.

A4 Delivery

The seller must deliver the goods by placing them at the disposal of the buyer on the arriving means of transport ready for unloading at the agreed point, if any, at the named place of destination on the agreed date or within the agreed period.

A5 Transfer of risks

The seller bears all risks of loss of or damage to the goods until they have been delivered in accordance with A4, with the exception of loss or damage in the circumstances described in B5.

A6 Allocation of costs

The seller must pay

a) in addition to costs resulting from A3 a), all costs relating to the goods until they have been delivered in accordance with A4, other than those payable by the buyer as envisaged in B6;
b) any charges for unloading at the place of destination that were for the seller's account under the contract of carriage; and
c) where applicable, the costs of customs formalities necessary for export and import as -well as all duties, taxes and other charges payable upon export and import of the goods, and the costs for their transport through any country prior to delivery in accordance with A4.

A7 Notices to the buyer

The seller must give the buyer any notice needed in order to allow the buyer to take measures that are normally necessary to enable the buyer to take delivery of the goods.

A8	Delivery document The seller must provide the buyer, at the seller's expense, with a document enabling the buyer to take delivery of the goods as envisaged in A4/B4.
A9	Checking - packaging - marking The seller must pay the costs of those checking operations (such as checking quality, measuring, weighing, counting) that are necessary for the purpose of delivering the goods in accordance with A4, as well as the costs of any pre-shipment inspection mandated by the authority of the country of export or of import. The seller must, at its own expense, package the goods, unless it is usual for the particular trade to transport the type of goods sold unpackaged. The seller may package the goods in the manner appropriate for their transport, unless the buyer has notified the seller of specific packaging requirements before the contract of sale is concluded. Packaging is to be marked appropriately.
A10	Assistance with information and related costs The seller must, where applicable, in a timely manner, provide to or render assistance in obtaining for the buyer, at the buyer's request, risk and expense, any documents and information, including security-related information, that the buyer needs for the transport of the goods to the final destination, where applicable, from the named place of destination. The seller must reimburse the buyer for all costs and charges incurred by the buyer in providing or rendering assistance in obtaining documents and information as envisaged in B10.

A. 매도인의 의무

A1 매도인의 일반적 의무

매도인은 매매계약과 일치하는 물품과 상업송장 그리고 계약에 의해서 요구될 수 있는 기타 일치증명서를 제공하여야 한다.

A1 - A10조에 언급된 어떤 서류라도 당사자 간에 합의나 관습이 있다면 동등한 전자기록이나 절차로서 대체될 수 있다.

A2 허가, 공적인가 보안통관 및 기타 절차

적용 가능한 경우에, 매도인은 자신의 위험과 비용으로 수출과 수입인가 그리고 다른 공적 승인을 얻어야 하고 그리고 물품의 수출과 수입을 위해서나 제3국 통과운송을 위해서 필요한 모든 통관절차를 수행하여야 한다.

A3 운송계약과 보험계약

a) 운송계약

매도인은 자신의 비용으로 지정된 목적장소 또는 지정된 목적 장소에서 어떤 합의가 있다면 그 합의된 지점까지 물품운송을 위한 계약을 체결하여야 한다. 만약에 특별한 지점이 합의되지 않거나 관습에 의해서 결정되지 않았다면, 매도인은 그 지정된 목적장소에서 가장 적합한 지점을 선택할 수 있다.

b) 보험계약

매도인은 매수인에게 보험계약을 체결할 의무가 없다. 그러나 매도인은 매수인이 요청, 위험 그리고(있다면) 비용으로 매수인이 보험을 취득하는데 필요한 정보를 매수인에게 제공하여야 한다.

A4 인도

매도인은 합의된 일자나 또는 합의된 기간 내에서 지정된 도착 장소에서 만약 합의가 있다면 합의된 지점에서 양하할 준비가 된 도착된 운송수단 상에서 물품을 매수인의 처분상태로 적치함으로서 물품을 인도해야 한다.

A5 위험의 이전

매도인은 B5조에 기술된 상황에서 멸실과 손실은 제외하고 A4조에 따라서 물품이 인도될 때 까지 그 물품의 멸실과 손상에 대한 모든 위험을 부담한다.

A6 비용분담

매도인은 다음과 같은 비용을 지급해야 한다.

a) A3조 a)항에 의한 비용에 추가하여 B6조의 규정에 따라서 매수인이 지급해야 할 비용은 제외하고 A4조에 따라서 물품이 인도될 때 까지 그 물품에 대한 모든 비용
b) 운송계약에서 매도인 부담으로 된 목적장소에서 하역에 관한 모든 부과금
c) 적용 가능한 경우에 수출과 수입을 위해서 필요한 통관절차 비용뿐만 아니라 물품의 수출과 수입 시에 지불될 수 있는 기타 부과금

그리고 A4조에 따라서 인도되기 전에 제3국의 통과운송을 위한 비용

A7 매수인에 대한 통지

매도인은 매수인이 물품을 수령할 수 있게 하는데 일반적으로 필요한 수단을 취하도록 허용하기 위해서 요구되는 어떠한 통지라도 매수인에게 하여야 한다.

A8 인도서류

매도인은 자신의 비용으로 매수인이 A4조/B4조에 규정된 대로 물품의 인도를 수령할 수 있는 서류를 매수인에게 제공하여야 한다.

A9 점검, 포장, 화인(貨印)

매도인은 A4조에 따라서 물품을 인도할 목적에 필요한 점검업무(예, 품질, 용적, 중량, 수량점검)의 비용뿐만 아니라 수출국 또는 수입국의 당국에 의하면 수행되는 선적 전 검사 비용을 지급하여야 한다.

매도인은 자신의 비용으로 비포장상태로 판매되는 유형의 물품을 운송하기 위한 특정한 거래가 아닌 한 그 물품을 포장하여야 한다. 매도인은 만약에 매수인이 매매계약 체결 전에 특별 포장 요청을 매도인에게 통지 하지 않았다면 그 운송에 적절한 방법으로 물품을 포장할 수 있다.

A10 정보협조와 관련비용

매도인은 적용 가능한 경우에 시기적절한 방법으로 매도인의 요청, 위험과 비용으로 매수인이 최종목적지로부터 적용 가능한 경우에는, 지정된 목적장소로부터 물품 운송에 필요한 서류와 보안관련 정보를 포함한 정보를 매수인을 위하여 취득함으로서 협조를 제공하든가 제시하여야 한다.

매도인은 B10조에 규정된 대로 서류와 정보를 취득하는데 협조를 제공하든가 제시함에 있어서 매수인에게 발생되는 모든 비용과 부과금에 대해서는 매수인에게 상환하여야 한다.

B. THE BUYER'S OBLIGATIONS	
B1	General obligations of the buyer The buyer must pay the price of the goods as provided in the contract of sale. Any document referred to in B1-B10 may be an equivalent electronic record or procedure if agreed between the parties or customary.
B2	Licences, authorizations, security clearances and other formalities Where applicable, the buyer must provide assistance to the seller, at the seller's request, risk and expense, in obtaining any import licence or other official authorization for the import of the goods.

B3 Contracts of carriage and Insurance

a) Contract of carriage

The buyer has no obligation to the seller to make a contract of carriage.

b) Contract of insurance

The buyer has no obligation to the seller to make a contract of insurance. However, the buyer must provide the seller, upon request, with the necessary information for obtaining insurance.

B4 Taking delivery

The buyer must take delivery of the goods when they have been delivered as envisaged in A4.

B5 Transfer of risks

The buyer bears all risks of loss of or damage to the goods from the time they have been delivered as envisaged in A4.

If

a) the buyer fails to fulfil its obligations in accordance with B2, then it bears all resulting risks of loss of or damage to the goods; or

b) the buyer fails to give notice in accordance with B7, then it bears all risks of loss of or damage to the goods from the agreed date or the expiry date of the agreed period for delivery, provided that the goods have been clearly identified as the contract goods.

B6 Allocation of costs

The buyer must pay

a) all costs relating to the goods from the time they have been delivered as envisaged in A4;

b) all costs of unloading necessary to take delivery of the goods from the arriving means of transport at the named place of destination, unless such costs were for the seller's account under the contract of carriage; and

c) any additional costs incurred if it fails to fulfil its obligations in accordance with B2 or to give notice in accordance with B7, provided that the goods have been clearly identified as the contract goods.

B7 Notices to the seller

The buyer must, whenever it is entitled to determine the time within an agreed period and/or the point of taking delivery within the named place of destination, give the seller sufficient notice thereof.

B8 Proof of delivery

The buyer must accept the proof of delivery provided as envisaged in A8.

B9 Inspection of goods

The buyer has no obligation to the seller to pay the costs of any mandatory pre-shipment inspection mandated by the authority of the country of export or of import.

B10 Assistance with Information and related costs

The buyer must, in a timely manner, advise the seller of any security information requirements so that the seller may comply with A10.

The buyer must reimburse the seller for all costs and charges incurred by the seller in providing or rendering assistance in

obtaining documents and information as envisaged In A10.
The buyer must, where applicable, in a timely manner, provide to or render assistance In obtaining for the seller, at the seller's request, risk and expense, any documents and information, including security-related information, that the seller needs for the transport, export and Import of the goods and for their transport through any country.

B 매수인의 의무

B1 매수인의 일반적 의무

매수인은 매매계약서에 제시된 대로 물품의 대금을 지급하여야 한다.

B1조에서 B10조까지에서 언급된 어떤 서류라도 당사자 간에 합의나 관습이 있다면 동등한 전자기록이나 절차로서 대체될 수 있다.

B2 허가, 공적인가, 보안통관 및 기타 절차

적용 가능한 경우에 매수인은 매도인의 요청, 위험 그리고 비용으로 물품의 수출과 수입허가 또는 기타 공적인가를 취득하는데 있어서 매도인에게 협조를 제공해야 한다.

B3 운송계약과 보험계약

a) 운송계약

매수인은 매도인에게 운송계약을 체결할 의무가 없다.

b) 보험계약

매수인은 매도인에게 보험계약을 체결할 의무가 없다. 그러나 매수인은 요청이 있으면 매도인에게 보험취득을 위한 필요한 정보를 제공하여야 한다.

B4 인도의 수령

매수인은 A4조에 규정된 대로 물품이 인도되어졌을 때 그 물품의 인도를 수령하여야 한다.

B5 위험의 이전

매수인은 A4조에 규정된 대로 물품이 인도 되어진 때로부터 그 물품에 대한 멸실 또는 손상에 대한 모든 위험을 부담한다.

만약에

a) 매수인이 B2조에 따라서 협조의무를 이행하지 못하였다면 그 물품에 대한 멸실 또는 손상으로부터 초래되는 모든 위험을 매수인이 부담한다.

b) 매수인이 B7조에 따른 통지를 하지 못한 경우에는 매수인은 인도를 위한 합의된 일자 또는 합의된 기간의 만료일로부터 그 물품의 멸실 또는 손상에 대한 모든 위험을 부담한다.
단 그 물품은 계약물품으로서 분명히 특정되었어야 한다.

B6 비용의 분담

매수인은 다음과 같은 비용을 지급해야 한다.

a) A4조에 규정된 대로 물품이 인도되었을 때부터 그 물품에 관한 모든 비용

b) 만약에 그러한 비용이 운송계약에서 매도인 부담으로 되어 있지 않는 한 지정된 최종 목적지에서 도착되는 운송수단으로부터 물품의 인도를 수령하는데 필요한 양하를 위한 모든 비용

c) 만약에 매수인이 B2조에 따른 의무를 이행하지 못했거나 또는 B7조에 따른 통지를 하지 못했다면 그로 인해서 발생되는 모든 추가비용 단 그 물품은 계약물품으로서 분명히 특정되었어야 한다.

B7 매도인에 대한 통지

매수인은 합의된 기간 내에서 특정된 시간이나 지정된 목적 장소 내에서 인도를 수령하는 특정 지점을 결정할 권한이 부여된 때에는 매도인에게 그

에 대한 충분한 통지를 하여야 한다.

B8 인도의 증거

매수인은 A8조에 규정에 따라서 제시된 인도의 증거서류를 인수해야 한다.

B9 물품의 검사

매수인은 매도인에게 수출국 또는 수입국의 당국에 의하여 시행되는 선적 전 검사 비용을 지급할 의무가 없다.

B10 협조와 관련 비용

매수인은 시기적절한 방법으로 매도인이 A10조에 규정된 것과 일치하게 협조의무를 이행할 수 있도록 하는 매도인의 보안정보 요청에 대해서 통지해 주어야 한다.

매수인은 A10조 규정에 따라서 서류와 정보를 취득하여 협조를 제공하거나 제시하는 매도인에게 발생되는 모든 비용과 부과금에 대해서 매도인에게 상환하여야 한다.

매수인은 적용 가능한 경우에 시기적절한 방법으로 매도인의 요청, 위험비용으로 매도인이 물품의 운송, 수출과 수입 그리고 제 3국통과 운송을 위하여 요구되는 어떤 서류와 보안관련 정보를 포함한 정보를 매도인을 위하여 취득하는 협조를 제공하거나 제시하여야 한다.

사용시 유의 사항

관세 지급 인도조건(DDP조건)은 목적지에 도착한 후 수입통관과 관세지급후 수입자의 지정장소까지 인도하는 조건으로서 매도인의 최대 의무를 부과하는 조건이다. 이 조건은 수입통관전 또 다른 운송수단과 연계되는 복합운송과 구별되어야 한다.

DDP조건은 매도인이 수입통관을 하고 수입통관후 매수인이 지정하는 장소에까지 운반하여 주는 조건으로서 Door to Door조건의 실현이라고 할 수 있다. 수입자의 지정장소까지 문전서비스까지 해주는 조건이라고 할 수 있다.

제 2 장

해상과 내지 수로 운송에 사용되는 규칙

Rules for Sea and Inland waterway Transport

FAS(Free Alongside ship)
선측인도조건(FAS)

GUIDANCE NOTE
This rule is to be used only for sea or inland waterway transport. "Free Alongside Ship" means that the seller delivers when the goods are placed alongside the vessel (e. g., on a quay or a barge) nominated by the buyer at the named port of shipment. The risk of loss of or damage to the goods passes when the goods are alongside the ship, and the buyer bears all costs from that moment onwards. The parties are well advised to specify as clearly as possible the loading point at the named port of shipment, as the costs and risks to that point are for the account of the seller and these costs and associated handling charges may vary according to the practice of the port. The seller is required either to deliver the goods alongside the ship or to procure goods already so delivered for shipment. The reference to "procure" here caters for multiple sales down a chain ("string sales"), particularly common in the commodity trades. Where the goods are in containers, it is typical for the seller to hand the goods over to the carrier at a terminal and not alongside the vessel. In such situations, the FAS rule would be inappropriate, and the FCA rule should be used.

FAS requires the seller to clear the goods for export, where applicable. However, the seller has no obligation to clear the goods for import, pay any import. duty or carry out any import. customs formalities.

■ 사용지침

이 규칙은 해상 또는 내지수로 운송에 만 사용 된다.

"선측인도조건"이란 물품이 지정된 선적항에서 매수인에 의하여 지정된 선측(부두나 바지선상)에 적치하였을 때 인도되는 것을 의미한다.

물품에 대한 멸실 또는 손상의 위험은 물품이 선측에 적치된 때에 이전하고 그리고 매수인은 그 순간부터 모든 비용을 부담한다.

당사자들은 비용과 위험이 그 지점까지 매도인 부담이기 때문에 지정된 선적 항구에서 선적지점을 가능한 한 분명히 특정하여 통지받아야한다. 그리고 이러한 비용과 관련된 취급수수료는 항구의 관습에 따라서 변할 수 있다.

매도인은 물품을 선측에 인도하거나 선적을 위해서 그렇게 이미 인도된 물품을 주선하도록 요청받는다. 여기서 "조달(procure)"란 말은 상품거래에 있어서 특별히 일반적인 연속거래에서 후속된 연속매매를 위하여 물품을 조달하는 것을 의미한다.

물품이 컨테이너에 적입되어 있을 때는 매도인은 물품을 터미널에 있는 운송인에게 인도하는 것이고 선측에서 인도하지 않는 것이 특징이다. 그러한 경우에는 FAS조건은 부적당하고 FCA조건이 사용되어야 한다.

FAS조건은 적용 가능한 경우에 매도인이 물품을 수출통관하도록 요구하고 있다. 그러나 매도인은 물품을 수입통관하거나 수입관세를 지급하거나 수입통관절차를 이행할 의무는 없다.

A. THE SELLER'S OBLIGATIONS

A1 General obligations of the seller

The seller must provide the goods and the commercial invoice in conformity with the contract of sale and any other evidence of conformity that may be required by the contract.

Any document referred to in A1-A10 nay be an equivalent electronic record or procedure if agreed between the parties or customary.

A2 Licences, authorizations, security clearances and other formalities

Where applicable, the seller must obtain, at its own risk and expense, any export licence or other official authorization and carry out all customs formalities necessary for the export. of the goods.

A3 Contracts of carriage and Insurance

a) Contract of carriage

The seller has no obligation to the buyer to make a contract of carriage. However, if requested by the buyer or if it is commercial practice and the buyer does not give an instruction to the contrary in due time, the seller may contract for carriage on usual terms at the buyer's risk and expense. In either case, the seller may decline to make the contract of carriage and, if it does, shall promptly notify the buyer

b) Contract of insurance

The seller has no obligation to the buyer to make a contract of insurance. However, the seller must provide the buyer, at the buyer's request, risk, and expense (if any), with information that the buyer needs for obtaining insurance.

A4 Delivery

The seller must deliver the goods either by placing them alongside the ship nominated by the buyer at the loading point, if any, indicated by the buyer at the named port of shipment or by procuring the goods so delivered. In either case, the seller must deliver the goods on the agreed date or within the agreed period and in the manner customary at the port.

If no specific loading point has been indicated by the buyer, the seller may select the point within the named port of shipment that best suits its purpose. If the parties have agreed that delivery should take place within a period, the buyer has the option to choose the date within that period.

A5 Transfer of risks

The seller bears all risks of loss of or damage to the goods until they have been delivered in accordance with A4 with the exception of loss or damage in the circumstances described in B5.

A6 Allocation of costs

The seller must pay

a) all costs relating to the goods until they have been delivered in accordance with A4, other than those payable by the buyer as envisaged in B6; and
b) where applicable, the costs of customs formalities necessary for export as well as all duties, taxes and other charges payable upon export.

A7 Notices to the buyer

The seller must, at the buyer's risk and expense, give the buyer sufficient notice either that the goods have been delivered in accordance with A4 or that the vessel has failed to take the goods within the time agreed.

A8 Delivery document

The seller must provide the buyer, at the seller's expense, with the usual proof that the goods have been delivered in accordance with A4.

Unless such proof is a transport document, the seller must provide assistance to the buyer, at the buyer's request, risk and expense, in obtaining a transport document.

A9 Checking - packaging - marking

The seller must pay the costs of those checking operations (such as checking quality, measuring, weighing, counting) that are necessary for the purpose of delivering the goods in accordance with A4, as well as the costs of any pre-shipment inspection mandated by the authority of the country of export.

The seller must, at its own expense, package the goods, unless it is usual for the particular trade to transport the type of goods sold unpackaged. The seller may package the goods in the manner appropriate for t-heir transport, unless the buyer has notified the seller of specific packaging requirements before the contract of sale is concluded. Packaging is to be marked appropriately.

A10 Assistance with Information and related costs

The seller must, where applicable, in a timely manner, provide to or render assistance in obtaining for the buyer, at the buyer's request, risk and expense, any documents and information, including security-related information, that the buyer needs for the import of the goods and/or for their transport to the final destination.

The seller must reimburse the buyer for all costs and charges incurred by the buyer in providing or rendering assistance in obtaining documents and information as envisaged in B10.

A 매도인의 의무

A1 매도인의 일반적인 의무

매도인은 매매계약에 일치한 물품과 상업송장과 기타 계약서에서 요구될 수 있는 모든 일치증명서류를 제공하여야 한다.

A1-A10에 언급된 어떠한 서류라도 당사자 간에 합의가 있든가 관습이 있다면 동등한 전자기록이나 절차로 대체 될 수 있다.

A2 허가, 공적인가, 보안통관과 기타 절차

적용 가능한 경우에 매도인은 자신의 위험과 비용으로 수출허가나 기타 공적인가를 취득하여야 하고 그리고 그 물품의 수출에 필요한 모든 통관절차를 이행하여야 한다.

A3 운송계약과 보험계약

a) 운송계약

매도인은 매수인에게 운송계약을 체결 할 의무가 없다. 그러나 매수인의 요청이 있거나 또는 상거래 관습이 있고 그리고 매수인이 적당한 기간 내에 반대지시를 하지 않는 한, 매도인은 매수인의 위험과 비용으로 통상적인 조건으로 운송을 위하여 계약 할 수 있다. 어떠한 경우에도 매도인은 그 운송계약을 거절할 수 있고 그리고 만약에 그렇게 한다면 즉시 매수인에게 통지해야 한다.

b) 보험계약

매도인은 매수인에게 보험계약을 체결할 의무가 없다.

그러나 매도인은 매수인의 요청, 위험 그리고 비용으로 매수인이 보험을 취득하는데 필요한 정보를 매수인에게 제공해야 한다.

A4 인도

매도인은 지정된 선적항에서 만약에 존재한다면 매수인에 의하여 지정된 선측에 물품을 적치하거나 또는 그렇게 인도된 물품을 조달함으로서 물품을 인도해야 한다.

어떠한 경우에도 합의된 일자나 합의된 기간 내에서 그 항구의 관행적인 방법으로 물품을 인도하여야 한다.

만약에 매수인에 의해서 특정한 선적지점이 지정되지 않았다면 매도인은 지정된 선적항구내에서 그 목적에 가장 적합한 지점을 선택할 수 있다. 만약에 당사자들이 어떤 기간 내에 인도가 이루어 저야 한다고 합의를 했다면 매수인은 그 기간 내에서 인도일자를 선택할 권리를 가지고 있다.

A5 위험이전

매도인은 B5조에 기술된 상황에서 발생되는 멸실과 손상을 제외하고 A4조에 따라서 물품이 인도될 때 까지 물품에 대한 멸실 또는 손상에 대한 모든 위험을 부담한다.

A6 비용분담

매도인은 다음과 같은 비용을 지급해야 한다.

a) B6조에 규정된 바에 따라서 매수인에 의해서 지불될 수 있는 것은 제외하고 A4조에 따라서 물품이 인도 될 때 까지 물품에 대한 모든 비용
b) 적용 가능한 경우에 수출에 필요한 통관절차 비용뿐만 아니라 모든 관세, 조세 그리고 기타 수출시 지불될 수 있는 부과금

A7 매수인에 대한 통지

매도인은 매수인의 위험과 비용으로 물품이 A4조에 따라서 인도되었다거나 혹은 선박이 합의된 기간 내에서 물품을 적재하지 못하였다는 것에 대해서 충분한 통지를 매수인에게 하여야 한다.

A8 인도서류

매도인은 자신의 비용으로 물품이 A4조에 따라서 인도되었다는 통상적인 증거를 매수인에게 제공하여야 한다.

그러한 서류가 운송서류가 아닌 경우에는 매도인은 매수인의 요청, 위험

과 비용으로 운송서류를 취득함으로서 매수인에게 협조를 제공하여야 한다.

A9 점검, 포장, 화인(貨印)

매도인은 A4조에 따라서 물품을 인도하는 목적에 필요한 점검업무(예. 품질, 용적, 중량, 수량점검)의 비용뿐만 아니라 수출국의 당국에 의하여 이행된 선적 전 검사비용을 지급하여야 한다.

매도인은 자신의 비용으로 만약에 비포장된 상태로 판매되는 형태의 물품을 운송하는 특정거래에 통상적으로 사용되지 않는다면 상품을 포장해야 한다. 매도인은 매수인이 매매계약 체결 전에 특별한 포장요구를 매도인에게 하지 않는 한, 운송을 위해서 적절한 방법으로 물품을 포장해야 한다. 포장에는 적절한 화인(貨印)이 있어야한다.

A10 정보협조와 관련비용

매도인은 적용 가능한 경우에 시기적절한 방법으로 매수인의 요청, 위험 그리고 비용으로 매수인이 물품을 수입하거나 또는 최종목적지까지 운반하기 위하여 필요한 모든 서류와 보안관련 정보를 포함한 정보를 취득하는 협조를 제공하거나 제시하여야 한다.

매도인은 B10조 규정된 대로 운송서류와 정보를 취득하는데 협조를 제공하거나 제시함에 있어서 매수인에게 발생되는 모든 비용과 부과금을 매수인에게 상환하여야 한다.

B. THE BUYER'S OBLIGATIONS	
B1	General obligations of the buyer The buyer must pay the price of the goods as provided in the contract of sale. Any document referred to In B1-B10 nay be an equivalent electronic record or procedure if agreed between the parties or customary.
B2	Licences, authorizations, security clearances and other formalities Where applicable, it Is up to the buyer to obtain, at its own risk and expense, any import licence or other official authorization and carry out all customs formalities for the import of the goods and for their transport through any country.
B3	Contracts of carriage and Insurance a) Contract of carriage The buyer must contract, at its own expense for the carriage at the goods from the named port of shipment, except where the contract of carriage is made by the seller as provided for in A3 a). b) Contract of insurance The buyer has no obligation to the seller to make a contract of insurance.
B4	Taking delivery The buyer must take delivery of the goods when they have been delivered as envisaged in A4.
B5	Transfer of risks The buyer bears all risks of loss of or damage to the goods from

the time they have been delivered as envisaged in A4.

If

a) the buyer fails to give notice in accordance with B7; or

b) the vessel nominated by the buyer fails to arrive on time, or fails to take the goods or closes for cargo earlier than the time notified in accordance with B7, then the buyer bears all risks of loss of or damage to the goods from the agreed date or the expiry date of the agreed period for delivery, Provided that the goods have been clearly identified as the contract goods.

B6 Allocation of costs

The buyer must pay

a) all costs relating to the goods from the time they have been delivered as envisaged in A4, except, where applicable. the costs of customs formalities necessary for export as well as all duties, taxes, and other charges payable upon export as referred to m A6 b);

b) any additional costs incurred, either because:

(i) the buyer has failed to give appropriate notice in accordance with B7, or

(ii) the vessel nominated by the buyer fails to arrive on time, is unable to take the goods, or closes for cargo earlier than the time notified in accordance with B7, provided that the goods have been clearly identified as the contract goods; and

c) where applicable, all duties, taxes and other charges as well as the costs of carrying out customs formalities payable upon import of the goods and the costs for their transport through any country.

B7 Notices to the seller

The buyer must give the seller sufficient notice of the vessel name, loading point and, where necessary, the selected delivery time within the agreed period.

B8 Proof of delivery

The buyer must accept the proof of delivery provided as envisaged in A8.

B9 Inspection of goods

The buyer must pay the costs of any mandatory pre-shipment inspection, except when such inspection is mandated by the authorities of the country of export.

B10 Assistance with Information and related costs

The buyer must, in a timely manner, advise the seller of any security requirements so that the seller may comply with A10.

The buyer must reimburse the seller for all costs and charges incurred by the seller in providing or rendering assistance in obtaining documents and Information as envisaged In A10.

The buyer must, where applicable, in a timely manner, provide to or render assistance in obtaining for the seller, at the seller's request, risk and expense, any documents and information, including security-related information, that the seller needs for the transport and export of the goods and for their transport through any country.

B. 매수인의 의무

B1 매수인의 일반적 의무

매수인은 매매계약서에 제시된 대로 물품의 대금을 지급하여야 한다.

B1-B10조에 언급된 어떠한 서류라도 당사자 간에 합의가 있거나 관습이 있으면 동등한 전자기록이나 절차로 대체될 수 있다.

B2 허가, 공적인가, 보안통관 그리고 기타절차

적용 가능한 경우에 자신의 위험과 비용으로 수입허가 또는 기타 공적인가를 취득하고 그리고 물품의 수입과 제3국통과 운송을 위하여 모든 통관절차를 수행하는 것은 매수인 부담이다.

B3 운송계약과 보험계약

a) 운송계약

매수인은 자신의 비용으로 A3조 a)항에서 제시된 대로 운송계약이 매도인에 의해서 이행되는 경우를 제외하고 지정된 선적항으로부터 물품을 운송하기 위한 계약을 체결하여야 한다.

b) 보험계약

매수인은 매도인에게 보험계약을 체결할 의무가 없다.

B4 인도의 수령

매수인은 A4조에 규정된 대로 물품이 인도되었을 때에 물품의 인도를 수령하여야 한다.

B5 위험의 이전

매수인은 A4조에 규정된 대로 물품이 인도되었을 때로부터 물품에 대한 멸실 또는 손상의 모든 위험을 부담한다.

만약에

a) 매수인이 B7조에 따라서 통지를 하지 못하였거나

또는

b) 매수인에 의하여 지정된 선박이 정시에 도착하지 못하였거나 물품을 선적하지 못하였거나 B7조에 따라서 통지된 시간보다 더 빨리 화물 창고를 폐쇄하였다면 매수인은 인도를 위한 합의된 일자 또는 합의된 기간의 만료일로부터 물품에 대한 멸실 또는 손상의 모든 위험을 부담한다. 다만, 그 물품은 계약물품으로서 분명히 특정되어야 한다.

B6 비용 분담

매수인은 다음과 같은 비용을 지급하여야 한다.

a) A4조에 규정된 대로 물품이 인도되어질 때로부터 물품에 대한 모든 비용, 다만 적용 가능한 경우에 수출을 위한 통관절차 비용뿐만 아니라 모든 관세, 조세 그러나 A6조 b)항에 언급된 수출시 지불될 수 있는 기타 부과금은 제외된다.

b) 다음과 같은 어느 한 경우 때문에 발생되는 어떠한 추가비용

i) 매수인이 B7조에 따라서 적절한 통지를 하지 못한 경우

ii) 매수인에 의하여 지정된 선박이 정시에 도착하지 못하였거나 물품을 수거 할 수 없거나 또는 B7조에 따라서 통지된 시간 보다 더 빨리 화물 창고를 폐쇄한 경우

다만 그 물품은 계약 물품으로서 분명히 특정되어야 한다.

c) 적용 가능한 경우에, 모든 관세, 조세 그리고 기타 부과금뿐만 아니고 물품 수입 시에 지불 될 수 있는 통관절차 수행비용과 제3국통과 운송을 위한 비용

B7 매도인에게 통지

매수인은 선박, 선적지점, 그리고 필요한 경우에는 합의된 기간 내에서 선택된 인도 시간에 대해서 충분한 통지를 매도인에게 하여야 한다.

B8 인도증명서 인수

매수인은 A8에 규정된 대로 제공된 인도증명서를 인수해야 한다.

B9 물품의 검사

매수인은 수출국의 당국에 의하여 수행되는 그러한 검사를 제외하고 이행된 선적 전 검사 비용을 지급하여야 한다.

B10 정보협조와 관련비용

매수인은 시기적절한 방법으로 매도인이 A10조에 따라서 협조할 수 있도록 하는 보안정보 요청에 대해서 매도인에게 통지해야 한다.

매수인은 A10조에 규정된 대로 서류와 정보를 취하여 제공하거나 제출함에 있어서 매도인에게 발생되는 모든 비용과 부과금에 대해서 매도인에게 상환해야 한다.

매수인은 적용 가능한 경우에 시기적절한 방법으로 매도인의 요청, 위험 그리고 비용으로 매도인이 물품의 운송과 수출을 위해서 그리고 제3국 통과운송을 위해서 필요한 보안 관련 정보를 포함하여 어떠한 서류와 정보를 매도인을 위해서 취득하는 협조를 제공하거나 제시하여야 한다.

사용시 유의 사항

FAS조건은 화물을 선박에 적재하지 아니하고 선박의 선측(alongside ship)에 둔 때에 화물의 인도가 일어난다. 종전 규칙과 다른 점은 컨테이너화물의 경우에는 FCA조건을 사용하도록 하였다. 화물의 연속 매매를 위해 선측에 둔 물품을 알선하는 경우에도 인도의 개념에 포함시키고 있다. 이 조건에서는 선적비용은 매수인이 부담해야 한다.

이 조건은 선적비용이나 선적시간이 문제될 경우 이를 매수인에게 전가하고자 하는 경우에 사용된다. 그러나 수출통관절차와 비용은 매도인이 부담해야 한다. 목적지까지의 운송계약과 보험계약은 매수인이 체결하여야 하는데 본 조건 B3조 b)항에는 매수인이 보험계약체결의무가 없다고 한 것은 권리·의무관계에서 규정한 것이기 때문이고, 의무는 없다고 하지만 위험이 선측에서 매수인에게 이전되므로 자신의 이익을 위하여 매수인은 목적지까지 보험계약을 체결해야 할 것이다.

FOB(Free on Board)
본선인도조건(FOB)

GUIDANCE NOTE

This rule is to be used only for sea or inland waterway transport.

"Free on Board" means that the seller delivers the goods on board the vessel nominated by the buyer at the named port of shipment or procures the goods already so delivered. The risk of loss of or damage to the goods passes when the goods are on board the vessel, and the buyer bears all costs from that moment onwards.

The seller is required either to deliver the goods on board the vessel or to procure goods already so delivered for shipment. The reference to "procure" here caters for multiple sales down a chain ('string sales'), particularly common in the commodity trades.

FOB may not be appropriate where goods are handed over to the carrier before they are on board the vessel, for example goods in containers, which are typically delivered at a terminal, In such situations, the FCA rule should be used.

FOB requires the seller to clear the goods for export, where applicable. However, the seller has no obligation to clear the goods for import, pay any import duty or carry out any import customs formalities.

■ 사용지침

이 규칙은 해상 또는 내지수로 운송에만 사용될 수 있다.

"본선인도"란 매도인이 지정된 선적항에서 매수인이 지정한 본선 상에서 물품을 인도하거나 이미 선적된 물품을 조달하는 것을 의미한다. 물품의 멸실 또는 손상에 대한 위험은 물품이 본선에 선적될 때 이전하고 매수인은 그 순간부터 모든 비용을 부담한다.

매도인은 물품을 본선에 선적하여 인도하거나 이미 선적을 위해서 그렇게 인도된 물품을 조달하도록 요구된다.

여기서 "조달"(procure)이란 말은 특히 일반 물품의 경우에 보통 일어나는 연속 판매의 후속조치로서 연속매매를 알선하는 것을 말한다.

FOB조건은 예를 들면 정형적으로 터미널에서 인도되는 컨테이너 물품과 같이 물품이 본선에 적재되기 전에 운송인에게 인도되는 장소에서 충당되어서는 안 된다. 이러한 경우에는 FCA규칙이 사용되어야 한다.

FOB조건은 적용 가능한 경우에 매도인이 물품을 수출을 위해서 통관하도록 요청된다. 그러나 매도인은 그 물품을 수입을 위해서 통관하거나 수입관세를 지불하거나 또는 수입통관절차를 이행할 의무가 없다.

A. THE SELLER'S OBLIGATIONS	
A1	General obligations of the seller The seller must provide the goods and the commercial invoice in conformity with the contract of sale and any other evidence of conformity that may be required by the contract. Any document referred to in A1-A10 may be an equivalent electronic record or procedure if agreed between the parties or customary.
A2	Licences, authorizations, security clearances and other formalities

Where applicable, the seller must obtain, at its own risk and expense, any export licence or other official authorization and carry out all customs formalities necessary for the export of the goods.

A3 Contracts of carriage and insurance

a) Contract of carriage

The seller has no obligation to the buyer to make a contract of carriage. However, if requested by the buyer or if it is commercial practice and the buyer does not give an instruction to the contrary in due time, the seller may contract for carnage on usual terms at the buyer's risk and expense, In either case, the seller may decline to make the contract of carnage and, if it does, shall promptly notify the buyer.

b) Contract of insurance

The seller has no obligation to the buyer to make a contract of insurance. However, the seller must provide the buyer, at the buyer's request, risk, and expense (if any), with information that the buyer needs for obtaining insurance.

A4 Delivery

The seller must deliver the goods either by placing them on board the vessel nominated by the buyer at the loading point, if any, indicated by t he buyer at the named port of shipment or by procuring the goods so delivered, In either case, the seller must deliver the goods on the agreed date or within the agreed period and in the manner customary at the port.

If no specific loading point, has been indicated by the buyer, the seller may select the point within the named port of shipment that best suits its purpose.

A5 Transfer of risks

The seller bears all risks of loss of or damage co the goods until they have been delivered in accordance -with A4 with the exception of loss or damage in the circumstances described in B5.

A6 Allocation of costs

The seller must pay

a) all costs relating to the goods until they have been delivered in accordance with A4, other than those payable by the buyer as envisaged in B6; and
b) where applicable, the costs of customs formalities necessary for export, as well as all duties, taxes and other charges payable upon export.

A7 Notices to the buyer

The seller must, ac the buyer's risk and expense, give the buyer sufficient notice either that the goods have been delivered in accordance with A4 or that the vessel has failed to take the goods within the time agreed.

A8 Delivery document

The seller must provide the buyer, at the seller's expense, with the usual proof that the goods have been delivered in accordance with A4.

Unless such proof is a transport document, the seller must provide assistance to the buyer, at the buyer's request, risk and expense, in obtaining a transport document.

A9 Checking - packaging - marking

The seller must pay the costs of those checking operations (such as checking quality, measuring, weighing, counting) that are necessary tor the purpose of delivering the goods in accordance with A4, as well as the costs of any pre-shipment inspection mandated by the authority of the country of export.

The seller must, at its own expense, Package the goods, unless it is usual for the particular trade to transport the type of goods sold un packaged. The seller may package the goods in the manner appropriate for their transport, unless the buyer has notified the seller of specific packaging requirements before the contract of sale is concluded, Packaging is to be marked appropriately.

A10 Assistance with information and related costs

The seller must, where applicable, in a timely manner, Provide to or render assistance in obtaining for the buyer, at the buyer's request, risk and expense, any documents and information, including security-related information, that the buyer needs for the import of the goods and/or for their transport to the final destination.

The seller must reimburse the buyer for all costs and charges incurred by the buyer in providing or rendering assistance in obtaining documents and information as envisaged m B10.

A. 매도인의 의무

A1 매도인의 일반적 의무

매도인은 매매계약서에 일치한 물품과 상업송장을 제시하여야 하고 기타 계약서에 의하여 요구되는 일치증명서를 제출하여야 한다.

A1-A10에 언급된 어떠한 서류라도 당사자 간에 합의가 되거나 관습이 있다면 동등한 전자기록이나 절차로 대체될 수 있다.

A2 허가, 공적인가, 보안통관 및 기타 절차

적용 가능한 경우에 매도인은 자신의 위험과 비용으로서 어떤 수출허가 또는 기타 공적인가를 취득해야 하고 물품의 수출에 필요한 모든 통관절차를 수행해야 한다.

A3 운송계약과 보험계약

a) 운송계약

매도인은 매수인에게 운송계약을 체결할 의무가 없다. 그러나 매수인의 요청이 있거나 또는 상거래 관습이 있거나 그리고 매수인이 적절한 시간 내에 반대의 지시를 하지 않는다면 매도인은 매수인의 위험과 비용으로 통상적인 조건으로 운송계약을 체결 할 수 있다. 어떠한 경우에도 매도인은 운송계약 체결을 거절 할 수 있는데 그러한 때에는 즉시 매수인에게 통지해야 한다.

b) 보험계약

매도인은 매수인에게 보험계약을 체결할 의무가 없다. 그러나 매도인은 매수인의 요청, 위험 그리고 비용으로서 매수인이 보험을 취득하는데 필요한 정보를 제공하여야 한다.

A4 인도

매도인은 물품을 선적항에서 매수인에 의하여 지정되거나 또는 지정된 선적항에서 매수인에 의하여 지정된 본선에 적재함으로서 또는 그렇게 인도된 물품을 조달함으로서 물품을 인도해야한다. 어떤 경우에도 매도인은 합의된 일자 또는 합의된 기간 내에서 그리고 그 항구의 관습에 따라서 물품을 인도해야 한다.

만약에 특정된 선적지점이 매수인에 의하여 지정되지 않았다면 매도인이 그 목적에 가장 적합한 지정된 선적항구내에서 그 지점을 선택할 수 있다.

A5 위험의 이전

매도인은 A4조에 따라서 물품이 인도 될 때 까지 그 물품에 대한 멸실 또는 손상에 대한 모든 위험을 부담한다. 그러나 A5조에 기술된 환경하의 멸실과 손상은 제외한다.

A6 비용분담

매도인 다음과 같은 비용을 지급해야 한다.

a) B6조에 규정된 바에 따라서 매수인에 의하여 지불 될 수 있는 비용을 제외하고 물품이 A4조에 따라서 인도 될 때 까지 물품에 관한 모든 비용

b) 적용 가능한 경우에 수출에 필요한 통관절차 비용뿐만 아니라 모든 관세, 조세, 기타 수출시에 지불될 수 있는 부과금

A7 매수인에 대한 통지

매도인은 매수인의 위험과 비용으로 매수인에게 물품이 A4조에 따라서 인도되었다거나 혹은 선박이 합의된 기간 내에 물품을 수거하지 못했다는 사실에 대해서 충분한 통지를 하여야 한다.

A8 인도서류

매도인은 자신의 비용으로 매수인에게 물품이 A4조에 따라서 인도 되어졌다는 통상적인 증거를 제공하여야 한다.

만약 그러한 증거가 운송서류가 아니라면, 매도인은 매수인의 요청, 위험 그리고 비용으로 운송서류를 취득함으로서 매수인에게 협조를 해야 한다.

A9 검사, 포장, 화인(貨印)

매도인은 A4조에 따라서 물품을 인도할 목적에 필요한 물품점검 비용(예. 품질, 용적, 중량, 수량점검)뿐만 아니라 수출국의 당국에 의하여 수행되는 선적 전 검사비용을 지급하여야 한다.

매도인은 자신의 비용으로 그 물품이 통상적으로 비포장상태로 판매되는 형태의 물품을 운송하는 특별한 거래가 아닌 한 그 물품을 포장을 해야 한다. 매도인은 매수인이 계약체결 전에 특별한 포장요청을 매도인에게 하지 않는 한 물품을 그 운송에 적절한 방법으로 포장할 수 있다. 포장에는 적절한 화인(貨印)이 있어야 한다.

A10 정보에 대한 협조와 관련비용

매도인은 적용 가능한 경우에 시기적절한 방법으로 매수인의 요청, 위험 그리고 비용으로 매수인이 물품을 수입하는데 필요하거나 또는 최종 목적지까지 운송하는데 필요한 보안관련 정보를 포함하여 어떤 서류와 정보를 매수인을 위하여 취득하는 협조를 제공하거나 제시 하여야 한다.

매도인은 B10조에 규정된 서류와 정보를 취득하는데 협조를 제공하거나 제시하는데 따라서 매수인에게 발생된 모든 비용과 부과금을 매수인에게 상환해 주어야 한다.

B. THE BUYER'S OBLIGATIONS	
B1	General obligations of the buyer The buyer must pay the price of the goods as provided in the contract of sale. Any document referred to in B1-B10 may be an equivalent electronic record or procedure if agreed between the parties or customary.
B2	Licences, authorizations, security clearances and other formalities

Where applicable, it is up to the buyer to obtain, at its own risk and. expense, any import licence or other official authorization and carry out all customs formalities for the import, of the goods and for their transport through any country.

B3 Contracts of carriage and Insurance

a) contract of carriage

The buyer must contract. at Its own expense for the carriage of the goods from the named port of shipment, except where the contract of carriage is made by the seller as provided for in A3 a).

b) Contract of insurance

The buyer has no obligation to the seller to make a contract of insurance.

B4 Taking delivery

The buyer must take delivery of the goods when they have been delivered as envisaged In A4.

B5 Transfer of risks

The buyer bears all risks of loss of or damage to the goods from the time they have been delivered as envisaged in A4.

If

a) the buyer fails to notify the nomination of a vessel in accordance with B7, or

b) the vessel nominated by the buyer fails to arrive on time to enable the seller to comply with A4, is unable to take the goods, or closes for cargo earlier than the time notified in accordance with B7; then, the buyer bear's all risks of loss of or damage to the goods:

(i) from the agreed date, or in the absence of an agreed dace,

(ii) from the date notified by the seller under A7 within the agreed period, or, if no such date has been notified,

(iii) from the expiry date of any agreed period for delivery, provided that the goods have been clearly identified as the contract goods.

B6 Allocation of costs

The buyer must pay

a) all costs relating to the goods from the time they have been delivered as envisaged in A4, except, where applicable, the costs of customs formalities necessary for export, as well as all duties, taxes and other charges payable upon export as referred to in A6 b);

b) any additional costs incurred, either because:

(i) the buyer has failed to give appropriate notice in accordance with B7, or

(ii) the vessel nominated by the buyer fails to arrive on time, is unable to take the goods, or closes for cargo earlier than the time notified in accordance with B7, provided chat the goods have been clearly identified as the contract goods; and

c) where applicable, all duties, taxes and other charges, as well as the costs of carrying out customs formalities payable upon import of the goods and the costs for their transport through any country.

B7 Notices to the seller

The buyer must give the seller sufficient notice of the vessel name, loading point and, where necessary, the selected delivery time within the agreed period.

B8 Proof of delivery

The buyer must accept the proof of delivery provided as envisaged, in A8.

B9 Inspection of goods

The buyer must pay the costs of any mandatory pre-shipment inspection, except when such inspection is mandated by the authorities of the country of export.

B10 Assistance with information and related costs

The buyer must, in a timely manner, advise the seller of any security information requirements so that the seller may comply with A10.

The buyer must reimburse the seller for all costs and charges incurred by the seller in providing or rendering assistance in obtaining documents and information as envisaged in A10.

The buyer must, where applicable, in a timely manner, provide to or render assistance in obtaining for the seller, at the seller's request, risk and expense, any documents and information, including security-related information, that the seller needs for the transport and export of the goods and for their transport through any country.

B. 매수인의 의무

B1 매수인의 일반적인 의무

매수인은 매매계약서에 제시된 대로 물품의 대금을 지급해야 한다.

B1-B10조에 언급된 어떤 서류라도 당사자 간에 합의가 있거나 관습이 있다면 동등한 전자기록이나 절차로 대체 될 수 있다.

B2 허가, 공적인가, 보안통과 및 기타 절차

적용 가능한 경우에 매수인은 자신의 위험과 비용으로 수입인가 또는 기타 공적승인을 취득하거나 물품의 수입과 제3국을 통과하여 물품을 운송하기 위한 모든 통관절차를 수행하여야 한다.

B3 운송계약과 보험계약

a) 운송계약

매수인은 자신의 비용으로 A3 a)조에 규정된 매도인 부담인 경우를 제외하고 물품을 지정된 선적항으로부터 운송하기 위한 계약을 체결하여야 한다.

b) 보험계약

매수인은 매도인에게 보험계약을 체결할 의무가 없다

B4 인도수령

매수인은 물품이 A4조에 규정된 대로 인도 된 때에 그 물품의 인도를 수령하여야 한다.

B5 위험이전

매수인은 물품이 A4조에 규정된 대로 인도된 때로부터 물품의 멸실 또는 손상에 대한 모든 위험을 부담한다.

만약에

a) 매수인이 B7조에 따라서 선박의 지정통지를 못한 경우

b) 매수인에 의하여 지정된 선박이 매도인 A4조에 따라서 인도할 수 있도록 정시에 도착하지 못하였거나 물품을 수취할 수 없거나 B7조에 따라서 통지된 시간보다 더 빨리 화물선적을 종료하였다면 매수인은 다음과 같은 때로부터 발생되는 물품의 손실 또는 손상에 대한 모든 위험을 부담해야 한다.

i) 합의된 일자로부터 또는 합의된 일자가 없으면

ii) 합의된 기간 내에서 A7조에 따라서 매도인이 통지한 일자로부터 그러한 일자가 통지되지 않으면

iii) 인도의 합의된 기간의 만료일로부터

다만 그 물품은 계약물품으로서 분명히 특정되어야 한다.

B6 비용의 분담

매수인은 다음과 같은 비용을 지급하여야 한다.

a) 물품이 A4조에 규정된 대로 인도된 때로부터 물품에 대한 모든 비용, 다만 적용 가능한 경우에 수출에 필요한 통관절차 비용뿐만 아니라 모든 관세 조세 그러나 A6조 b)항에 언급된 매도인에 의해서 수출시에 지불될 수 있는 과징금은 제외한다.

b) 다음과 같은 사유로 발생된 모든 추가비용

i) 매수인이 B7조에 따라서 적절한 통지를 하지 못한 경우

ii) 매수인에 의하여 지명된 선박이 정시에 도착하지 못하였거나 물품을 수령할 수 없거나 B7조에 따라서 통지된 시간보다 더 빨리 화물선적 종료시킨 경우

c) 적용 가능한 경우에 모든 화물 수입시 지불 될 수 있는 모든 관세, 조세 기타 공과금 뿐만 아니라 수입통관절차 수행비용 그리고 제3국통과 비용

B7 매도인에게 통지

매수인은 매도인에게 선박명, 선적지정, 적용 가능한 경우에 합의된 기간 내에 선택된 인도시기에 대한 충분한 통지를 해야 한다.

B8 인도 증명

매수인은 A8에 규정된 대로 제시된 인도증명서를 인수해야 한다.

B9 물품검사

매수인은 이행된 선적 전 검사비용을 지불해야 한다. 다만 그러한 검사가 수출국가의 당국에 의하여 행해진 경우는 제외된다.

B10 정보에 대한 협조와 관련 비용

매수인은 적절한 방법으로 매도인에게 A10조에 따른 의무를 이행할 수 있도록 정보관련 요청에 대해서 통지해야 한다.

매수인은 A10조에 규정된 서류나 정보를 취득하여 협조를 제공하거나 제시함에 있어 매도인에게 발생되는 모든 비용과 부과금을 매도인에게 상환해야 한다.

매수인은, 적용 가능한 경우에, 시기적절한 방법으로 매도인의 요청, 위험 비용으로 매도인이 물품을 운송, 수출하고 그리고 제 3국을 통과하여 운송하는데 필요한 서류와 보안관련 정보를 포함한 정보를 수출자를 위하여 취득하는 협조를 제공하거나 제시해야 한다.

사용시 유의 사항

본 조건은 화물을 본선에 적재한 때 매도인의 책임이 완수되는 조건이다. 종전의 "선측난간"의 개념을 없애고 위험이전 및 비용분담의 기준도 본선적재시를 기준으로 변경하였다.

따라서 컨테이너 화물이나 항공운송의 경우에는 선적전에 운송인에게 인도되므로 FCA조건을 사용하도록 하였다. 매도인의 비용 중에는 선적비가 포함되도록 하였다.

이번 Incoterms®2010의 변경중 가장 큰 변화가 이 FOB조건의 인도지점이 본 선적재(on board vessel)으로 변경된 것이다. 이 조건이 국내조건으로도 사용될 수 있는데, 철도나 도로 항공운송으로는 사용할 수 없고 내지수로 운송의 경우에는 사용이 가능하다고 보아야 한다.

CFR(Cost and Freight)
비용운임 포함 조건(CFR)

GUIDANCE NOTE
This rule is to be used only for sea or Inland waterway transport. "Cost and Freight" means that the seller delivers the goods on board the vessel or procures the goods already so delivered. The risk of loss of or damage to the goods passes when the goods are on board the vessel. The seller must contract for and pay the costs and freight necessary to bring the goods to the named port of destination, When CPT, CIP, CFR or CIF are used, the seller fulfills its obligation to deliver when it hands the goods over to the carrier in the manner specified in the chosen rule and not when the goods reach the place of destination. This rule has two critical points, because risk passes and costs are transferred at different places. While the contract will always specify a destination port, it might not specify the port of shipment, which is where risk passes to the buyer. If the shipment port is of particular interest to the buyer, the parties are well advised to identify it as precisely as possible in the contract. The parties are well advised to identify as precisely as possible the point at the agreed port of destination, as the costs to that point are for the account of the seller. The seller is advised to procure contracts of carriage that match this choice precisely. If the seller incurs costs under its contract of carriage related to unloading at the specified point at the port of destination, the seller is not entitled to recover such costs from the buyer

unless otherwise agreed between the parties.

The seller is required either to deliver the goods on board the vessel or to procure goods already so delivered for shipment to the destination. In addition, the seller is required either to make a contract of carriage or to procure such a contract. The reference to "procure" here caters for multiple sales down a chain ('string sales'), particularly common in the commodity trades.

CFR may not be appropriate where goods are handed over to the carrier before they are on board the vessel, for example goods in containers, which are typically delivered at a terminal. In such circumstances, the CPT rule should be used.

CFR requires the seller to clear the goods for export, where applicable. However, the seller has no obligation to clear the goods for import, pay any import duty or carry out any import customs formalities.

■ 사용지침

이 규칙은 해상 또는 내지수로 운송을 위해서만 사용되어야 한다.

"비용과 운임 포함조건"이란 매도인이 물품을 본선에 적재하여 인도하거나 이미 그렇게 인도된 물품을 조달하는 것을 의미한다. 물품에 대한 멸실 또는 손상의 위험은 물품이 본선에 선적된 때에 이전한다. 매도인은 물품을 목적지의 지정된 항구까지 운반하는데 필요한 비용과 운임에 대한 계약을 체결하고 지급해야 한다.

CPT, CIP, CFR 또는 CIF 조건이 사용된 때에는 매도인은 이 물품을 선택된 규칙에 특정된 방법으로 운송인에게 물품을 인도하였을 때 그 의무를 완성하는 것이고 그 물품이 목적지에 도착 되었을 때 그의 인도 의무를 완성하는 것이 아니다. 이 규칙은 위험과 비용이 각각 다른 장소에서 이전되기 때문에 두 개의 중대한 지점이 있다. 반면에 계약에서 항상 목적항구를 특정해야 하는 독특한 점이 있는 반면에 위험이 매수인에게 이전되는 선적항구를 특정하지 않을 수 있다.

만약에 선적항이 매수인에게 특별한 관심이 될 수 있다면 당사자들은 그것을 계약서에 가능한 한 정확히 특정할 수 있도록 통보되어야 한다.

당사자들은 목적지의 지정된 항구에서 인도지점을 가능한 한 정확하게 특정 하도록 통지 받아야 한다. 왜냐하면 그 지점까지의 비용이 매도인 부담이기 때문이다 매도인은 선택된 조건에 정확히 일치시킬 수 있는 운송계약을 체결하도록 통보 받아야 한다. 만약에 매도인이 그 운송계약 하에서 목적항구의 특정 지점에서 하역에 관련된 비용을 부담해야 한다면 매도인은 달리 당사자 간에 합의되지 않는 한 그러한 비용을 매수인으로부터 환수받을 수 없다

매도인은 물품을 본선에 적재하여 인도하거나 목적항까지 선적을 위하여 이미 그렇게 인도된 물품을 조달하여야 한다. 또한 매도인은 운송계약을 체결하거나 그러한 계약을 주선하여야 한다. 여기서 조달(procure)란 말은 일반상품거래에서 보편적인 복수의 연속매매에 대응하기 위함이다.

CFR조건에서는 물품이 전형적으로 터미널에서 인도되는 컨테이너화물과 같이 본선에 적재되기 전에 운송인에게 인도되는 장소에서 물품이 충당되어 질 수 없다. 그러한 경우에는 CPT조건이 사용되어야 한다.

CFR조건에서는 매도인이 적용 가능한 경우에 물품을 수출통관하도록 요구된다. 그러나 매도인은 물품을 수입통관을 하거나 수입관세를 지불하거나 또는 수입 통관절차를 이행 할 의무는 없다.

A. THE SELLER'S OBLIGATIONS	
A1	General obligations of the seller The seller must provide the goods and the commercial invoice in conformity with the contract of sale and any other evidence of conformity that may be required by the contract. Any document referred to in A1-A10 may be an equivalent electronic record or procedure if agreed between the parties or customary.
A2	Licences, authorizations, security clearances and other formalities Where applicable, the seller must obtain, at its own risk and expense, any export licence or other official authorization and carry out all customs formalities necessary for the export of the goods.
A3	Contracts of carriage and insurance a) Contract of carriage The seller must contract or procure a contract for the carriage of the goods from the agreed point of delivery, if any, at the place of delivery to the named port of destination or, if agreed, any point at that port. The contract of carriage must be made on usual terms at the seller's expense and provide for carriage by the usual route in a vessel of the type normally used for the transport of the type of goods sold. b) Contract of insurance The seller has no obligation to the buyer to make a contract of insurance. However, the seller must provide the buyer, at the buyer's request, risk, and expense (if any), with information that the buyer needs for obtaining insurance.

A4 Delivery

The seller must deliver the goods either by placing them on board the vessel or by procuring the goods so delivered. In either case, the seller must deliver the goods on the agreed date or within the agreed period and in the manner customary at the port.

A5 Transfer of risks

The seller bears all risks of loss of or damage to the goods until they have been delivered in accordance with A4, with the exception of loss or damage in the circumstances described in B5.

A6 Allocation of costs

The seller must pay

a) all costs relating to the goods until they have been delivered in accordance with A4, other than those payable by the buyer as envisaged in B6;

b) the freight and all other costs resulting from A3 a), including the costs of loading the goods on board and any charges for unloading at the agreed port of discharge that were for the seller's account under the contract of carriage; and

c) where applicable, the costs of customs formalities necessary for export as well as all duties, taxes and other charges payable upon export, and the costs for their transport through any country that were for the seller's account under the contract of carriage.

A7 Notices to the buyer

The seller must give the buyer any notice needed in order to allow the buyer to take measures that are normally necessary to enable the buyer to take the goods.

A8 Delivery document

The seller must, at its own expense, Provide the buyer without delay with the usual transport document for the agreed port of destination.

This transport document must cover the contract goods, be dated within the period agreed for shipment, enable the buyer to claim the goods from the carrier at the port of destination and, unless otherwise agreed, enable the buyer to sell the goods in transit by the transfer of the document to a subsequent buyer or by notification to the carrier.

When such a transport document is issued in negotiable form and in several originals, a full set of originals must be presented to the buyer.

A9 Checking - packaging - marking

The seller must pay the costs of those checking operations (such as checking quality, measuring, weighing, counting) that are necessary for the purpose of delivering the goods in accordance with A4, as well as the costs of any pre-shipment inspection mandated by the authority of the country of export.

The seller must, at its own expense, Package the goods, unless it is usual for the particular trade to transport the type of goods sold unpackaged. The seller may package the goods in the manner appropriate for their transport, unless the buyer has notified the seller of specific packaging requirements before the contract of sale is concluded. Packaging is to be marked appropriately.

A10	Assistance with information and related costs The seller must, where applicable, in a timely manner, provide to or render assistance in obtaining for the buyer, at the buyer's request, risk and expense, any documents and information, including security-related information, that the buyer needs for the import of the goods and/or for their transport to the final destination.

A. 매도인의 의무

A1 매도인의 일반적 의무

매도인은 매매계약과 일치하게 물품과 상업송장 그리고 계약서에서 요구될 수 있는 기타 일치증명서를 제공하여야 한다.

A1-A10조에서 언급된 어떠한 서류라도 당사자 간에 합의가 있거나 관습이 존재 한다면 동등한 전자기록이나 절차로 대체될 수 있다.

A2 허가, 공적인가, 보안통관과 기타절차

적용 가능한 경우에 매도인은 자신의 위험과 비용으로 수출허가 또는 기타 공적인가를 취득하여야 하고 물품 수출에 필요한 모든 통관절차를 이행하여야 한다.

A3 운송계약과 보험계약

a) 운송계약

매도인은 인도 장소에 있는 합의된 인도지점으로부터 도착지의 지정 항구나 또는 합의가 있다면 그 항구에 있는 어떤 지점까지 물품 운송을 위한 계약을 체결하거나 주선해야 한다. 운송계약은 매도인의 비용으로 통상적인 조건으로 체결되어야 하고 판매된 형태의 물품운송에 일반적으로 사용되는 그러한 형태의 선박으로 통상적인 항로에 의한 운송을 주선해야 한다.

b) 보험계약

매도인은 매수인에게 보험계약을 체결할 의무가 없다 그러나 매도인은 매수인에게 매수인의 요청, 위험과 비용으로 매수인이 보험을 취득하는데 필요한 정보(있다면)를 제공하여야 한다.

A4 인도

매도인은 물품을 본선에 적재하거나 그렇게 인도된 물품을 조달함으로서 물품을 인도하여야 한다. 어떠한 경우에도 매도인은 합의된 일자나 합의된 기간 내에 그리고 그 항구의 관습적인 방법으로 물품을 인도하여야 한다.

A5 위험이전

매도인은 물품이 A4조에 따라서 인도 될 때까지 그 물품에 대한 멸실 또는 손상에 대한 모든 위험을 부담해야 한다. 그러나 B5에 기술된 환경하에 발생되는 멸실과 손상은 예외로 한다.

A6 비용분담

매도인은 다음과 같은 비용을 지급하여야 한다.

a) B6조에 규정된 대로 매수인에 의해서 지불될 수 있는 것은 제외하고 A4조에 따라서 물품이 인도 될 때 까지 운임과 물품에 관한 모든 비용

b) 물품을 본선에 적재하는 비용을 포함하여 A3조부터 발생되는 기타 모든 비용과 운송계약에서 매도인 부담으로 합의된 하역 항구에서의 하역비용

c) 적용 가능한 경우에 수출에 필요한 통관절차 비용뿐만 아니라 모든 관세, 조세, 그리고 기타 수출시에 지불 될 수 있는 부과금과 운송계약에서 수출자부담으로 된 제 3국통과를 위한 운송비

A7 매수인에 대한 통지

매도인은 매수인이 물품을 수령할 수 있도록 하는데 일반적으로 필요한

절차를 취할 수 있도록 허용하기 위하여 필요한 통지를 매수인에게 하여야 한다.

A8 인도서류

매도인은 자신의 비용으로 매수인에게 지체 없이 목적지의 합의된 항구에서 물품을 찾는데 필요한 통상적인 운송서류를 제공하여야 한다.

이러한 운송서류는 계약물품을 표시해야하고, 합의된 선적기간내로 일부(日附)되어야 하고, 매수인이 물품을 도착된 항구에서 운송인으로부터 청구할 수 있게 하여야 한다. 그리고 달리 합의되어 있지 않으면 연속된 매수인에게 그 운송 서류를 양도하거나 그 운송인에게 통지함으로서 매수인이 운송중인 물품을 판매할 수 있게 되어야 한다.

그러한 운송서류가 양도가능 형태로 여러 개의 원본으로 발행된 때에는 원본 전통이 매수인에게 제시되어야 한다.

A9 점검, 포장, 화인(貨印)

매도인은 A4조에 따라서 물품을 인도하기 위한 목적에 필요한 점검활동(품질, 용적, 중량, 수량 검사)에 대한 비용을 지급하여야 할 뿐만 아니라 수출국의 당국에 의해서 이행된 선적 전 검사 비용을 지급해야 한다.

매도인은 자신의 비용으로, 물품이 비포장상태로 판매되는 형태의 물품을 운송하는 특별한 무역거래에 통상적으로 적용되는 것이 아닌 한, 그 물품을 포장하여야 한다. 매도인은 매수인이 매매계약이 체결되기 전에 매도인에게 특별한 포장요구를 하지 않는 한 그 물품을 운송하는데 적절한 방법으로 물품을 포장할 수 있다. 포장은 적절하게 화인(貨印)되어야 한다.

A10 정보협조와 관련비용

매도인은 적용 가능한 경우에, 시기적절한 방법으로 매수인의 요청, 위험 그리고 비용으로, 매수인이 물품을 수입하거나 최종 목적지까지 운송하기 위하여 필요한 보안관련 정보를 포함하여 운송서류와 정보를 매수인을 위하여 취득함으로서 협조를 제공하거나 제시하여야 한다.

매도인은 B10조에 규정된 서류와 정보를 취득하여 협조를 제공하거나 제시함에 있어서 매수인에게 발생된 모든 비용과 부과금을 매수인에게 상환해야 한다.

B. THE BUYER'S OBLIGATIONS	
B1	General obligations of the buyer The buyer must pay the price of the goods as provided in the contract of sale. Any document referred to in B1-B10 may be an equivalent electronic record or procedure if agreed between the parties or customary.
B2	Licences, authorizations, security clearances and other formalities Where applicable, it is up to the buyer to obtain, at its own risk and expense, any import licence or other official authorization and carry out all customs formalities for the import of the goods and for their transport through any country.
B3	Contracts of carriage and insurance a) Contract of carriage The buyer has no obligation to the seller to make a contract of carriage. b) Contract of insurance The buyer has no obligation to the seller to make a contract of insurance. However, the buyer must provide the seller, upon request, with the necessary information for obtaining insurance.
B4	Taking delivery The buyer must take delivery of the goods when they have been

delivered as envisaged in A4 and receive them from the carrier at the named port of destination.

B5 Transfer of risks

The buyer bears all risks of loss of or damage to the goods from the time they have been delivered as envisaged in A4.

If the buyer fails to give notice in accordance with B7, then it bears all risks of loss of or damage to the goods from the agreed date or the expiry date of the agreed period for shipment, provided that the goods have been clearly identified as the contract goods.

B6 Allocation of costs

The buyer must, subject to the provisions of A5 a), pay

a) all costs relating to the goods from the time they have been delivered as envisaged in A4, except, where applicable, the costs of customs formalities necessary for export as -well as all duties, taxes, and other charges payable upon export as referred to in A6 c);
b) all costs and charges relating to the goods while in transit until their arrival at the port of destination, unless such costs and charges were for the seller's account under the contract of carriage;
c) unloading costs including lighterage and wharfage charges, unless such costs and charges were for the seller's account under the contract of carriage;
d) any additional costs incurred if it fails to give notice in accordance with B7, from the agreed date or the expiry date of the agreed period for shipment, Provided that the goods have

been clearly identified as the contract goods; and

e) where applicable, all duties, taxes and other charges, as well as the costs of carrying out customs formalities payable upon import of the goods and the costs for their transport through any country unless included within the cost of the contract of carriage.

B7 Notices to the seller

The buyer must, whenever it is entitled to determine the time for shipping the goods and/or the point of receiving the goods within the named port of destination, give the seller sufficient notice thereof.

B8 Proof of delivery

The buyer must accept the transport document provided as envisaged in A8 if it is in conformity with the contract.

B9 Inspection of goods

The buyer must pay the costs of any mandatory pre-shipment inspection, except when such inspection is mandated by the authorities of the country of export.

B10 Assistance with Information and related costs

The buyer must, in a timely manner, advise the seller of any security information requirements so that the seller may comply with A10.

The buyer must reimburse the seller for all costs and charges incurred by the seller in providing or rendering assistance in obtaining documents and information as envisaged in A10.

> The buyer must, where applicable, in a timely manner, provide to or render assistance in obtaining for the seller, at the seller's request, risk and expense, any documents and information, including security-related information, that the seller needs for the transport and export of the goods and for their transport through any country.

B. 매수인의 의무

B1 매수인의 일반적인 의무

매수인은 매매계약서에 제시된 대로 물품의 대금을 지급하여야 한다.

B1-B10조에 언급된 어떤 서류라도 당사자 간에 합의되거나 관습이 있다면 동등한 전자기록이나 절차로서 대체될 수 있다.

B2 허가, 공적인가 보안통관 및 기타 절차

적용 가능한 경우에 자신의 위험과 비용으로서 어떤 수입허가 또는 기타 공적인가을 취득하고 물품 수입과 제3국을 통과하여 운송하기 위한 모든 통관절차를 이행하는 것은 매수인의 부담이다.

B3 운송계약과 보험계약

a) 운송계약
매수인은 매도인에게 운송계약을 체결할 의무가 없다

b) 매수인은 매도인에게 보험계약을 체결할 의무가 없다. 그러나 매수인은 요청 시에 매도인에게 보험을 취득하기 위한 필요한 정보를 제공하여야 한다.

B4 인도의 수령

매수인은 물품이 A4조에 규정된 대로 인도되었을 때에 그 물품의 인도를 수령 하여야 하며, 지정된 목적항에서 운송인으로부터 물품을 수취하여야 한다.

B5 위험의 이전

매수인은 물품이 A4조에 규정된 대로 인도되었을 때로부터 그 물품에 대한 멸실 또는 손상에 대한 모든 위험을 부담 한다

만약에 매수인이 B7조에 따라서 통지를 하지 못했다면 매수인은 합의된 일자나 합의된 선적기간의 만료일로부터 그 물품의 멸실이나 손상에 대한 모든 위험을 부담한다. 다만 그 물품은 계약물품으로서 분명히 특정되어야 한다.

B6 비용의 분담

매수인은 A3조의 조항에 근거하여 다음과 같은 비용을 지급하여야 한다.

a) 물품이 A4조에 규정된 대로 인도되어진 때로부터 그 물품에 관한 모든 비용 다만 적용 가능한 경우에 수출에 필요한 통관절차 비용뿐만 아니라 모든 관세, 조세, 그러나 A6조 c)항에 언급된 수출시에 지급 될 수 있는 기타 부과금은 제외된다.

b) 운송계약에서 매도인 부담으로 되어 있지 않는 한 목적지 항구에 도착시까지 운송 중에 물품에 관한 모든 비용과 부과금.

c) 운송계약에서 매도인 부담으로 되어 있지 않는 한 부선료(艀船料), 항세(港稅) 비용

d) 만약 매수인이 B7조에 따른 통지를 하지 못하였다면 선적을 위한 합의된 일자 또는 합의된 기간 내의 만료일로부터 발생되는 모든 추가비용 다만 그 물품은 계약물품으로서 분명히 특정되어져야 한다.

e) 적용 가능한 경우에 수입시에 지불될 수 있는 모든 관세, 조세 그리고 기타 부과금뿐만 아니라 통관절차 비용과 운송계약에서 비용으로 포함되어 있지 않다면 제3국통과 운송비용

B7 매도인에 대한 통지

매수인은 물품을 선적할 시간과 지정된 목적항에서 물품을 수령할 지점을 결정할 권한이 부여 되었을 때는 언제든지 매도인에게 그에 관한 충분한 통지를 해야 한다.

B8 인도증명

매수인은 운송서류가 계약과 일치한다면 A8조에 규정된 대로 제시된 운송서류를 인수해야 한다.

B9 물품의 검사

매수인은 수출국의 당국에 의해서 행해진 것이 아닌 한 이행된 선적 전 검사비용을 지급해야 한다.

B10 정보협력과 관련 비용

매수인은 시기적절한 방법으로 매도인이 A10조에 일치하게 협조의무를 이행할 수 있도록 매도인에게 보안정보 요청에 대해서 통지해야 한다.

매수인은 매도인이 A10조에 규정된 서류와 정보를 취득하는 협조를 제공하거나 제시함에 있어서 매도인에게 발생하는 모든 비용과 부과금을 상환해야 한다.

매수인은 적용 가능한 경우에 시기적절한 방법으로 매도인의 요청, 위험과 비용부담 하에 매도인이 물품의 운송이나 수출을 위해서 그리고 제3국통과 운송을 위하여 필요한 보안관련 정보를 포함해서 어떤 서류와 정보를 매도인을 위해서 취득하는 협조를 제공하거나 제시하여야 한다.

사용시 유의 사항

모든 조건은 FOB조건과 유사하나 목적지까지 운송계약과 운임을 매도인이 부담하는 것에서 차이가 있다. 목적지까지 보험료는 매수인이 책임지는 것이 CIF조건과 구별된다. 따라서 인도지점이 본선의 적재시점이므로 최초의 운송인에게 인도된 때 인도가 일어나는 CPT조건과 차이가 있다고 하겠다.

목적지까지의 운송계약은 매도인이 책임지지만 보험계약은 매수인이 하여야 한다. 그럼에도 불구하고 본조 B3조 b)항에서 매수인이 보험계약체결의무가 없다고 규정한 것은 권리·의무의측면에서 규정한 것이고 자신의 이익을 위해서는 반드시 보험계약을 체결하여야 할 것이다. B7조에서 매수인 물품의 수령지점은 목적항구내에서 구체적인 장소를 지정해야 한다는 의미이다.

CIF(Cost insurance and Freight)
비용, 보험, 운임 포함 조건(CIF)

GUIDANCE NOTE
This rule is to be used only for sea or inland waterway transport. "Cost, Insurance and Freight" means that the seller delivers the goods on board the vessel or procures the goods already so delivered. The risk of loss of or damage to the goods passes when the goods are on board the vessel. The seller must contract for and pay the costs and freight necessary to bring the goods to the named port of destination. The seller also contracts for insurance cover against the buyer's risk of loss of or damage to the goods during the carriage. The buyer should note that under CIF the seller is required to obtain insurance only on minimum cover. Should the buyer wish to have more insurance protection, it will need either to agree as much expressly with the seller or to make its own extra insurance arrangements. When CPT, CIP, CFR, or CIF are used, the seller fulfills its obligation to deliver when it hands the goods over to the carrier in the manner specified in the chosen rule and not when the goods reach the place of destination. This rule has two critical points, because risk passes and costs are transferred at different places. While the contract will always specify a destination port, it might not specify the port of shipment, which is where risk passes to the buyer. If the shipment port is of particular interest to the buyer, the parties are well advised to identify it as precisely as possible in the contract.

The parties are well advised to identify as precisely as possible the point at the agreed port of destination, as the costs to that point are for the account of the seller. The seller is advised to procure contracts of carriage that match this choice precisely. If the seller incurs costs under its contract of carriage related to unloading at the specified point at the port of destination, the seller is not entitled to recover such costs from the buyer unless otherwise agreed between the parties.

The seller is required either to deliver the goods on board the vessel or to procure goods already so delivered for shipment to the destination. In addition the seller is required either to make a contract of carriage or to procure such a contract. The reference to "procure" here caters for multiple sales down a chain ('string sales'), particularly common in the commodity trades.

CIF may not be appropriate where goods are handed over to the carrier before they are on board the vessel, for example goods in containers, which are typically delivered at a terminal. In such circumstances, the CIP rule should be used.

CIF requires the seller to clear the goods for export, where applicable. However, the seller has no obligation to clear the goods for import, pay any import duty or carry out any import customs formalities.

■ 사용지침

"비용 보험 그리고 운임 포함조건"이란 매도인이 물품을 본선에 선적하여 인도하거나 이미 그렇게 인도된 물품을 알선하는 것을 의미한다. 물품의 멸실 또는 손상의 위험은 물품이 본선에 선적된 때에 이전한다. 매도인은 물품을 지정된 목적항까지 운반하는 계약을 체결해야하고 필요한 비용과 운임을 지급해야 한다.

매도인은 또한 운송기간 중 물품에 대한 멸실 또는 손상으로 인한 매수인의 위험에 대해서 부담할 보험계약을 체결해야 한다.

CPT, CIP, CFR 또는 CIF조건이 사용된 때에는 매도인은 선택된 규칙에 특정된 방법으로 물품을 운송인에게 인도하고 물품이 아직 목적지에 도착하지 아니한 때에 그의 인도의무를 완성한다.

이 규칙은 각각 다른 장소에서 위험과 비용이 이전되기 때문에 두 개의 중요한 지점이 존재한다. 계약은 목적항구를 항상 특정하여야 하는데 반하여, 위험이 이전되는 선적항구를 지정하지 않을 수 있다. 만약에 선적항구가 매수인에게 특별한 이점(利點)이 된다면 당사들은 계약서에 가능하다면 정확하게 그것을 특정하도록 통지받을 수 있다. 당사자들은 목적항의 합의된 지점을 가능하다면 정확하게 특정하도록 통지 받아야 한다. 왜냐하면 그 지점까지의 비용이 매도인 부담이기 때문이다. 매도인은 이러한 선택된 조건에 정확하게 부합되는 운송계약을 주선하도록 통지 받아야 한다. 만약에 매도인이 그 운송계약에서 목적항의 특정된 지점에서 양하비용을 부담해야 한다면 매도인은 달리 당사자 간에 합의가 없는 한 그 비용을 매수인으로부터 회수하도록 하는 권한이 부여되어 있지 않다.

매도인은 물품을 본선에 적재하여 인도하든가 또는 이미 목적지까지 선적하여 인도된 물품을 조달하도록 요구 받고 있다. 추가로 매도인은 운송계약을 체결 하는가 또는 그러한 계약을 조달하도록 요구되고 있다. 여기서 "조달(procure)"이란 언급은 상품거래에 있어서 특히 일반화되고 있는 연속매매의 후속으로 연속판매를 대응하기 위함이다.

CIF조건은 예를 들면 운송터미널에서 특히 인도되는 컨테이너화물과 같이 물품이 본선에 선적되기 전에 운송인에게 인도되어지는 경우에는 적당한 조건이 아니다 그러한 경우에는 CIP조건이 사용되어야 한다.

CIF조건은 적용 가능한 경우에 매도인이 물품의 수출을 위해서 통관하도록 요구된다. 그러나 매도인은 수입을 위해서 물품을 통관하거나 수입관세를 지불하거나 또는 수입통관절차를 수행할 의무는 없다.

A. THE SELLER'S OBLIGATIONS	
A1	General obligations of the seller The seller must provide the goods and the commercial invoice in conformity with the contract of sale and any other evidence of conformity that may be required by the contract. Any document referred to in A1-A10 may be an equivalent electronic record or procedure if agreed between the parties or customary.
A2	Licences, authorizations, security clearances and other formalities Where applicable, the seller must obtain, at its own risk and expense, any export licence or other official authorization and carry out all customs formalities necessary for the export of the goods.
A3	Contracts of carriage and insurance a) Contract of carriage The seller must contract or procure a contract for the carriage of the goods from the agreed point of delivery, if any, at the place of delivery to the named port of destination or, if agreed, any point at that port. The contract of carriage must be made on usual terms at the seller's expense and provide for carriage by the usual route in a vessel of the type normally used for

the transport of the type of goods sold.

b) Contract of insurance

The seller must obtain, at its own expense, cargo insurance complying at least with the minimum cover provided by Clauses(C) of the Institute Cargo Clauses (LMA/IUA) or any similar clauses. The insurance shall be contracted with underwriters or an insurance company of good repute and entitle the buyer, or any other person having an insurable interest in the goods, to claim directly from the insurer.

When required by the buyer, the seller shall, subject to the buyer providing any necessary information requested by the seller, provide at the buyer's expense any additional cover, if procurable, such as cover as provided by Clauses (A) or (B) of the Institute Cargo Clauses (LMA/IUA) or any similar clauses and/or cover complying with the Institute War Clauses and/or Institute Strikes Clauses (LMA/IUA) or any similar clauses.

The insurance shall cover, at a minimum, the price provided in the contract plus 10% (i. e., 110%) and shall be in the currency of the contract.

The insurance shall cover the goods from the point of delivery set out in A4 and A5 to at least the named port of destination.

The seller must provide the buyer with the insurance policy or other evidence of insurance cover.

Moreover, the seller must provide the buyer, at the buyer's request, risk, and expense (if any), with information that the buyer needs to procure any additional insurance.

A4 Delivery

The seller must deliver the goods either by placing them on board the vessel or by procuring the goods so delivered. In either case, the seller must deliver the goods on the agreed date or within the agreed period and in the manner customary at the port.

A5 Transfer of risks

The seller bears all risks of loss of or damage to the goods until they have been delivered in accordance with. A4, with the exception of loss or damage in the circumstances described in B5.

A6 Allocation of costs

The seller must pay

a) all costs relating to the goods until they have been delivered in accordance with A4, other than those payable by the buyer as envisaged in B6;
b) the freight and all other costs resulting from A3 a), including the costs of loading the goods on board and any charges for unloading at the agreed port of discharge that were for the seller's account under the contract of carriage;
c) the costs of insurance resulting from A3 b); and
d) where applicable, the costs of customs formalities necessary for export, as well as all duties, taxes and other charges payable upon export, and the costs for their transport through any country that were for the seller's account under the contract of carriage.

A7 Notices to the buyer

The seller must give the buyer any notice needed in order to allow the buyer to take measures that are normally necessary to enable the buyer to take the goods.

A8 Delivery document

The seller must, at its own expense provide the buyer without delay with the usual transport document for the agreed port of destination.

This transport document must cover the contract goods, be dated within the period agreed for shipment, enable the buyer to claim the goods from the carrier at the port of destination and, unless otherwise agreed, enable the buyer to sell the goods in transit by the transfer of the document to a subsequent buyer or by notification to the carrier.

When such a transport document is issued in negotiable form and in several originals, a full set of originals must be presented to the buyer.

A9 Checking - packaging - marking

The seller must pay the costs of those checking operations (such as checking quality, measuring, weighing, counting) that are necessary for the purpose of delivering the goods in accordance with A4, as well as the costs of any pre-shipment inspection mandated by the authority of the country of export.

The seller must, at its own. expense, Package the goods, unless it is usual for the particular trade to transport the type of goods sold unpackaged. The seller may package the goods in the manner appropriate for their transport, unless the buyer has notified the seller of specific packaging requirements before the contract of

	sale is concluded, Packaging is to be marked appropriately.
A10	Assistance with information and related costs The seller must, where applicable, in a timely manner, provide to or render assistance in obtaining for the buyer, at the buyer's request, risk and expense, any documents and information, including security-related information, that the buyer needs for the import of the goods and/or for their transport to the final destination. The seller must reimburse the buyer for all costs and charges incurred by the buyer in providing or rendering assistance in obtaining documents and information as envisaged in B10.

A. 매도인의 의무

A1 매도인의 일반적 의무

매도인은 매매계약에 일치하게 물품과 상업송장 그리고 계약에서 요구될 수 있는 기타 일치 증명서를 제공하여야 한다.

A1-A10조에서 언급된 어떠한 서류라도 당사자의 합의가 되든가 관습이 있다면 동등한 전자기록 또는 절차로 대체 될 수 있다.

A2 허가, 공적인가, 보안통관 및 기타 절차

적용 가능한 경우에 매도인은 자신의 위험과 비용으로 어떠한 수출허가 또는 기타 공적인가를 취득하여야 하고 그리고 물품의 수출에 필요한 모든 통관절차를 수행하여야 한다.

A3 운송계약과 보험계약

a) 운송계약

매도인은 인도장소의 합의가 있다면 인도의 합의된 지점으로부터 목적지의 지정된 항구까지 또는 합의가 있다면 그 항구의 어느 지점까지 물품운송을 위한 계약을 체결하거나 조달하여야 한다. 그 운송 계약은 매도인의 비용 하에서 통상적인 조건으로 체결되어야 한다. 그리고 판매된 그런 물품의 운송을 위하여 일반적으로 사용되는 그러한 선박으로 통상적인 항로에 의한 운송을 주선해야 한다.

b) 보험계약

매도인은 자신의 비용으로 로이즈적하보험협회약관(LMA/IUA)의 I.C.C(C) 조건에 의하여 제공되는 적어도 최소한의 담보조건으로 적하보험을 취득해야 한다. 그 보험은 명성있는 보험인수인 또는 보험회사와 계약이 체결되어야 하고 그리고 매수인이나 그 물품에 피보험 이익을 가지고 있는 기타 당사자로 하여금 보험자로부터 직접적 청구 할 수 있도록 하여야 한다.

매수인에 의한 요청이 있을 때는 매도인은 만약 매수인이 매도인이 요청하는 필요한 정보를 제공한다면 매수인 비용으로 추가담보 즉 가능하다면 로이즈보험협회약관(LMA/IUA) I.C.C(A) 또는 I.C.C(B)조건이나 전쟁약관(I.C.C War Clause)이나 파업약관 (I.C.C Strike Clause) 또는 그와 유사한 약관에 의한 담보를 제공한다.

보험은 최소한 계약서 가격에 10%를 더하여 부보 되어야 하고 계약서에 있는 통화로 체결되어야 한다. 보험은 A4조와 A5조에서 규정된 인도지점으로부터 적어도 지정된 목적항까지 물품을 부보해야 한다. 매도인은 매수인에게 보험증권 또는 보험부보의 다른 증명서를 제공해야 한다.

더욱이 매도인은 매수인에게 매수인의 요청, 위험 그리고 비용으로서 매수인이 추가보험을 주선하는데 필요한 정보를 제공하여야 한다.

A4 인도

매도인은 물품을 본선에 선적하거나 또는 그렇게 인도 된 물품을 주선함으로서 물품을 인도해야 한다. 어떠한 경우에도 매도인은 합의된 일자 또는 합의된 기간 내에서 그리고 그 항구에 관습적인 방법으로 물품을 인도해야 한다.

A5 위험의 이전

매도인은 B5조에 기술된 경우에 발생되는 물품의 멸실 또는 손상은 제외하고 물품이 A4조에 따라서 인도될 때 까지 물품에 대한 멸실 도는 손상에 대한 모든 위험을 부담한다.

A6 비용 분담

매도인은 다음과 같은 비용을 지급해야 한다.

a) 물품이 B6조에 규정된 대로 매수인에 의해서 지불될 수 있는 비용은 제외하고 A4에 따라서 인도될 때 까지 물품에 관한 모든 비용
b) 운임과 물품을 갑판 상에 선적하는 비용과 계약서에 매도인 부담으로 되어 있는 합의된 하역항구에서의 하역비용을 포함한 A3조에서 비롯된 기타 비용
c) A3조 b)항에서 발생되는 보험비용
d) 적용 가능한 경우에 수출에 필요한 통관비용 뿐만 아니고 수출시 지불될 수 있는 모든 관세, 조세 그리고 기타 부과금과 운송계약서에 매도인 부담으로 되어 있는 제3국을 통과하여 운송하기 위한 비용.

A7 매수인에 대한 통지

매수인이 물품을 수령할 수 있도록 하는데 일반적으로 필요한 절차를 취하는데 필요한 통지를 매수인에게 하여야 한다.

A8 인도 서류

매도인은 자신의 비용으로 매수인에게 목적지의 합의된 항구에서 사용되

는 통상적인 운송서류를 지체 없이 매수인에게 제공하여야 한다.

이 운송서류는 계약 물품을 표시해야 하고 선적을 위한 합의된 기간내에 일부(日附)되어야 하고 매수인이 목적항구에서 운송인으로부터 물품을 청구 할 수 있어야 한다. 그리고 달리 합의되지 않는 한 매수인이 연속된 매수인에게 서류를 양도하거나 운송인에게 통지함으로서 운송중의 물품을 매도할 수 있어야 한다.

그러한 운송서류가 양도 가능한 형식으로 그리고 여러 개의 원본으로 발행된 때에는 원본 전통이 매수인에게 제시되어야 한다.

A9 점검, 포장, 화인(貨印)

매도인은 A4조에 따라서 물품을 인도할 목적에 필요한 점검업무(예, 품질, 용적, 중량, 수량점검)의 비용뿐만 아니라 수출국 당국에 의한 이행된 선적전 검사 비용을 지급하여야 한다.

매도인은 자신의 비용으로 비포장 상태로 판매되는 그러한 물품을 운송하는 특별한 거래를 위한 것이 아닌 한 그 물품을 포장해야 한다.

매도인은 매수인이 계약이 체결되기 전에 매도인에게 특별한 포장요청을 통지하지 않는 한, 운송에 적절한 방법으로 물품을 포장 할 수 있다. 포장은 적절하게 화인(貨印)이 되어야 한다.

A10 정보협조와 관련비용

매도인은 적용 가능한 경우에 시기적절한 방법으로 매수인의 요청, 위험과 비용으로 매수인이 물품을 수입하거나 최종목적지 까지 운송하는데 필요한 보안관련 정보를 포함한 운송서류와 정보를 매수인을 위하여 취득하는 협조를 제공하거나 제시하여야 한다.

매도인은 매수인에게 B10조에 규정된 대로 서류와 정보를 취득하는데 협조를 제공하거나 제시함으로서 매수인에게 발생되는 모든 비용과 부과금에 대해서 매수인에게 상환해야 한다.

B. THE BUYER'S OBLIGATIONS	
B1	General obligations of the buyer The buyer must pay the price of the goods as provided in the contract of sale. Any document referred to in B1-B10 may be an equivalent electronic record or procedure if agreed between the parties or customary.
B2	Licences, authorizations, security clearances and formalities Where applicable, it is up to the buyer to obtain, at its own risk and expense, any import licence or other official authorization and carry out all customs formalities for the import of the goods and for their transport through any country.
B3	Contracts of carriage and insurance a) Contract of carriage The buyer has no obligation to the seller to make a contract of carnage. b) Contract of insurance The buyer has no obligation to the seller to make a contract of insurance. However, the buyer must provide the seller, upon request, with any information necessary for the seller to procure any additional insurance requested by the buyer as envisaged in A5 b).
B4	Taking delivery The buyer must take delivery of the goods when they have been delivered as envisaged. in A4 and receive them from the carrier at the named port of destination.

B5	Transfer of risks The buyer bears all risks of loss of or damage to the goods from the time they have been delivered as envisaged in A4. If the buyer fails to give notice in accordance with B7, then it bears all risks of loss of or damage to the goods from the agreed date or the expiry date of the agreed period for shipment, provided that the goods have been clearly identified as the contract goods.
B6	Allocation of costs The buyer must, subject to the provisions of A3 a), pay a) all costs relating to the goods from the time they have been delivered as envisaged in A4, except, where applicable, the costs of customs formalities necessary for export, as -well as all duties, taxes and other charges payable upon export as referred to in A6 d); b) all costs and charges relating to the goods while in transit until their arrival at the port of destination, unless such costs and charges were for the seller's account under the contract of carriage; c) unloading costs including lighterage and wharfage charges, unless such costs and charges -were for the seller's account under the contract of carriage; d) any additional costs incurred if it fails to give notice in accordance with B7, from the agreed date or the expiry date of the agreed period for shipment, Provided that the goods have been clearly identified as the contract goods; e) where applicable, all duties, taxes and other charges, as well as the costs of carrying out customs formalities payable upon

import of the goods and the costs for their transport through any country, unless included within the cost of. the contract of carriage; and

f) the costs of any additional insurance procured at the buyer's request under A3 b) and B3 b).

B7 Notices to the seller

The buyer must, whenever it is entitled to determine the time for shipping the goods and/or the point of receiving the goods within the named port of destination, give the seller sufficient notice thereof.

B8 Proof of delivery

The buyer must accept the transport document provided as envisaged in A8 if it is in conformity with the contract.

B9 Inspection of goods

The buyer must pay the costs of any mandatory pre-shipment inspection, except when such inspection is mandated by the authorities of the country of export.

B10 Assistance with information and related costs

The buyer must, in a timely manner, advise the seller of any security information requirements so that the seller may comply with A10.

The buyer must reimburse the seller for all costs and charges incurred by the seller in providing or rendering assistance in obtaining documents and information as envisaged in A10.

> The buyer must, where applicable, in a timely manner, provide to or render assistance in obtaining for the seller, at the seller's request, risk and expense, any documents and information, including security-related information, that the seller needs for the transport and export of the goods and for their transport through any country.

B. 매수인의 의무

B1 매수인의 일반적인 의무

매수인은 매매계약에 제시된 대로 물품의 대금을 지급해야 한다.

B1-B10에 언급된 어떠한 서류라도 당사자 간에 합의가 있거나 관습이 있다면 동등한 전자기록이나 절차로 대체 될 수 있다.

B2 인가, 공적승인, 보안통관 및 기타 절차

적용 가능한 경우에 자신의 위험과 비용으로 수입허가나 기타 공적인가를 취득하거나 물품의 수입과 제3국의 통과운송을 위한 모든 통관절차를 수행하는 것은 매수인 부담이다.

B3 운송계약과 보험계약

a) 운송계약

매수인은 매도인에게 운송계약을 체결할 의무가 없다

b) 보험계약

매수인은 매도인에게 보험계약을 체결할 의무가 없다 그러나 매수인은 요청이 있으면 A3조 b)항에 규정된 대로 매수인이 요청한 추가 보험을 가입할 수 있도록 매도인에게 필요한 정보를 제공하여야 한다.

B4 인도의 수령

매수인은 A4에 규정된 대로 물품이 인도되었을 때 그 물품의 인도를 수령해야 하고 그리고 지정된 목적항구에서 운송인으로부터 그 물품을 수거해야 한다.

B5 위험 이전

매수인은 A4조에 규정된 대로 물품이 인도되었을 때부터 그 물품에 대한 멸실 또는 손상에 대한 모든 위험을 부담한다.

만약에 매수인이 B7조에 의한 통지를 하지 못했다면 선적을 위한 합의된 일자 또는 합의된 기간의 만료일로부터 그 물품에 대한 멸실 또는 손상에 대한 모든 위험을 부담한다.

다만 그 물품은 계약물품으로서 분명히 특정되어야 한다.

B6 비용의 분담

매수인은 A3조의 조항에 따라서 다음과 같은 비용을 지급하여야 한다.

a) A4조에 규정된 대로 물품이 인도되었을 때로부터 그 물품에 대한 모든 비용, 다만 적용 가능한 경우에 수출에 필요한 통관절차 비용뿐만 아니라 모든 관세, 조세 그리고 A6조에서 언급된 대로 수출 시에 지불 될 수 있는 기타 부과금은 제외된다.

b) 운송계약에서 수출자부담이라고 된 것은 제외하고 목적항에 도착할 때까지 운송 중에 물품에 대한 모든 비용과 부과금

c) 운송계약서에 매도인 부담이 아닌 한 부선(艀船)비용과 부두 수수료를 포함한 하역비

d) 매수인이 B7조에 따른 통지를 하지 못하였다면 선적을 위한 합의된 일자 또는 합의된 기간 내의 만료일로부터 발생하는 모든 추가 비용. 다만 그 물품은 계약물품으로서 분명히 특정되어야 한다.

e) 적용 가능한 경우에 모든 관세, 조세 그리고 기타 부과금뿐만 아니라 물품 수입시 지불 될 수 있는 통관절차 수행비용과 운송계약 비용에 포함되지 않는 한 제3국 통과운송을 위한 비용.

f) A3조 b)항과 B3조 b)항에 의한 매수인의 요청에 의하여 발생된 추가 보험 비용

B7 매도인에 대한 통지

매수인은 물품의 선적 시기와 지정된 목적항에서 물품을 수령할 지점을 결정할 권한이 부여된 때는 언제든지 그에 관한 충분한 통지를 매도인에게 하여야 한다.

B8 인도증명

매수인은 계약과 일치한다면 A8조에 규정된 대로 제시된 운송 서류를 인수해야 한다.

B9 물품 검사

매수인은 수출국 당국에 의하여 이행된 검사가 아닌 한 이행된 선적 전 검사 비용을 지급해야 한다.

B10 정보협조와 관련 비용

매수인은 시기적절한 방법으로 매도인이 A10조에 일치하게 의무를 이행할 수 있도록 어떠한 보안정보 요청이라도 매도인에게 통지해야 한다.

매수인은 A10조에 규정된 대로 서류와 정보를 취득함에 있어서 협조를 제공하거나 제시함에 있어서 매도인에게 발생되는 모든 비용과 부과금을 매도인에게 상환해야 한다.

매수인은 적용 가능한 경우에, 시기적절한 방법으로 매도인의 요청, 위험 그리고 비용으로 매도인이 운송과 물품의 수출 그리고 제3국 통과운송을 위해서 필요한 보안관련 정보를 포함하여 선적서류와 정보를 매도인을 위하여 취득하는 협조를 제공하거나 제시하여야 한다.

사용시 유의 사항

모든 조건은 FOB조건 및 CFR조건과 유사하지만 목적지까지 운송비 및 보험료를 부담하는 조건이다. 서류인도 조건이므로 FOB조건과 구분된다. 따라서 위험이전과 점유이전은 선적지에서 발생하나 소유권은 서류인도시점에서 일어난다.

이 조건에서도 특이할만한 변경은 물품의 인도지점이 종전에 선축난간에서 본선 적재시점으로 변경된 점이다. 따라서 선적비용은 당연히 매도인이 부담해야 할 것이다.

이 조건은 항구나 내지수로 운송에 이용되는 조건이므로 컨테이너 운송이나 항공운송의 경우에는 사용해서는 안된다고 하여야 할 것이다.

찾아 보기

▌아▌

공저자 약력

이 대 우

- 서울대학교 법과대학 법학과 졸업 (법학사, LL.B.)
- 중앙대학교 대학원 졸업 (경영학 석사 및 박사 MBA & Ph.D)
- (미국) University of Hawaii Honolulu Hawaii Executive PAMI, 수료
- (주) 제일은행 외환업무부장, 지점장
- (주) 제일시티리스 대표이사
- 중앙대학교 및 동대학원 강사, 상명대학교 · 단국대학교 강사
- (現) 청운대학교 겸임교수, 중앙대학교 및 순천향대학교 강사, 한국금융연수원 강사
  (주)나누리엔트프라이즈 회장, 한국국제상학회 이사, 한국국제통상정보학회 자문위원

저서 및 논문

- 상업신용장 (국제금융연구원, 1996)
- 수입실무 (한국 금융연수원, 2001)
- 제5차개정 신용장통일규칙 (국제금융연구원, 1997)
- 신용장거래 사례연구 (국제금융연구원, 1997)
- 국제무역거래론 (도서출판 두남, 2002)
- 국제무역실무 · 사례 (도서출판 두남, 2004)
- 국제무역실무 (도서출판 두남, 2008)
- 국제무역법규 (도서출판 두남, 2007)
- 무역실무법규 (도서출판 두남, 2009)
- 신용장론 (도서출판 두남, 2010)
- 무역계약론 (도서출판 두남, 2010)
- International Management Strategies of Korean Banks (1989)
- Refusal to effect Payment in Documentary Credit Transactions (1992)
- 화환신용장거래에 있어서 국내관행에 관한 고찰 (국제상학회)
- 화환신용장거래에 의한 사기사건에 대한 연구
- 국제은행간 신용장대금 상환시 분쟁에 관한 연구 (1998)
- 보증신용장과 지급보증에 관한 연구 (1996)
- 신용장의 서류심사상 Fraud Rule적용사례 (2002)
- 인수신용장에서 확인은행의 상환청구권에 관한 사례 연구 (2008)
- 신용장거래에서 비서류조건에 관한 연구 (2007)

김 종 락

- 중앙대학교 경영대학 무역학과 졸업 (경영학사 : B.B.A)
- 중앙대학교 대학원 무역학과 졸업 (경영학 석 · 박사 : MBA., Ph.D.)
- (미국) Indiana University School of Law 졸업 (법학석사 : LL.M.)
- (영국) University of Wales Cardiff College., Diploma In Legal Studies of International Transport (Post Doc : Diploma)
- Paul A. Suhr Law Office, Intern-ship, U.S.
- (미국) Indiana University Law School 연구교수
- (現) 순천향대학교 국제경영학부 국제통상학과 교수 및 동대학(원) 학과장
  관세청 관세사 시험 선정위원, 대한상공회의소 국가자격시험 감수위원, 한국학술진흥재단 논문 심사위원, (사)한국국제상학회 이사

저서 및 논문

- 국제무역거래론 (도서출판 두남, 2002)
- 무역실무법규 (도서출판 두남, 2009)
- The Privity of Contract in International Trade (1994)
- Possession, Ownership and The Rights of the Transferee involved in the Sale of Goods and the Sale of Documents under the Uniform Commercial Code (1997)
- A Study on the Legal Effects of Retention of Title Clauses for the Contract of International Trade (1999)
- The Carriage of Dangerous Goods by Land as one Mode of Combined Transport (2000)
- The Transfer of the Rights of Suit under the Bill of Lading (2004)
- The Common Law, Statutes and the International Convention applicable on the Charterparty, Bill of Lading incorporated (2005)
- Punitive Damages under the U.S. Jurisprudence (2009)
- 무역거래상의 분쟁에 관한 연구 (1993)
- 전자신용장거래의 실무에 관한 연구 (2004)
- 국제상거래 분쟁해결을 위한 온라인 ADR 모델구축방안 (2005)
- 중국내부 산업이전의 원인과 추세 (2008)
- 한미 FTA 농업부문에 관한 연구 (2009)
- UCP 600 적용상 인수 및 연지급 신용장 매입에 관한 문제점 (2009)
- 영미계약법상 Promissory Estoppel 원칙 (2009)

홍 성 규

- 중앙대학교 대학원 무역학과(경영학 석사 및 경영학 박사)
- 충북대학교 법무대학원 법학석사 수료(민사법무 전공)
- 일본 와세다대학(早稲田大學) 상학연구과 국비연구교수
- 일본 니혼대학(日本大學) 경제학부 초빙교수
- 관세청 관세사시험 선정위원 및 출제위원
- 7급 지방공무원시험 및 행정고시 출제위원(행정안전부)
- 한국무역학회, 한국국제상학회, 한국중재학회 등
  무역 및 국제통상 관련 12개학회 이사, 상임이사, 부회장 등
- 충주대학교 해외시장개척누리사업팀장, 중소기업산학협력센터장, 산학협력단부단장
- (현) : 충주대학교 국제통상학과 교수

저서 및 논문

- 국제상사중재 외 저서 10여권 / 국제통상 및 국제상학분야 논문 70여편
- 교육과학기술부 및 지식경제부 정책 및 연구용역보고서 10여편 있음.

인 지

무역거래조건 해석에 관한 통일규칙
(Incoterms® 2010)

초　판 1쇄 인쇄 —— 2011년　4월　15일
초　판 1쇄 발행 —— 2011년　4월　20일
지은이 —— 이 대 우 · 김 종 락 · 홍 성 규
펴낸이 —— 전 두 표
펴낸데 —— 도서출판 **두남**
서울시 강동구 성내1동 455-12 두남빌딩
신 고 : 제25100-1988-9호
(구 제2-624호, 1988. 7. 21)
TEL : 02) 478-2065, 2066, 2067, 2311
FAX : 02) 478-2068
E-mail : dunam1@unitel.co.kr
http://www.dunam.co.kr

정가 16,000원

ISBN 978-89-6414-223-3　93320